希腊化和中世纪早期哲学经典集成

章雪富 主编

论灵魂的伟大

[古罗马]奥古斯丁 著

石敏敏 汪聂才 译

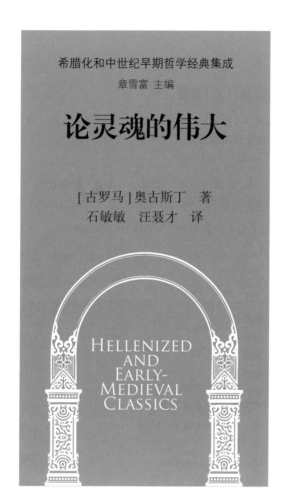

HELLENIZED
AND
EARLY-
MEDIEVAL
CLASSICS

中国社会科学出版社

《驳学园派》导论

　　奥古斯丁的早期著作《驳学园派》（386 年）与《论教师》（389年）[1] 是紧密相关的两篇作品。前者以西塞罗的《学园派》为靶子，捍卫知识的可能性，反驳新学园派[2]（New Academy）的怀疑主义观点；后者针对柏拉图的《美诺篇》（Meno），提出他自己的光照论，来解释如何获得知识。它们就像姊妹篇，呈现出奥古斯丁不同于晚期罗马知识界盛行的那种讥讽和超脱姿态的另一种路径。

　　在古代晚期，哲学更多的是一种生活方式，而不是一门知识性的学科。哲学家都组织成为学派（secta），每个学派都有一种可敬的传统和自己的世界观——包括在诸如天上星宿的数量、上帝的本性这样具有普遍意义的重大问题上的具体论证、观点以及立场。有些哲学学派还主张神秘教义，当新手完成了必须的学徒期训练之后，就以神秘的方式向他传授这种秘义。哲学家常常生活在共同体里，遵守以其教理为基础的一种共同法则的规定，穿戴独特的服饰（哲学家的斗篷），表明所属的哲学派别。人"退出世界"去追求哲学——这样的情形并非少见，如果他们曾经历某种"皈依"，就更如此。因此哲学学派在整个意向和目标上都类似宗教礼制。

　　在奥古斯丁看来，（基督）宗教和（柏拉图）哲学从事的是同样的

---

[1]　《论教师》中译本已收入本人所译的《论秩序》一书，由中国社会科学出版社 2017 年 8月出版。——译者注

[2]　奥古斯丁将"新学园派"定义为柏拉图的怀疑主义继承者。见《驳学园派》2.5.13 –2.6.15。

事业，即追求知识："正如希伯来人通过律法和先知为基督教作了预备，同样，外邦人通过柏拉图和亚里士多德作了预备。正如基督教是《旧约》的成全，同样，它也是希腊哲学的成全。"① 它们之间的区别在于，在柏拉图主义无助地衰败的地方，基督教教义继往开来。因此奥古斯丁如此概括他的观点：

> 我已经放弃一切凡人认为美好的事物，全身心地致力于对智慧的寻求。学园派的论点曾经严重阻碍我从事这种追求。然而现在，通过我们这次讨论，我充分地反驳了他们。此外，没有人怀疑激发我们学习的有两种力量，权威和理性。因此，我决定无论如何都不偏离基督的权威。我找不到比之更有力的权威。至于依靠最敏锐的推理所能找到的东西——因为按我的性格，我迫切地渴望理解何谓真理，不仅通过相信，而且通过理解力——我仍然相信我会与柏拉图主义者一起找到它，并且相信它不会与我们的圣书相矛盾（《驳学园派》3.20.43.12-24）

然而，真理只有一个。它是借着权威通过信心获得的，也是借着理性（哲学）通过理解获得的。因此哲学可以自主地追求并获得它所能获得的真理。但是内在的教师②才是真理的最终裁决者，不论真理的源头是什么。当奥古斯丁说，他将致力于"对智慧的寻求"时，他是准备沿着柏拉图主义路线在基督教事业中过一种哲学化的生活。

为支持这种哲学生活方式的愿景，奥古斯丁回顾了基督教柏拉图主义的悠长传统：辛普利丘（Simplicianus）和米兰的安波罗修（Ambrose），此前的马利乌斯·维克托里努（Marius Victorinus），以及

---

① Spade [1985] chapter 7.
② "内在教师"就是在我们里面作工提供知识的基督，这是奥古斯丁《论教师》里讨论的光照论的核心。

更早的奥利金（Origen）和殉道者游斯丁（Justin Martyr）。此外，他对柏拉图主义显然有过高的期望，但这基本上与已经历时一个世纪之久的哲学界共识是一致的，因为几个世纪的哲学探讨已经得出一个结论，即柏拉图主义——尤其是普罗提诺所捍卫的那种柏拉图主义——就是正确的观点（奥古斯丁时代的哲学思想"其实是'后柏拉图主义'，就如我们时代的哲学是'后弗洛伊德主义'一样"①）。所以奥古斯丁并没有对一般的哲学与具体的柏拉图主义哲学划出明确的界限。

对柏拉图主义的这种共识，再加上基督教是完全的柏拉图主义这种观点，使奥古斯丁对大多数其他哲学学派采取一种宽容的搁置态度：漫步学派其实与柏拉图学派有同样的体系，这种体系只要通过哲学论证加以改善，就能引向基督教；犬儒学派因其道德松弛、品行不端，可以弃之；斯多亚学派和伊壁鸠鲁学派因主张唯物主义，不予考虑。

然而有一种哲学学派宣称不主张任何学说、原理，并且批判其他学派——包括柏拉图学派——的独断论，那就是学园派。学园派思想家远离独断论哲学的彼此相争，以他们的克制和超脱而自豪，以他们能避免其他人一头扎进去的错误而自豪。另外，他们的学派得到西塞罗的认可和赞许，而西塞罗被尊为拉丁世界的文学、法学、修辞学和哲学大师。晚期罗马的知识分子自称为西塞罗式的怀疑论者，这必然已经司空见惯了。

因此对奥古斯丁来说，直接可利用的资源就是西塞罗的反讽和哲学上的承诺。在他早期作品中，这两者乃是他的哲学兴趣所在。

---

① Brown [1967]，p. 102. 奥古斯丁在《驳学园派》3. 18. 41. 41 – 3. 19. 42. 10 描述这种共识，总结他对哲学史的回顾："一旦错误的迷雾散去，柏拉图的容貌——那是哲学里最纯洁最明亮的——就闪现出来，尤其是在普罗提诺那里表现出来。大家认为这位柏拉图主义哲学家与柏拉图非常相像，看起来似乎就生活在同一时代。……我认为有一种真实而真正的哲学体系。它在许多个世纪之后，经历许多争辩之后最终出现，因为一直有敏锐而聪慧的人在争论中教导亚里士多德和柏拉图彼此一致，只是他们一致的方式比较特别，在无专业素养又漫不经心的人看来，他们似乎存在分歧。"

奥古斯丁于383年对摩尼教的幻想破灭之后，对能否找到真理感到绝望，于是暂时经历了一个怀疑论时期。① 所以，他掌握怀疑论的内幕知识，尽管他从未投身于任何怀疑学派。最后他阅读"柏拉图主义作品"，使他相信怀疑论是错误的。386年他辞去宫廷修辞学者之职，解除婚约，放弃一举成功的生活，退回到卡西西阿库的一处乡村别墅致力于哲学。②《驳学园派》是这次引退的第一个成果，此外还有其他作品，包括奥古斯丁关于他为何放弃公共生活的解释。可以说，《驳学园派》就是一个宣告，原来的怀疑论者如今作为一个柏拉图主义者和基督徒所书写的第一个宣告书。

第一卷记载的是主张学园派观点的利凯提乌斯与反对学园派观点的特里盖提乌斯之间的讨论，讨论的主题是他们各自生活方式的优劣。他们虽然有许多分歧——这证明奥古斯丁后面指出他们的讨论具有"初

---

① 有些学者质疑这个论断，指出，从奥古斯丁自传体的作品，比如《论幸福生活》1.4（附录1）和《忏悔录》5.14.25（附录5），我们只能作出这样的推断，奥古斯丁受到学园派影响，但不能说他信奉他们的理论；他"对找到真理感到绝望"，如《驳学园派》2.1.1、《订正录》1.1.1（附录11）以及《基督教教义》7.20（附录7）所描述的，并不必然推出他投身于学园派的哲学。不过，奥古斯丁对学园派并不只是同情。他在《驳学园派》3.15.34.17–20写道（加了黑体表示强调）：**"当我闲居乡下时，很长时间我一直在思考，合理性、可能性或类真理性如何能保护我们的行为不犯错误。刚开始时我以为这个问题不言而喻，保护完全有效，无缝可钻，就如我以前兜售它时通常认为的那样。"**也就是说，奥古斯丁曾捍卫学园派的观点，并且是公开捍卫。这个结论可以得到佐证，比如《忏悔录》5.10.19说："这时我心中已产生另一种思想，认为当时所称'学园派'哲学家的识见高于这些人，他们主张对一切怀疑，人不可能认识真理。"可以理解，奥古斯丁后来希望将他对学园派的依赖降到最小，如他在《忏悔录》5.14.25所做的，但我们不必效仿他。

② 维勒库得斯（Verecundus）将他在米兰附近的卡西西阿库的别墅租给奥古斯丁。但由于奥古斯丁没有钱维生，所以他不得不私教，他的家庭成员外多了些学生。他在《论幸福生活》1.6.139–146介绍了身边的大部分人："首先是我们的母亲，我生命的一切得归功于她；我的兄弟拿威基乌斯，我的同胞和学生特里盖提乌斯、利凯提乌斯；我的两个亲戚拉斯提底阿努斯和卢斯提库斯——虽然他们没有受过什么训练，甚至不通文法，但我希望他们能在场，因为我相信我所讨论的难题需要他们的常识。与我们一起的还有我的儿子阿得奥达多斯，他虽是众人中最小的，但必是大有作为的年轻人，除非我被爱蒙住了眼睛。"家里另一个成员就是奥古斯丁的好友阿利比乌斯，他跟随奥古斯丁引退，在写于卡西西阿库的大部分对话，包括《驳学园派》中担当重要角色。

级"（1. 9. 25. 39 - 43）特点的概括是合理的——但他们确实在努力探讨一个挑战性的话题，即幸福的本性以及错误和智慧对它的影响。不过，对话的主要问题从第二卷开始，奥古斯丁详尽地解释了怀疑论及其在学园派内部的发展。

奥古斯丁指出怀疑论的核心在于两个论点，首先由阿尔刻西劳（Arcesilaus）以一种特定的方式阐述并证明。[①] 它们是：

（1）无物可知；

（2）始终拒绝给予赞同（拒不赞同）。

第一点（无物可知）通过援引芝诺关于真理性理解的阐述来证明其合理性。芝诺声称，一种理解，当它满足以下两个条件时才具有真理性：（a）它准确反映事物所是的方式，并且（b）它不可能由别的事物引起，只能由它的实际原因引起。怀疑论者指出，（a）不可能满足，因为事物本质上是模糊的，不可能准确表现；而（b）也不可能满足，因为两个事物可能彼此极其相似，无法可靠地区分何者为因。他们问，如果（a）和（b）可以满足，那为何会有那么多的错误和分歧？他们得出结论说，既然没有理解能满足（a）和（b），那就没有事物可知。第二点即上面的（2）是借助于两个前提从（1）推导出来的，这两个前提是：

（3）智慧人不会冒犯错之险；

（4）赞同不可知的事物就是冒犯错之险。

怀疑论的这个核心立场后来由卡尔奈亚德（Carneades）提出两点改进。第一点，把（1）限制在哲学或修辞学问题上，它不适用于日常问题。在这种限制条件下理解（1）可以使怀疑论避免许多由其观点推出的令人反感的悖逆结论，比如，他现在可以宣称，他知道自己不是一

---

① 奥古斯丁对怀疑主义理论的阐述很大程度上依赖于西塞罗。而这种理论，以及它的历史沿革，远比奥古斯丁这里描写的要复杂得多。

只臭虫！

第二点改进是这样形成的。上面的（2）受到反驳：人若拒不赞同任何事物，就不可能有任何行为。卡尔奈亚德回答说，一个怀疑论者可以由"可能性（probabile）"或"类真理（verisimile）"①来指导他的行为。换言之，他采纳了以下论题：

（5）智慧人遵循可能性或类真理。

因此，这位新学园派哲学家首先作为反独断论者出现——相对于彼此竞争的解释性理论来说是反传统的，他不轻易相信，只相信确凿的证据，避免哲学上的承诺。他可以毫无负担地评论其他哲学体系，却不必为自己辩护。

奥古斯丁反驳这种怀疑论观点的论据可谓一个大杂烩。他的主要论点是批判（1）的可能性具有相对性——他详尽论述真理能被发现与真理不能被发现至少在可能性（概率）上是同等的②——但他的结论依赖于拒斥"约翰知道那个 P"与"约翰似乎知道那个 P"之间的区别。哲学家们发现，奥古斯丁为寻求证据证明真知识是大有希望的，在《驳学园派》作了额外的努力。他确定有三类知识是不受怀疑论的怀疑的。第一，有一些关于世界的逻辑真理，尤其是选言判断，比如，我们知道或者下雨或者不下雨。我们知道这样的选言判断是真的，即使不知道哪

① 关于这些术语参见翻译说明。

② 奥古斯丁在 2.13.30.34 – 43 向阿利比乌斯描述了他想要确立的结论："因此，我们要讨论的问题是，他们的论证是否证明他们的论点是可能的（probable），即：没有事物能被理解，人不应认同任何事物。如果你赢了，我将欣然认输。但如果我能证明更可能的是，智慧人能够获得真理，也不必总是拒绝认同，那么我想，你就没有理由拒不接受我的观点。"稍前，在 2.3.8.39 – 40 奥古斯丁说，他希望说服罗马尼亚努斯相信，他反驳学园派的观点是可能的（合理的）。他在 3.5.12.43 – 44 以同样的措辞总结他的论点——"对我来说，智慧人一无所知这一点不再具有可能性，那就足够了。"他多次强调这就是他的结论（3.14.30.20 – 21，3.13.31.45 – 49，以及独白的结尾处 3.20.43.2 – 3）。关于这一事实的重要性，参见 Heil［1972］和 Mosher［1981］。

一个选项为真，只要选项是相互排斥并穷尽的。① 第二，有一些纯粹的现象论断。我可以不赞同某物"是"这样，但我可以说"在我看来"它是这样，这样的命题当下可知是真的。尽管"有一本书在我面前"这个命题可能是错的，但对于"在我看来有一本书在我面前"这样纯粹的现象论断，以下这些因素——感知觉不可靠，会产生错觉，可能在做梦或者精神失常等等——都不能影响它。② 奥古斯丁告诉我们，纯粹的现象论断都是有依据的感性知识，我们只要严格限制在"向我们显现为如此的事物"上，我们就不可能犯错。第三，有一些数学真理，它们也独立于我们的感知觉。不论人做梦还是醒着，是陷入幻想还是头脑清醒，这些真理都成立（《论教师》阐述了我们如何知道这些非感性的真理）。奥古斯丁在晚期作品中增加了第四类无可怀疑的知识，即使受到怀疑论的挑战，那就是我存在我活着的知识："我受骗，我存在"（Si fallor, sum）——见附录 6 - 8。这是笛卡尔命题的先行表达。

奥古斯丁在《驳学园派》里总结他的论述时提出问题：既然对怀疑论者我们所说的只能是"在我看来某人能够知道真理"（3. 16. 36. 60 - 62），那么我们怎么可能将怀疑主义当真呢？他推测认为，学园派的人聪明透顶，不可能没有认识到这种反驳的力量，所以他们不可能主张在公开场合宣称的那种怀疑主义。事实上，他们主张某种奥秘理论，就

---

① 如果怀疑论者反驳说，我们必须知道选言项是排斥的且是穷尽的，那奥古斯丁可以回答说，这取决于它们的逻辑一致。如果怀疑论者指责说，关于世界的真理预设了世界的存在，伸开它本身是不为人知的，奥古斯丁可以回答说，他所说的"世界"是指凡是向他显现的事物——所以这里并没有实体性的预设问题。

② 显然，怀疑论的观点很大程度上依赖于感知觉的不可靠。奥古斯丁在《论三位一体》15. 12. 21（附录6）开始讨论知识时，指出这一点，然后反驳说感知觉是知识的一个源泉；同样他在《论上帝之城》11. 26（附录8）也这样做。然而，他指出，感觉并不是像怀疑论者所认为的那样不可靠，部分浸入水里的桨"看起来"是弯曲的——但是，奥古斯丁补充说，那正是直的桨在水里应该显现的样子，许多其他例子也是同样的道理（3. 11. 26. 46 - 56）。

是柏拉图主义!① 在一个诸多哲学学派彼此争论不休的世界——其中有些学派确实拥有神秘理论——里，他的推论无疑是可接受的，但是现代学者并不支持这种观点。

所以，《驳学园派》的要点和结论就是知识是可能的。在《论教师》里奥古斯丁进而解释知识如何获得——通过对柏拉图的回忆说进行哲学上的"基督教化"改造，即著名的光照论。

根据柏拉图的回忆说，所有表现知识的事例都只是貌似知识；真正的知识乃是灵魂对它已经拥有的真理的"回忆"（αναμνησις "不遗忘"）；回忆就是"通过自身浮现自己心里的知识"（《美诺篇》85d4 和 85d6 – 7）。② 柏拉图通过苏格拉底与一个奴隶之间的对话的鲜活例子来支持他的回忆说，最后对美诺作了连续的阐述（82b – 85b）。苏格拉底问那个不懂几何的奴隶如何构建一个面积为给定正方形的两倍的正方形。奴隶说，边长两倍的正方形面积也两倍。但他意识到这是错误的，于是又提出正确的构建，显然是从简单的示意图建的。在谈话中，奴隶开始明白他第一次的答案为何是错的，正确的答案为何是正确的。苏格拉底随后告诉我们，信念，即使是真的信念，"没有多大价值，除非把它们拴住捆牢，用推论的方法追索出它们的原因（αιτιας

---

① 奥古斯丁谨慎地说，他不是知道事实如此，只是认为它如此（3. 17. 37. 3 – 4）；这是他觉得合理的一个观点，但他所提出的哲学论点没有一个依赖于它（3. 20. 43. 1 – 3）。他显然余生都主张这种观点。这是他第一封现存书信的主题（附录 3）。完成《驳学园派》二十多年后，奥古斯丁于 410/411 年写信给狄奥斯库鲁斯（Dioscurus），声称"学园派主张的观点与柏拉图主义相同"，并扼要阐述了《驳学园派》3. 17. 37 – 3. 19. 42 里陈述的历史（书信118. 16 – 21）。他如此总结他的概述（118. 20. 22 – 28）："因此，既然柏拉图主义认为这类不可能教给人的观点给予肉身快乐，既然他们在人们中间不具有足够的权威，能说服人相信他们的［柏拉图主义］观点，那么在精灵被引入抓住那已经将他们捕获的事物之前，他们选择隐藏自己的理论，反对那些宣称已经发现真理的人，因为这些人认为真理的发现在于身体感官。"因而，学园派主张怀疑主义是为了反对"经验主义"的哲学学派。

② 柏拉图指出，这样的知识必然是灵魂在今生进入身体之前已经获得的；奥古斯丁虽然对灵魂是否可能先在持中立态度，但他发现这个理论的后一部分并非必须，于是就把它抛弃了。

λογισμω）——而这就是我们前面一致同意的‘回忆’”（《美诺篇》98a3－5）。① 奴隶一步步理解证明后面的原因，获得了知识。而这，如柏拉图所总结的，是奴隶心里的一个内在过程。

柏拉图和奥古斯丁都毫不犹豫地得出这种洞见性的结论。不论"领会的原因"是什么，它不是外在因果推论的结果。教室里有些学生理解老师对证明的解释，有些学生不理解；差异在于每个学生内在的东西，而不在于他们相同的外在条件上。② 因此，通常理解的教学（教导），即一人将知识传授给另一人的过程，是不可能的。③ 想想以下这个例子。你回想一个数学证明的步骤，努力理解它，但完全没有理解，你只是在死记证明。然而在反复思考时，你突然灵光一闪，明白了证明是怎么回事——你理解了，并由此认识到它的真理性。你还不理解证明时的处境与你理解它之后的处境完全不同，两者之间有一种真实的区别。我们通常用形象的比喻来描述这种区别——灵光"闪现"，"看见"真理，"开悟"，等等。奥古斯丁称之为"光照"。④ 这是一个内在事件，使我们"看见"真理。⑤ 奥古斯丁坚持认为，那把真理向我们显现的权能就是基督，他如教师在我们里面作工（《论教师》11.38）。我

---

① 苏格拉底在 85d7－e1 说，如果这个小奴被人"频繁地以多种方式"问，最终"他的知识就会像任何人那样的准确无误"。参见 Nehamas［1985］关于回忆的描述。

② 说差异在于每个学生的智力没用（试图恢复因果说而已）。智力可能让人理解他们确实理解的真理，但他们对真理的理解是并且始终是一个纯粹内在的事。

③ 对"教学"的这一界定不局限于正式的教学活动，它宽泛到足以包括任何信息传递活动。见下面注释20。

④ 奥古斯丁仿效柏拉图，把光照喻解释为只有心灵能到达的公共领域直接抓住具体对象（即形式）。柏拉图认为这发生在灵魂进入身体之前；奥古斯丁认为这发生在此生之中——见《论自由意志》第二卷。奥古斯丁的光照论是笛卡尔的"理性的自然之光"的遥远但直接的先驱。

⑤ 这个表述对所争论的问题持中立态度，争论的问题是，在奥古斯丁，光照是指由此我们能够操练我们的认知能力以便领会真理（就如阳光是我们借此能够操练我们的感知能力看见对象），还是对真理本身的实际理解（就如看本身抓住对象）。问题的两边都有文本支撑，《论教师》没有解决这个问题。同样的模糊性渗透我们日常的比喻，比如"灵光闪现"，这闪现如同我们借以看见的事物，而灵光如同看见本身。

们所拥有的理解力证实上帝在世界的临在，因为心灵被内在的教师用知识启示，得到光照。①

柏拉图在《美诺篇》里向我们呈现苏格拉底与奴隶之间的对话，把注意力引向这样的根本问题，但他又逐步毁了自己的例子。当苏格拉底对美诺强调他并没有告诉奴隶什么，他只是在提出问题（《美诺篇》82e2－3；84d1－2）时，广大读者当即就提出异议反驳说：引导性的问题可以传递信息。② 因此，异议者可以进而指出，苏格拉底确实在教导奴隶——也就是说，他向奴隶提供其原本没有的知识；苏格拉底把信息传递给奴隶，只是以提问的形式作了伪装。奥古斯丁在他的《〈约翰福音〉布道书》（*Homilies on John the Evangelist*）37.4.140－24描述了这种关于教导的常识，即教导的"信息传递论"：③

> 当你心里有一个观念，它不同于任何声音，但在你心里的这个观念寻找声音，似乎声音是它到达我这里的一个工具。因此它将自身包裹在声音里，以某种方式将自己装入这种工具，穿越空气，来到我这里。……你说出你的所思，发出那些音节，于是隐藏在你里面的东西就会到达我这里；音节的声音把你的思想传到我的耳朵；借着我的耳朵你的思想沉入到我心里。

---

① 光照论结合数学最具有说服力，在数学那里，知识的对象必然是真的，往往是处理理想对象，比如完美的圆。至于它能走多远，是有争议的（由于首先对何谓知识意见不一，这种争议分歧更大）。认为它完全概括所有具体的知识，这种观点称为"普遍光照"，认为它只是特定例子需要的，比如各门学科中的高级知识，则称为"特殊光照"。光照中圣神活动的范围也是一个争论的问题。上帝是否必须在每个知识案例中直接行动，还是只需要以某种方式规范世界，让人类能够成为知者？这些问题的讨论见 Nash［1969］。

② 根据柏拉图和奥古斯丁，教导的不可能性包含一个推论，即，即使直接告诉奴隶正确答案，也不算是教导。如果把柏拉图的例子理解为一个论证，这当然是回避问题的实质——但那恰恰充分表明，绝对不能把它看作一个论证。

③ 亦见《论基督教教义》2.2.3（附录10）："我们之所以表达，即给出符号，唯一的原因就是要把符号之人心里所发生之事传递给另一人的心灵。"这里的"观念"对应拉丁词 verbum，因为奥古斯丁谈论的是他关于内在理智之道（话）的理论。

你把你的思想编译成语言，发出相应的声音；我听到你说的话，而且知道那种语言，于是我就把它们解码成为观念。这就是知识可以从你的心灵传递到我心灵的原因。既然信息传递论能解释他论证中的错误，而且就其自身来说是合理的，那为何又认可柏拉图的回忆说？

奥古斯丁通过语言分析法讨论信息传递论的教导观，因为人们认为知识通过语言这个中介可以传递。奥古斯丁在《论教师》对符号学的研究结论是，语言不足以胜任这个任务。我们通过语言了解语言学现象——比如，两个词彼此互指——我们也通过语言，根据其他方面的证据获得关于非语言事实的信念。仅此而已。我们不可能通过语言获得关于非语言事物的知识。而没有语言作为中介，信息传递论不能成立。所以奥古斯丁就可以自由地提出并论证他的理论即光照论来取而代之。《论教师》的大部分篇幅在分析语言，包括我们借助语言以及独立于语言知道事物的能力，所以语言问题是《论教师》的主题，它解释了对话的结构。① 光照论，尤其是基督这位内在教师，很重要，但也不能因此模糊这一事实。

根据奥古斯丁，语言是符号体系。符号包括广义的语言和非语言的符号：语词、铭刻、手势、象徽、图标、雕塑和旗子。这里有三个元素是必不可少的，一是符号，可以是任何一种事物；二是意指的语义关系，就是一个符号所指的事物，基本上类似我们对意义的理解；三是它的意指，就是通过符号所指向的事物。② 因此，一个符号指向它的意

---

① 我采纳 Crosson［1989］提出的对《论教师》一文的结构所作的分析。奥古斯丁的文法迂回曲折——他在 8.21 对此作了道歉，又在 12.40 作了解释——具有教学上的动机：他的听众必须有专门的预备才能明白并接受光照论。

② 在拉丁语里，就如英语里一样，有一个诱人的词与符号一起使用：significatio（意指、意义）。这是个双关语，或者指符号通过它的指称活动所拥有的性质，或者指一个符号的意指。奥古斯丁在《论教师》里在双重意义上使用"意指、意义"。他没有在《论教师》中定义"指称"，但在《论基督教教义》2.1.1（附录 10）中含蓄地作了界定："符号就是这样一个事物，从它自身引出另外事物，超越它向感官所呈现的现象，进入思想。"

指——当一个词与一个事物相联，这个词就是符号，那个事物就是它的意指；通过指向的语义关联完成这种联系。符号的范式是专用名称：一个专用名称（符号）称呼（指向）它的对象（意指），所以意义可理解为事物的一种标签。①

奥古斯丁反驳信息传递的教导论的主要证据最初是作为学习者悖论提出的：我不可能知道符号是符号，除非我知道它所指之物——但这样的话，我不能从符号学到任何东西；它是一个符号这一点已经预先假定了我对它所指之物的知识（《论教师》10.33）。知识直接源于事物。指示性定义也不能帮助我们打破这个悖论，因为指示同样是一个惯常的符号，所以预先假定了知识。语词最多促使我们去寻找事物，从事物我们才能获得知识（11.36）。

我们可以提出异议说，我确实从他人——他们的报告和描述——习得知识。奥古斯丁指出，这是错误的，理由有二（11.37）。首先，在阐述中通过语词意指的事物必然是我们已知的；如果不是，语词不可能使我们知道事物。其次并且是更有力的理由，我们从描述中所能得到的与其说是知识，不如说是信念。因此教学不可能真的把知识从此人传递给彼人，如信息传递论的教导说所主张的。

奥古斯丁提出他的光照论以及基督作为内在教师（11.38-12.40）作为另一个方案。奥古斯丁指出，真理的验证是内在的。从一人传递给另一人的最多是推断性的知识论断（putative knowledge-claims），是每个接受者自我判断的。就感官所感知到的事物来说，当可感事物本身呈

---

① 利用专有名词的范式，完全按照命名来解释含义，这样做困难重重。（Gilbert Ryle 讥笑地称之为"Fido"——Fido 语言论：狗的名字 Fido 取自真实的狗 Fido，这样的论断适用于宠物，仅此而已。）见 Burnyeat［1987］和 Kirwan［1989］，Ch.3 以现代术语讨论奥古斯丁的方案。甚至奥古斯丁似乎也意识到并非他所想要说的都能够以心里的这种范式说出来，因为某处他引入一个元素，看起来类似于一个符号的含义；见《论教师》7.20.55-57 注释。

现在我们面前时，我们产生知识。① 就心灵感知的事物来说，我们"在真理的内在之光中直接"看见它们，并知道它们。大概来说，每个人按各自的能力领会概念上的真理，并不诉诸经验或外在证据。

奥古斯丁进而提出一些反例反驳教导的信息传递论，表明说话者并不是将自己的思想传递给听众：误听、欺骗、口音的差错、误解，诸如此类。然而，即使我们不考虑这些情形，承认说话者的思想为听众所知，奥古斯丁认为，听众也并不因此而得知说话者所说的（或所思的）是否真实。对知识的验证仍然内在于各人；符号最多能引至关于其他符号的知识，而不是所指之事物（它们不是符号）的知识。唯有光照能检验真理，那是知识的基本组成部分。奥古斯丁在独白的最后宣称，他的光照论是自我确证的：你只要朝内看就能认识到它的真理性！

综合起来看，《驳学园派》和《论教师》是从两个不同的方面对同一个问题提供了互补性的详尽证明，这个问题就是真知识的可能性，它在奥古斯丁最初建设性地探索柏拉图主义和基督教时对他至关重要。这两篇作品为古代晚期新型的知识分子——信仰坚定的、非独断论的哲学家——奠定了根基。但是，无论是奥古斯丁还是他的后继者，都不可能过这些早期对话中所勾勒的那种美好的生活。古典世界正在瓦解，它需要像奥古斯丁这样的人参与公共生活。但最终他们也无能为力。奥古斯丁在希波任主教近四十年，去世时该城已落入汪达尔人手中。奥古斯丁的知识论只能留给后代去探索和发展，而当时，一种新的（教条）哲学概念已经产生。

附录里选译的文本是为了说明或阐释《驳学园派》或《论教师》的特点。它们基本按照时间顺序排列。附录1（《论幸福生活》1.4）

---

① 奥古斯丁对"过去的可感事物"感到困惑：我们如何能知道发生在过去的事，因为对象本身已经不在，有的只是它们的表象。他的试探性回答是，我们通过呈现出来的过去对象的这些表象知道它们是过去的，但这种知识必然是个体性的。这暗示了最终将在《忏悔录》里讨论那些问题。见 O'Daly［1987］。

描述奥古斯丁借助怀疑主义和柏拉图主义从摩尼教到基督教的进展。附录2（《论幸福生活》2.13－16）是《驳学园派》第一卷讨论后"遗漏的结论"，如果我们相信奥古斯丁，它的写作时间应该在《驳学园派》第一卷和第二、三卷之间。附录3（书信一）写于386年末，独立地证明奥古斯丁的论断，即学园派包含秘密的柏拉图主义。附录4《论辩证法》5.7－8今天公认是奥古斯丁一个写作计划的残篇，他计划为新的生活方式写一个教材系列，但计划夭折。此文写于387年，表明奥古斯丁在比《论教师》更早的阶段已经思考符号论。附录5（《忏悔录》5.14.25）始于397/398年，简洁描述了奥古斯丁与怀疑主义的关系。附录6（《论三位一体》15.12.21）是晚期对学园派的讨论（419年之前）。附录7（《教义手册》7.20）始于423年，附录8（《上帝之城》11.26）始于426年，两者都是晚期讨论怀疑主义的作品，后者包含奥古斯丁著名的论断——预示笛卡尔公式的论断：我受骗，我存在（si fallor，sum）。附录9（《论基督教教义》1.2.2）和附录10（《论基督教教义》2.1.1－2.4.5）是奥古斯丁普通符号学的部分，与《论教师》的理论一致；它们很可能写于397年，但整个文本被弃，后来于427年改写。最后，附录11（《订正录》1.1.1－4）包含奥古斯丁晚年对《驳学园派》的反思，写于427/428年。

| 第 一 卷 |

利凯提乌斯和特里盖提乌斯讨论如何追求智慧

献词导论①：劝勉罗马尼亚努斯追求智慧（1，1 – 4）

时运和神意为有德性的人提供什么

1.1. 罗马尼亚努斯（Romanianus）啊，真希望美德能使有德性的人远离厄运，甚至不让任何人被厄运带走，远离它自己（美德）！无论如何，相信美德已经惠顾于你，并且宣称你完全在它的麾下，又引领你拥有最可靠的善好（bonus），绝不会让你成为时运的奴隶，即使适逢红运当头。然而，或者因为我们功德有限，或者因为事物有其必然，② 当我们属神的灵③还与我们必朽的身体结合时，智慧的港湾注定不会向它开放（到了这个港湾我们才不会为时运所动，无论顺逆），除非好运本身，或者只是看起来不好的时运把我们引到这个港湾。所以，我们对你所能做的，惟有祷告。我们向挂念这些事的上帝祈求，如果我们能够，

---

① 奥古斯丁献给罗马尼亚努斯的导论文风高雅、辞藻华丽。正式的对话始于 1.2.5。

② 见《订正录》（Revisions）1.1.2（附录 11）。

③ "属神的灵"：divinus animus。见 Cicero, *Tusculan Disputations* 5.13.38："人的灵源于神的心灵，除了神自己，无与伦比，如果可以这么说。"奥古斯丁在 1.1.3 使用了同样的说法。

恳求他让你回转——因为你必也由此回到我们身边——让你一直渴望深吸一口气的灵，最后能呼吸到真自由的新鲜空气。

或许人们通常所说的"时运"（fortuna），是由某种隐秘的秩序支配的，而我们所说的"偶然"（casum），仅指世上那些具有神秘理由和原因的事件。① 在任何部分里发生的事，不论有益还是有害，没有一件不是与整体统一而和谐的。② 哲学能提供的这种观点，源于最卓有成效之教义的箴言，③ 是俗人远不能理解的，也是我恳请你接受的，它必向真正爱它的人显现出来。因此，当许多与你灵魂不配的事发生在你身上时，不要鄙视自己。因为如果神意无论如何总眷顾我们——对此我们毫不怀疑——那么请相信我，你所遭遇的一切都是恰如其分的。

究其原因在于，④ 人生本就充满各种谬误，而你进入此生，从幼年理性的印记还很软弱、摇摆不定的时候，就显示出众多不凡的天赋，让我惊异不已。财富从四面八方向你招手；它们开始吞噬你年轻的灵，诱使你渴求一切表面华美、貌似有价值的东西，沦陷在它们迷惑人的漩涡之中。当你快要淹没的时候，那些被当作不利实则有利的顺风把你从漩涡中拽出。

如果顺境妨碍人学习智慧

1.2. 然而，如果广场上、戏院里总有热烈的掌声送给你，感谢你为我们的公民提供狗熊表演以及其他未曾见过的奇观；如果愚蠢人异口

---

① 奥古斯丁这个想法取自西塞罗《学园派》1.7.29："许多事物非常晦涩，我们不知其因，所以无法预测和意料，于是安提奥库（Antiochius）的门徒就称之为'时运'。"奥古斯丁后来非常懊悔使用了这个意义上的"时运"，特别提到这段话予以订正。见《订正录》1.1.2（附录11）。

② 见普罗提诺《九章集》3.2.3.13. 整篇《九章集》3.2 被称为"论神意"。奥古斯丁在《上帝之城》10.14 明确提到它。

③ "箴言"：oracula，谈到《圣经》、神启和灵启、基督教奥秘以及诸如此类事物时最喜欢使用的一个词。

④ 从这里到 1.3 第一段末大意是，罗马尼亚努斯应当感谢好运，将沉溺于迷惑人的漩涡之中的他解救出来，也要感谢厄运，让人们到他面前求问真正的幸福，使他向哲学敞开。

同声的叫喊把你捧上天（这样的人总是多之又多！）；如果没有人敢对你不友好；如果青铜制成的城市碑铭①指明你不仅是本国公民的恩人，也是邻邦的恩人；如果他们立起你的雕像，向你致以敬意，甚至增加你的特权，赋予你高过常规的公民地位；如果你日日盛宴，美味佳肴源源不断；如果人所需要的东西，甚至他所渴望的快乐，都可以满怀信心地从你这里得到满足；甚至有许多事物，人们根本没有提出要求，你都为他们尽情提供；如果你的家人在受到你的人民细心而忠心的关照后，最终证明他们配得上如此巨大的花费；同时你居住在豪华无比的房子里，享受着金碧辉煌的浴室，玩高雅的游戏，狩猎冒险，宴乐畅饮；如果你的委托人，你的公民，以及一般人谈起你，在他们嘴里你是一个最有教养，最慷慨，最高雅，最幸运的人，那么，请问，罗马尼亚努斯啊，谁敢向你提及另一种幸福生活，那种唯一的幸福生活呢？谁能让你相信，你不仅不幸福，而且特别不幸，因为在你自己看来你似乎与不幸完全扯不上关系？而如今，在经历了这么多又这么大的厄运之后，你是多么深切地认识到这一点！你不需要借助别人的例子相信，凡人以为好的一切事物是多么短暂，多么脆弱，充满不测，因为如今你已经在这方面经历了深刻的体验，所以我们可以通过你自己的例子作为说服别人的证据。

如果逆境把人引向智慧

1.3. 因而，你身上那个属神的部分，不论它是什么——正因为它，你才会始终寻求正派而高贵的事物；正因为它，你才会选择自由而不是财富；正因为它，你渴求的从来不是更强大，而是更公义；正因为它，你从未曾在逆境中气馁，对不当行为妥协——我得说，这个属神部分，因为这种昏昏沉沉无精打采的生活而处于休眠状态，但是某种隐秘的神意决定通过你所遭受的种种苦难和挫折来唤醒它。

---

① 保存下来的一则塔加斯特碑铭［COR］NELIUS ROMANIANUS（Corpus inscriptionum latinarum tom. 8 suppl. JHJ17226）可能就是奥古斯丁这里提到的"碑铭"之一。

醒来吧，醒来吧，请你快清醒！相信我，你必会满怀庆幸，因为这世界的礼物以其各种繁华使漫不经心者陷入罗网，却最终没能诱使你上钩。它们也曾想方设法抓住我，当时我日日为其唱赞歌，直到我的胸痛病迫使我放弃令我自夸的职业，躲避到哲学的怀抱。① 如今，哲学在那种我们如此渴求的安闲（otium）中滋养我，呵护（fovet）我，使我完全摆脱了那种当初我带着你轻率地一头扎进去的迷信。② 哲学教导——真实地教导——凡是必朽之眼所看到的，或者感官③所接触到的事物，没有一个是可敬拜的。相反，这一类事物无一例外都必须鄙弃。④ 哲学允诺展现那位真实而隐秘的上帝，如今，可以说，他再次屈尊借着明亮的云层向我们显现，让我们一睹他的丰采。

什么样的问题引向探讨

1.4. 我们的利凯提乌斯（Licentius）满腔热情地与我一同过着这种生活方式。他已彻底抛弃年轻人的诱惑和享乐，全心转向哲学，我甚至

---

① 奥古斯丁退到卡西西阿库之前在米兰教修辞学。他告诉我们，他因胸病和咽疾突然辞去米兰的宫廷修辞教师职位，尽管还有其他方面的原因，比如哲学和宗教方面的原因——这一点奥古斯丁在《忏悔录》9.5.13 有清楚的说明。见奥古斯丁在 3.7.15.18 – 26，在《论幸福生活》1.4.105 – 7（附录1），以及《忏悔录》9.2.4：" [386 年] 夏季，由于文学教学工作过度劳累，我的肺部开始感到不适，呼吸困难；胸部也隐隐作痛，表明已有病变，无法发出清晰或者较长的声音。"在《论秩序》1.2.5.36 奥古斯丁提到他引退的原因是他的胃痛，不是呼吸问题，使得有些学者怀疑他的报告的真实性，还有些学者推测他是否有疑心病。

② "迷信"指摩尼教，奥古斯丁曾使罗马尼亚努斯归信它，当奥古斯丁于 386 年写这篇对话时后者仍是摩尼教信徒。

③ 奥古斯丁后来声明这里应改为"我们必朽身体的其他感官"，见《订正录》1.1.2（附录11）。

④ 奥古斯丁于 386 年完成《驳学园派》之后不久，写信给芝诺比乌斯（Zenobius）——奥古斯丁《论秩序》的致献者——清晰地解释了这种柏拉图主义观点（《书信》2.1）："我相信，我们已经取得正确而一致的看法，即我们的身体感官所接触的事物，没有哪个会保持不变，哪怕一时一刻，它们都变动不居，转瞬即逝，无物存留——坦率地说，它们就是不存在。因此，真正神圣的哲学告诫我们不要去追求甚至沉溺于这些事物，爱这样的事物就是一种可怕的毁灭，就是积累惩罚，因此，即使心灵还处于与身体结合之中，它也会急切而热烈地追求那些始终保持同一状态的事物，而不喜爱短暂的美。"

敢于自信地说，他可以作他父亲仿效的榜样。任何年龄的人都没有任何理由抱怨自己被哲学怀抱拒之门外！① 虽然我非常了解你对哲学的渴望，但我还是想选送出一道前餐，它肯定非常合你的胃口，我甚至可以说，这是入口处的一种诱惑，使你恋上它的味道，迫不及待地想吃更多。我恳请你，不要让我的希望落空。

因此我把特里盖提乌斯（Trygetius）与利凯提乌斯之间的一次争论的文字版寄给你。特里盖提乌斯服兵役离开了一段时间，仿佛是为了让他缓解对学习可能产生的厌倦。它为我们送回来的是一个热切渴求高级而高贵艺术的人。我们来到卡西西阿库逗留只有几天，当我鼓励并敦促他们努力学习时，我发现他们准备得比我所期望的更充分，热情也更高。我想测试下在他们这个年龄能做什么，尤其考虑到西塞罗的《荷尔泰西乌斯》（Hortensius）似乎已经使他们基本上站在哲学一边。因此我雇用了一位记录员，"免得四风吹走我们的劳作"，② 一字不漏地记下。你将在本书里读到这两位年轻人讨论的问题和观点，还有我和阿利比乌斯（Alypius）的话。

问题是什么（2，5–6）
[386 年 11 月 10 日]

寻求大家认同的论点

2.5. 于是在我的提议下大家聚集到一个适宜讨论问题的地方。我说："我们必须知道真理，对此你们有什么疑惑吗？"特里盖提乌斯说："没有什么疑惑。"其他人也点头表示没有疑惑。"好的。"我说，"如果我们即使不理解真理也可能是幸福的，那么你们认为理解真理对幸福是必不可少的吗？"

---

① 奥古斯丁在《书信》1.3 使用了同样的比喻（附录 3）。
② 维吉尔《埃涅阿斯纪》（Vergil, Aeneid）9.312。

这时，阿利比乌斯插进来说："我想作为这次讨论的裁判，我要更加谨慎些。由于我去城里的行程已定，① 所以我不必化时间和精力探索任何一方的观点。我还可以把问题推托给另一方，哈哈！裁判的角色实在比辩护的角色——不论为哪一方辩护——更加轻松。所以从此时开始你们不应指望我对任何一方会有赞同或反对的言辞。"

对此大家都表示认同。于是我又把问题复述了一遍。特里盖提乌斯说："'我们当然希望是幸福的'②；如果我们没有获得真理仍能实现这个意愿，那么寻求真理对我们来说就不是必须的。"

"这怎么讲？"我问，"你难道认为即使找不到真理我们仍可能是幸福的吗？"

于是利凯提乌斯大胆地说："如果我们正在探求真理，我们就可能是幸福的。"③

我点头示意征询其他人的看法。拿维基乌斯（Navigius）说："利凯提乌斯说的话让人深思。或许生活在对真理的追求中本身就是生活在幸福之中。"

特里盖提乌斯说："那就请先定义什么是幸福生活，我才能根据你的定义决定该作何适当回答。"

我说："幸福的生活如果不是依据人里面最好的东西生活，那你认为还能是怎样的生活呢？"

他说："我们不能随意地玩弄文字，你得明确告诉我什么是人里面最好的东西。"

我回答说："谁不认为人里面最好的东西就是他灵魂里的支配部分

---

① 阿利比乌斯缺席 1.3.8.41 – 41 的讨论，去了米兰，回来又参与后面几卷的讨论。

② 西塞罗《荷尔泰西乌斯》残篇 36（Muller）。西塞罗在 *Tusculan Disputations* 5.10.28 提到这种观点。奥古斯丁认为这是不证自明的，见《论教师》13.46.25 – 27；《论三位一体》13.4.7。

③ 西塞罗《学园派》2.41.127："那些非常重要又极其晦涩的问题，仅仅考察它们就令人喜乐；如果让我们发现了看似真理的事物，那我们的灵就充满一种完全合乎人性的快乐。"

呢？人的其他部分都要服从于它，而且，这一部分可以称为'心灵'（mens）或'理性'（ratio），① 免得你又要求再下一个定义。如果这还不够清楚，那就得问你自己如何定义幸福生活或者人里面最好的东西了。"

"我同意。"他说。

我们成为智慧人是单凭探求真理还是要获得真理

2.6. "那怎样呢？让我们回到讨论的问题。你是否认为只是探求真理但没有发现真理也可能生活幸福呢？"我问。

特里盖提乌斯说："我重申一下我的观点，我认为这难以成立。"②

我问其他人："那你们的意见呢？"

于是利凯提乌斯说："在我看来当然是这样的。比如，我们的祖先，我们都认同他们既有智慧，又有福祉，而他们单凭探求真理就过上了美好而幸福的生活。"③

我说："真是感谢你们让我与阿利比乌斯当裁判，④ 我得承认，我现在开始有点嫉妒他了。因为你们一方认为只要探求真理就是幸福生活，另一方则主张只有发现了真理才可能有幸福生活。而拿维基乌斯稍前表示他愿意站在利凯提乌斯这边，我对你们十分期待，不知道你们能

---

① 奥古斯丁这个定义很可能引自西塞罗《论共和国》（Republic）1.38.60："如果人的灵里有什么王权，那应该是某个单一部分，即理性（consilium）的统治，因为这就是灵里最好的部分。"奥古斯丁意欲将这个定义作为所有哲学学派无可争辩的智慧。柏拉图和亚里士多德以各自的方式指出这就是幸福生活的本性。另外，在1.4.9.85—86与理性一致的生活被认为就是与本性一致的生活（斯多亚学派常说的美好生活的定义）。在《订正录》1.1.2（附录11）奥古斯丁懊悔当时没有把幸福生活定义为与上帝一致的生活。

② 特里盖提乌斯没有明确说明这一点，但从他最初回答奥古斯丁的问题（1.2.5.3—4）看，这是"重申"他最初的回答。

③ 见西塞罗《学园派》2.41.128："你们的智慧人和我们的智慧人都在探求这些［物理学］问题，但你们的智慧人这样做是为了认同、相信和论断，而我们的智慧人这样做是因为担心草率地形成意见，是认为如果在这类问题上他发现了某种类似真理的东西，那他就是有福的。"

④ 1.2.5.7—12提到阿利比乌斯被指定作裁判，但前面并没有提到奥古斯丁也作裁判。

怎样证明自己的观点。说实话，这是个重大的话题，完全值得我们倾力讨论。"

利凯提乌斯大声说："既然这是个重大话题，那需要重大人物来探讨。"

我回答："不要去求世上任何地方都难以找到的事物，尤其是在这乡村别墅里，倒应该解释你为何会提出这样的观点——我想，应该不是轻率随意的——你的理由是什么。当小人物来探讨重大问题时，他们通常会因此而成为大人物。"

或者智慧在于对真理的寻求之中（3，7–5，15）
a）何谓完全（perfecta）（3，7–9）

援引图利乌斯的证据

3.7. "因为我看你一直竭力鼓励我们针锋相对地争论，"利凯提乌斯说，"我相信你是出于正当目的。我的问题是：一个人寻求真理，尽管一直没有找到真理，他为何不可能是幸福的呢？"[①]

特里盖提乌斯说："因为我们认为一个幸福的人就是一个有智慧的人，在一切事上得完全。而正在寻求真理的人不是完全的人。因此我完全不明白你为何称这样的人是幸福的。"

利凯提乌斯说："前辈的权威能说服你吗？"

特里盖提乌斯说："那要看哪个权威。"

"究竟是哪个呢？"

"当然是那些有智慧的人。"

于是利凯提乌斯说："你不认为卡尔奈亚德（Carneades）是智慧人吗？"

---

① 奥古斯丁在《论幸福生活》4.25 指出，智慧人不会因出现他所无法避免的恶而变得不幸福，他的幸福在于"基于某种美德的法令或者神圣的智慧法则"做他所做的事。

特里盖提乌斯说："我不是希腊人，不认识卡尔奈亚德是谁。"

"好吧，那你认为我们自己人西塞罗怎样呢？"利凯提乌斯说。

特里盖提乌斯沉默了一会，回答说："西塞罗是个智慧人。"

"那他对这个问题的看法应该对你有一定说服力吧？"

"没错。"

"那就请你听好了，我想你已经忘记这样的话了。西塞罗认为一个寻求真理的人是幸福的，即使他最终也没能找到真理。"[1]

"西塞罗是在哪里说这话的？"特里盖提乌斯问。

利凯提乌斯说： "谁不知道西塞罗明确宣称，人不可能知道（percipio，perceive）[2] 任何事物，智慧人所能做的就是竭尽全力寻求真理。因为如果智慧人认同不确定的事物，即使它们可能是真实存在的，他就不可能摆脱谬误，而这是智慧人的最大过错。因此，如果我们必须相信智慧人必定是幸福的，在探求真理过程中就完全运用了智慧，那我们为何不坚定地相信仅凭探求真理这一行为就能够获得幸福生活本身？"

对图利乌斯的权威提出异议

3.8. 特里盖提乌斯问："我是否可以重新回到因思考不周而认可的那些观点呢？"

对此我说："那些不是出于发现真理的愿望，而是为了幼稚地炫耀自己的聪明才智而参与讨论的人，通常不同意这样做。然而就我来说，尤其考虑到你们现在正是需要教育和引导的时候，我不仅同意，而且希望把这一点作为规则遵守，即那些因考虑不全而妥协的观点，必须回过头来重新讨论。"

利凯提乌斯说："如果争论者认为，与发现正义和真理相比，辩论

---

[1]　西塞罗《荷尔泰西乌斯》残篇 101（Muller）。

[2]　这里使用的"知道"一词更多的类似于夏洛克·福尔摩斯初次见到华生医生时所惊呼的"我知道你到过阿富汗！"在这个专业意义上，知道就是认知上的一种直接把握。

取胜不足一提，那无疑是哲学上的一大进步。因此我很乐意听从你的规则和观点，同意特里盖提乌斯回到他认为自己因考虑不周而认可的观点——这是我权利范围内的事。"①

这里阿利比乌斯插话道："你们和我一样明白此时还不是我行使裁判权力的时候。但我的行程既定，我不得不离开。我的裁判同伴不会拒绝替我代劳，行使双份权力，直到我归来。我看你们这个争论要持续很长时间！"

阿利比乌斯走后，利凯提乌斯问："你不小心认同的是什么观点？快告诉我们！"

特里盖提乌斯说："我不小心承认西塞罗是智慧人。"

"那西塞罗难道不是智慧人吗？他可是拉丁语哲学的开启者和成全者啊！"

"即使我承认西塞罗是智慧人，"特里盖提乌斯说："我也并非赞同他的所有观点。"

"你若不认同他在这个问题上的观点，那你就得拒斥他的许多并非草率的观点。"

"我若准备声明只有在这一点上他的论断是错误的，那又怎样呢？我想，你所要关心的只是，我提出支持我所主张的观点的理由是否充分。"

"那你说吧，"利凯提乌斯说，"我岂敢与宣称反对西塞罗的某人作对呢？"

如果完全的探求实现目标

3.9. 于是特里盖提乌斯说："我希望你（奥古斯丁），我们的裁判注意，你前面是如何定义幸福生活的。你说人按照他灵里专门命令其他

---

① 参见西塞罗《荷尔泰西乌斯》残篇 60（Muller）。

部分的那一部分生活就必是幸福的（1.2.5.26–30）。而你，利凯提乌斯，我希望你现在认同我——因为我已经按照哲学首先赐予我们以保障我们安全的自由摆脱了权威之轭——我希望你同意处在追求真理途中的人是不完全的。"

经过长时间沉默之后，利凯提乌斯说："我不同意这一点。"

"请解释为什么，"特里盖提乌斯说，"我想而且非常想听到你解释，一个还在寻求真理的人怎么可能是完全的。"

利凯提乌斯回答："我承认，一个没有获得自己目标的人是不完全的。但在我看来，只有上帝，或许还有人的灵魂——当它摆脱身体这个黑暗的牢笼之后——才能知道真理！[1] 而人的目标是完全地寻求真理（perfecte quaerere），好比我们寻求某个完全的人，完全，但终究还是人。"

特里盖提乌斯说："因此人不可能是幸福的。既然他如此渴望的对象根本不可能获得，他怎么能是幸福的呢？但人若能按照他灵里面理应支配人的那一部分生活，他就可以过幸福的生活（1.2.5.23–31）。因此他能发现真理。否则，他会清醒过来，不再欲求真理，免得因为不可能获得真理而注定成为不幸的人。"[2]

利凯提乌斯回复："完全地寻求真理这就是人的幸福！这就是实现一个我们不可能超越其外的目标。因此，任何人如果没有做到应做的那样持之以恒地追求真理，就没有实现人的目标。任何人只要尽自己所能，按应有的努力寻求真理，就是幸福的，即使他没有找到真理。他尽自己所能做一切事，这是他的本性使然。如果他没有找到真理，那是因

---

① 这里描述的灵魂被"囚禁"在身体里，源于维吉尔《埃涅阿斯纪》6.734。这一主题在柏拉图的思想中是个老生常谈的话题，最初见于伪造的 Alcibiades I，稍有调整。参 Cratylus 400C, Gorgias 493A, Phaedo 82E, Phaedrus 250C.

② Kirwan［1989］，pp. 17–20 讨论这里特里盖提乌斯提出的论点。

为本性没有给他找到真理的条件。① 最后，既然人必然或者幸福或者不幸，那么对于不分昼夜尽其所能寻求真理的人，说他是不幸的岂不是彻底疯狂吗？因此，他必是幸福的。"

"再者，"利凯提乌斯接着说，"幸福生活的定义很好地支持我的观点。如果有人是幸福的，因为他按照他灵里专门统治其他部分的那一部分（这一部分被称为'理性'）生活，那么我要问：凡是完全寻求真理的人难道不是按照理性生活的？如果这是可笑的，我们为何不愿意说一个人仅凭寻求真理这一点就是一个幸福的人？"

b) 学习智慧避免错误（4，10-12）

如果追求目标的人陷入错误

4.10. 特里盖提乌斯回答："在我看来，在错误中的人既不是按理性生活，也根本不幸福。而一直寻求真理却一无所获的人就是在错误之中。因此，你必须表明两者之一，或者（1）某人陷入错误却是幸福的；或者（2）根本没有找到他一直寻求的东西却没有陷入错误。"

"幸福的人不可能陷入错误，"利凯提乌斯声称。然后他沉默了一会儿，说："嗯，一个人若是一直在寻求，就没有陷入错误，因为他之所以一直寻求，目的就是避免陷入错误。"

特里盖提乌斯反驳说："他在寻求，以避免陷入错误；但他没有找到所寻求的对象就是陷入了错误。你以为他不愿意陷入错误这一点对你有利——似乎没人是违背自己的意愿陷入错误的，或者有人甚至会有意陷入错误！"

利凯提乌斯犹豫了一会，不知该如何回答。我就插入一句："你必

---

① 西塞罗《学园派》2.10.32："那是我们的过错吗？要不就指责自然（本性）把真理完全隐藏——'在深渊里'，如德谟克利特所说。"

须定义错误是什么。你现在既然已经深入它的腹地了，应该比较容易看清它的边界了。"①

"我不适合定义任何事物，"利凯提乌斯说，"尽管定义错误比控制错误要容易。"

"我来定义它！"特里盖提乌斯说。"这对我来说容易些，当然不是因为我有多聪明，而是因为我的立足点更有力。陷入错误就是始终寻求但没有找到所求之物。"

利凯提乌斯说："就我来说，如果我能轻易反驳这个定义，我就不会很早以前就在捍卫我的立场上败下阵来。或者这个话题本身太难，或者对我来说太难。所以，如果我今天想不出什么话来反驳你，那我请求把问题顺延到明天早上，让我仔细思考之后再回答。"

我想这个请求应该得允，其他人也没有意见。于是我们都站起来走动走动。当我们在聊许多不相干的事时，利凯提乌斯还在苦思冥想，想半天也没有什么结果，于是决定放松思考，加入到我们的谈话当中。黄昏来临时，他们回到原来的讨论。我提出适可而止的原则，说服他们把讨论推延到第二天。然后我们回去更衣休息。

[386 年 11 月 11 日]

如果不赞同错误就是没有犯错

4.11. 第二天，大家坐定之后，我说："继续你们昨天的讨论吧。"

利凯提乌斯说："我若没有记错，经我要求我们推延了讨论，因为定义'错误'对我来说太难了。"

我说："在这点上你显然没有犯错！我真诚地希望这将成为你后面

---

① 奥古斯丁最后这句话在拉丁文里含意不清，他是说利凯提乌斯在理论上比以前更好地理解错误，还是说利凯提乌斯此时正处于错误之中（因而能够更好地看到它们）？

讨论观点的一个好兆头。"①

利凯提乌斯说:"那就请听我的观点吧,若不是你们干扰,昨天我就应该说出来的。在我看来,犯错就是赞同某种假,把它当作真。② 凡是相信真理必须始终寻求的人无论如何都不会与这个定义相抵触。毕竟,人若不赞成任何事,就不可能赞成某种假,所以他不可能陷入错误。但他很可能是幸福的。

我们有现成的例子,不必跑太远。如果我们每一天都可以像昨天那样生活,我找不出理由否认我们是幸福的。我们的心灵安详平和,我们的灵魂摆脱身体的一切污浊,并且远离欲望的炽热之火,我们在人所能及的范围内尽力训练理性③——这就是我们昨天同意的对幸福生活的定义(1.2.5.23 –31)。只是就我所知,我们并没有发现什么,我们只是在寻求真理。因此人仅凭寻求真理,即使永远没有找到,也可以获得幸福生活。

至于你的定义——看看它那么轻易就被我们关于错误的共同观念弃之一旁了!你说陷入错误就是始终寻求但永远找不到(1.4.10.17 –18)。如果一个人并没有寻求什么,然后被问,比如,现在是否白天,而他当即就漫不经心地形成观点,以为现在是晚上,并作出这样的回答,那会怎样?你不认为他陷入了错误吗?所以,你的定义甚至没有包括这类出格的错误。④

另一方面如果它又把没有犯罪的情形包括在内,那还有比它更无效的定义吗?比如,有人要寻找亚里山大里亚,就沿着正确的道路向它进发;我想,你不会把这称为犯错吧。如果由于种种原因的干扰,他在路上行走了很长时间,然后死在了路上——那他岂不是一直在寻求却一直

---

① 奥古斯丁懊悔这里使用了"兆头"一词,见《订正录》1.1.2(附录11)。

② 这里关于"错误"的定义与西塞罗的评论密切相关,他说,赞成虚假,以假为真,这是"极其可耻的":pro veris probare falsa turpissima est(*Academica* 2.20.66).

③ 奥古斯丁这里的措辞使人想到维吉尔《埃涅阿斯纪》6.46。亦见1.3.9.70的注释。

④ 因为此人"当即"形成观点(尽管"漫不经心"),所以他并没有探寻,因此不能说他是在寻求而没有发现真理。

没有找到，然而并没有陷入错误？"

"他并非'一直'（semper）在寻求，"特里盖提乌斯说。

如果有人仅凭寻求就走向幸福生活

4.12. "你说得一点没错，"利凯提乌斯说，"你的评论也很好。由此可知你的定义与我们讨论的主题完全无关。我并不是说一个'一直'寻求真理的人是幸福的，因为那是根本不可能的事。首先因为一个人并不是一直存在；其次因为一个人不可能一存在就寻求真理，这里有个年龄问题。或者如果你认为'一直'是指他可以用来寻求的时间一刻也不允许丧失，那么你得回到寻找亚里山大里亚的例子来说。假设有人在年龄和职业允许的时候出发，开始沿着那条路行走，并且如我上面所说，从未离开那条路，但还没到达目的地就死了。如果你认为此人陷入了错误，那你肯定是大错特错了！但他尽其所能利用每一刻，既没有停止寻找，也没能找到他所寻找的事物。

所以，如果我的描述是正确的，照此说法，一个完全寻求真理的人没有陷入错误，即使他没有找到真理，他也是幸福的，因为他照着理性生活——而你的定义被证明是无益的，即使不是无益，我也不必再对它多加关注，因为我的定义已经充分支持我的观点——那么，请问，我们之间的问题为何还未解决呢？"

c) 如果智慧是一种探求的理性 (5，13–15)

如果智慧是正当的生活方式（生命之道）

特里盖提乌斯说："你难道不认为智慧就是'正当的生活方式（生命之道）'① 吗？"

---

① Cicero, *Tusculan Disputations* 1.1.1："因为学习智慧——也就是'哲学'——包含与正当的生活方式相关的一切技艺的原理和体系……"

利凯提乌基说："是的，毫无疑问，但我仍然希望你能定义'智慧'，好让我知道我所理解的智慧是否与你的一样。"

"你这话是什么意思呢？难道我的定义不够充分吗？你不是已经认可我所提的观点吗？我是说正当的生活方式（生命之道）就被称为'智慧'。"

利凯提乌斯大声说："在我看来，没有比这个定义更可笑的事了！"

特里盖提乌斯说："也许吧，但我恳请你在笑之前认真思考！如果笑本身完全是可笑的，还有比这样的笑更可鄙的吗？"

"好吧。"利凯提乌斯说，"你不认为生的反面是死吗？"

"没错。"

"那么'生活方式'（生命之道）在我看来不过就是任何人沿着它前行以避开死亡的方式（道路）。"①

特里盖提乌斯表示认同。

"因此，如果有旅行者听说有个岔道强盗出没，就避开那条道，沿着直道前行，从而避免被杀——那他岂不是遵循了生命之道，也就是正确的生命之道？然而没有人会说这是'智慧'！那么'智慧'是每一种正确的生命之道吗？"

"我承认智慧是一种正确的生命之道，但并非任何一种。"

"定义不应包括任何无关的东西。所以，如果你愿意，请重新定义，你认为智慧是什么？"

如果智慧是探求的正确理性

5.14. 特里盖提乌斯沉默了一会，然后说："好吧，如果你决定非要揪住它不放，那我重新定义。智慧是引向真理的正确道路。"

"这个定义可以用同样的方式反驳，"利凯提乌斯接着说，"比如，

---

① 这里以及后面的交锋中，利凯提乌斯利用了特里盖提乌斯关于智慧的描述：智慧是一种 via，方式或道路。

埃涅阿斯的母亲告诉他：①

走吧，迈开你的脚步，按道路指引你的方向。

当埃涅阿斯沿着这条道路前行，就到达曾向他谈到的目标，即到达真理。如果你愿意，就主张他行走时足下的这个道路可以称为'智慧'吧！"

利凯提乌斯接着说："然而，我若试图剔除你的描述，岂非愚蠢，因为没有比它更有助于我的观点了。你不是说智慧就是真理本身，而是说智慧是引向真理的道路。那么凡是使用这道路的，当然就是使用智慧，而使用智慧的人必然是有智慧的，因此完全探求真理的人，即使没有获得真理，也必然是有智慧的。按我的观点，导向真理的道路完全可以理解为勤勉地探求真理。所以，仅凭使用这道路，他就已经是智慧的。而智慧的人不可能是不幸的，每个人或者不幸，或者幸福，智慧人必是幸福的。因此不仅发现真理的人是幸福的，而且仅凭探求真理这一点就使他成为幸福的人。"

在人看来智慧似乎是赞同两者之一

5.15. 特里盖提乌斯苦笑着说："我活该陷入这样的境况，谁让我草率地在枝节问题上认同对手呢，似乎我是个厉害的下定义者，或者认为某些东西在争论中完全多余！如果重新来过，我假装自己一无所知，让你来定义某物，然后要求对你所下定义的每个词再一一定义，然后对定义再定义，那岂非无穷无尽，哪还有什么限定（modus）呢？如果要求我对智慧下定义是合理的，那么最明显不过的是，我没有理由坚持认为它可下定义。自然本性在我们心灵里所标示的概念，有哪个比智慧更显而易见呢？但我不知道为何，当这个概念从我们心灵的港湾漂走，张开词语的风帆——可以这么说——时，顷刻就有成千上万的诡辩威胁它

----

① 维吉尔《埃涅阿斯纪》1.401。

的安全。所以，不要再要求对'智慧'下定义了，或者请我们的裁判大发善心，不做裁判，做它的援手!"

眼看天太黑不方便记录，而且我发现一个重大的话题引发出来，需要一开始就深入讨论，所以我决定把讨论推延到第二天。今天我们开始讨论时就快日落西山了，因为几乎整个白天我们一边忙着处理农场事务，一边还要复习维吉尔《埃涅阿斯纪》的第一卷。

智慧就是关于某物的知识 (6, 8, 23)

关于人事和神事的知识

6. 16. 天亮之后——前一天已经把诸事安排妥当，所以现在应该有大块的闲暇时间——我们马上开始需要讨论的话题。我说："特里盖提乌斯，你昨天要求我放弃裁判的职责来支援智慧，似乎在你们的谈话中智慧遇到了什么反对者，或者不论谁捍卫它，它仍将陷入大困境，所以不得不请求更大的支援![1] 你们争论中产生的唯一问题是界定何谓智慧。对于智慧本身你们双方谁都不反对，因为你们都渴望智慧。特里盖提乌斯，即使你认为自己在定义'智慧'上失利了，你也不应就此放弃捍卫自己观点的努力。

因此，你们从我这里所能得到的不过就是关于'智慧'的一个定义，它也不是我的，不是新的，而是我们可敬的前辈提供的。我很奇怪你们竟然不记得了，你们不会是第一次听到这样的说法吧：'智慧就是对人事和神事的知识。'"[2]

---

[1] 西塞罗《学园派》2. 11. 36 有类似的回答："关于理解的话题就谈到这里。如果有人想要推翻已经确立的观点，那么即使我们不在场，真理也会轻而易举地自我辩护。"

[2] Cicero, *Tusculan Disputations* 4. 26. 57："可以非常简洁地说，智慧就是关于人事和神事的知识，是对它们两者的原因的认识。"西塞罗在 *On Moral Duties* 2. 2. 5 也提出同样的定义："古代哲学家已经定义智慧就是对神事和人事的知识，以及对支配这两类事的原因的知识。"

或者占卜与智慧有关

6.17. 我以为下了这个定义后，利凯提乌斯需要花时间考虑如何回答，没想到他立马就回答说："那么请问，我们为何不能说那个声名狼藉的淫荡纵欲之人是'智慧的'？我是说那个阿尔比克里乌斯（Albicerius）！① 因为他在迦太基很多年为那些咨询他的人提供令人吃惊但真实可靠的回答。我可以提到他数不胜数的例子，但在座的各位都是熟悉他的人，所以稍微提几个例子就足以说明问题。"

然后他转向我继续说："有次我们找不到勺子，房子里哪儿都没有，在你的指示下，我找到了阿尔比克里乌斯。他不仅迅速而准确地告诉我所找为何物，而且指出它的主人是谁，它藏在什么地方，不是吗？

我再来举一个例子。我略去所有那些对所求问之事给予准确回答的案例，只讲一点。在我们前去找阿尔比克里乌斯的路上，那个帮我们拿钱币的男孩偷走了一部分钱币。阿尔比克里乌斯根本没看到我们原来有多少钱，也没听我们说起带了多少钱给他，但他一看到我们就命令男孩数出所有钱币，并当着我们的面要求他放回偷走的钱。"

关于占卜者阿尔比克里乌斯应该说什么

"还有你自己告诉我们的那个例子，总是使博学又多才的弗拉奇阿努斯（Flaccianus）② 惊奇不已的例子怎样呢？当时弗拉奇阿努斯一直说着要买个农场，就将此事去求问那个占卜者，看他是否能说出他一直想做的事。阿尔比克里乌斯不仅当即说出他想做的是什么事，而且明确说出农场的名称——对此弗拉奇阿努斯吃惊地大叫起来，因为这个名称非常生僻，连他自己都不太记得住！

① 关于阿尔比克里乌斯，没有任何信息。
② 这个弗拉奇阿努斯很可能就是《上帝之城》18.23 提到的那人，奥古斯丁说他是"一个精于雄辩、博学多才的人"，393 年任北非总督。

还有个例子，一想到它，我不由自主地感到惊异万分。我们的一个朋友，你的一名弟子，想要捉弄阿尔比克里乌斯，就很无礼地要求阿尔比克里乌斯说出他此刻正在想什么。阿尔比克里乌斯回答说，他正在想维吉尔的一句诗。他大为吃惊，又不得不承认。但他接着又问是维吉尔的哪句诗。阿尔比克里乌斯或许曾经过某个语法学校，但肯定从未进过语法学家的讲堂，但他毫不犹豫地背出那句诗，流利而自信。

这样说来，或者人们向他求问的这些事不是人事，或者他尽管能向那些求问他的人提供如此可靠而准确的答案，却并没有关于神事的知识。

然而这两个假设都是可笑的。所谓'人事'不是别的，就是与人相关的事——比如银子，钱币，农场，以及念头本身。至于'神事'，谁不会正确地认为人之所以能行占卜就是借着对它们的知识？

因此，如果我们根据定义承认智慧就是关于人事和神事的知识，那么阿尔比克里乌斯无疑是有智慧的。"

知识包括赞同

7. 19. 这时我回答说①："首先，一个人信奉某物却又不时犯错，我不会把这种事物称为知识。所谓知识，不仅仅在于被理解了的东西，还在于这种理解能使任何人都不会犯错，甚至遇到任何反对者的冲击也不会动摇。因而某些哲学家说得非常正确，知识只能在智慧人身上发现；智慧人对自己所主张的事不仅要无条件地接受，而且要坚定不移地遵守。② 然而你所提到的这个阿尔比克里乌斯，我们知道他经常说出许多

---

① PL 本这里的拉丁文是 Hic ille，从上下文看，回答者也应该是特里盖提乌斯，而不是"我"（奥古斯丁）——译者注。

② "智慧人对自己所主张的事不仅要无条件地接受，而且要坚定不移地遵守"：qui non modo perfectum habere debet id, quod tuetur et sequitur, verum etiam inconcussum tenere。奥古斯丁的这一观点源于西塞罗《学园派》2. 9. 27："因此毫无疑问，智慧人的决定不可能出错。但不出错是不够的，它还必须是稳定的、牢固的和确定的，没有任何论据能动摇它。"知道某事就是知道它的所以然，掌握它的来龙去脉——这是对知识的古典要求，知识必须是正确的信仰。这一观念的根源出于苏格拉底哲学，见 Greco［1992］，ch. 1.

错误。我不仅从其他阐述者那里得知这一点，而且还在现场亲眼见证这一点。既然他经常说错，我能说他有知识吗？就算他说出真相，但若不是果断说出，而是迟疑说出，我也不会说他有知识！

你可以认为我以上所说是指那些肠卜师、占兆官、占星家以及解梦者①——或者如果你能，从这些以及诸如此类的人中，指出有哪一个是能够一经问询，就毫不犹豫地作出回答，并且结果永远不会出错的。

我想我没有必要多费口舌提到以另一人的心灵讲话的灵媒者（vates）。

占卜与智慧无关

7. 20. 其次，我承认人事就是与人相关的事，但是你以为那些时运能给予我们，也能从我们手中夺走的事，算我们的事吗？或者当我们谈到关于人事的知识时，是指有人知道我们拥有多大或者哪类农场，或者有多少金银，甚至我们所想的别人写的哪句诗吗？所谓关于人事的知识乃是知道审慎之光，节制之芒，勇敢之力，公义之圣。这些事物我们敢说是真正属于我们的，全然不必担心时运的好坏。② 相信我，如果那个阿尔比克里乌斯学过这些事物，他就不会生活得如此奢侈而不耻！

再次，至于他说出向他问询之人心里在想着哪句诗，我认为这不属于我们人事。我不是要否认我们的心灵应该潜心学习某些非常高尚的学问，但是我们都承认，哪怕无知的人也可以吟诵和朗读别人的诗句。因此，当我们的记忆呈现这样的事时，如果某些粗鄙的属气活物即所谓的

---

① 肠占师主要通过检查牺牲动物的内脏，也包括其他一些方式，来预言将来之事。占兆官是异教中那些根据征兆（通常与飞鸟有关）解读诸神是赞成还是不赞成某个决定或行为的人。占星家我们身边至今仍有。解梦者研究梦，利用它们作为行为的向导以及预言将来之事的手段。下一段落里提到的预言家都作为灵媒"以另一人的心灵说话"，因为人们认为某个鬼或灵附在他们身上，通过他们说话。

② 见 1. 1. 1. 1 – 6 以及后面 3. 2. 2 – 4 的讨论。

'鬼灵'能够感知它们，这也没什么奇怪的。① 我不知道这是以什么神秘的方式，我们感官无法企及的方式发生的。我承认在感官的灵敏性和精致性上鬼灵超过我们，但是我不承认它们在理性上胜过我们。就算我们对小小蜜蜂使用某种胜过人的精确判断，从某地飞到它酿蜜的地方感到惊奇，我们是否由此就得把这种动物置于我们之上，或者至少与我们相提并论呢？

占卜属于某种属气的活物

7.21. 因此，我倒更希望你那个阿尔比克里乌斯——当有人想要学习而向他求教时——能直接教他诗律本身，或者在某个委托人要求时，能马上就某个提供给他的主题作出自己的诗句。那位弗拉奇阿努斯常常这样说，如你不时提醒我们的，因为他有高贵而博大的心灵，所以嘲笑鄙视占卜这类事，将它归于某种粗鄙不堪的鬼灵——如他自己所说——阿尔比克里斯通常就是受到这'灵'的提示或启发才给出那些回答的。② 事实上，这个博学多才的弗拉奇阿努斯总会问那些对阿尔比克里乌斯的回答惊奇万分的人说，他就不能教导语法、音乐、几何吗？然而，凡是认识阿尔比克里乌斯的人，哪个不承认他对所有这些知识一无所知？因此弗拉奇阿努斯极力奉劝那些学习这些知识的人，要关照自己的灵，要毫不犹豫地抛弃占卜，要努力用这些学问来启蒙并壮大自己的心灵。这样，他们就能飞过并超越这些属气的无形鬼灵了。

---

① 这里奥古斯丁的观点还未表达完整。他在下一段落里作了补充：这些属气的鬼灵一旦感知到某人的念头，就把它们传给另一人。

② 这里有某种复杂的双关语：quo ille quasi spiritu admonitus vel inflatus……"spiritus"这个词有双重含义："灵"和"气息"，后者包含在"inflatus"里，这个词对应第一个意思就是"灵启的"，对应第二个意思是"自负的"（直译为"膨胀的"）。"粗鄙的活物"就是鬼灵，如前面所说的。因此，阿尔比克里乌斯是受了这种鬼灵的启示，也成为一个自负的愚蠢人。

真正的人事和神事是什么

8.22. 然后，众所周知，神事要比人事高贵和神圣得多；而阿尔比克里乌斯连自己是什么人都搞不清楚，这样一个人怎么可能通达神事呢？除非他认为我们日常观察的星相相比于至真至圣的上帝而言是某种更了不起的事物。而在我们看来，对于上帝，唯有理智才能勉强领会一二，感官根本无法触及，而星辰不过是我们眼睛所视之物。所以它们不是神圣之物，智慧宣称唯有它知道神圣之物，而这些所谓的占卜者所利用的其他事物或者是为了炫耀或者是为了谋利，肯定比星辰更无价值。

因此，阿尔比克里乌斯没有关于人事和神事的知识，你在这方面对我们定义的攻击也归于无效。

最后，既然我们应当认为除了人事和神事之外的任何事都是毫无价值的，要完全鄙视，那么我要问你，你的智慧人在什么事物里寻求真理？"

"在神事里，"利凯提乌斯说，"美德毫无疑问是神圣的，即使在人身上。"

"那么阿尔比克里乌斯是否知道你的智慧人一直寻求的这些事呢？"

利凯提乌斯说："他知道神事，但不是那些智慧人所寻求的事。人若认可阿尔比克里乌斯有占卜能力，却又认为他不知神事（因为占卜[divinatio]这个词就是由神事[divinas]而来的），那岂不是推翻了语言习俗？所以如果我没弄错，你们的定义还是包含了某种与智慧无关的事物。"

或者智慧既是知识又是寻求

8.23. 特里盖提乌斯说："提出定义的人如果愿意，会对那个定义作出辩护。现在请你回答我的问题，好让我们最终切中所讨论问题的要点。"

"问吧!"

"你是否认为阿尔比克里乌斯知道真理?"

"是的。"

"那么他比你的智慧人更杰出!"

"根本不是,"利凯提乌斯说,"因为智慧人所追求的那类真理,不仅是那个胡言乱语的占卜者不能得到,智慧人自己,当他还活在身体里时,也得不到。然而,这类真理至高至大,就算人只能一直寻求它,也远比另一类能不时找到的真理要卓越得多。"

特里盖提乌斯说:"关于'智慧'的定义必定有助于我解答这些难题。如果在你看来这个定义有错误,因为它包含了某个我们不能称为智慧人的人,那么请问,如果我们说智慧是关于人事和神事的知识,但只是关于那些与幸福生活相关之事的知识,你会赞同吗?"

"是的,"利凯提乌斯说,"那是智慧,但并不是唯一的。前一个定义侵略了他者的领域,而现在这个定义又放弃了自己的疆土。① 所以,前者有贪婪之嫌,后者有愚蠢之过。事实上,现在该我来下定义解释我的意思,智慧在我看来不仅是关于与幸福生活相关的人事和神事的知识,而且也是对这种知识的努力寻求。如果你想要把这个陈述分开,那就包含两部分,第一部分即知识部分,属于上帝,而第二部分即满足于探求知识,属于人。上帝以前一部分为乐,人则以后一部分为乐。"

特里盖提乌斯说:"我很奇怪,按你所说,你的智慧人费尽心血却徒劳无功。"

"怎么会徒劳无功呢?"利凯提乌斯说,"他不是收获了大大的报偿吗? 仅凭他在探求这一点,他是智慧的;他是智慧的,所以他是幸福的,因为他的心灵尽他所能脱离了身体的束缚,他返求诸己。他没有任凭自己被欲望分成碎片,而是始终保持平静。他转向自我,转向上帝,所以即使在这里,他也充分享有理性,而我们上面同意这就是幸福。到

---

① 意思是说,前一个定义太宽泛,现在这个定义又太狭隘。

了生命的最后一日，可以看到，他将获得所欲求的，等到完全享有了属人的幸福之后，他也配享有属神的幸福。"

<h1 style="text-align:center">概述（9，24－25）</h1>

奥古斯丁概述整个讨论

9. 24. 特里盖提乌斯颇费思量地寻求如何回应，我乘机插话。我说："利凯提乌斯啊，我想，即使我们允许特里盖提乌斯有空闲时再探索，他也不会放弃寻求论据的。他可曾在哪一点上不知如何回答吗？

首先，当我们提出关于幸福生活的问题，指出唯有智慧人才可能是幸福的（如果愚蠢——即使就愚人的判断来说——就是不幸），对此，特里盖提乌斯总结说，智慧人应该是完全的，但凡是仍在探索何谓真理的人是不完全的，因此也是不幸福的（1.3.7.4－6）。

此时你遇到了一位重量级的权威（1.3.7.15－27）。特里盖提乌斯虽然因西塞罗的名字而稍感不安，但随即就恢复自信，以某种高贵的坚毅品质跃至自由的顶端。他又抓住原本被强行从他手里夺走的东西，问你是否认为仍在探求的人是完全的（1.3.9.60－63）。如果你承认这样的人不完全，他就会回到开头并证明（如果他能够），根据定义，一个依照心灵之法规范生活的人是完全的，由此推出，他若不完全就不可能幸福。

但你脱离了这个陷阱——比我预料的更聪明！——宣称完全人十分勤勉地探求真理（1.3.9.78－89）；同时在保卫自己的立场时，你对我们所说的定义——幸福生活就是依据理性引导的生活——过于自信（1.3.9.89－95）。于是你处于被动，特里盖提乌斯准确无误地反击你（1.4.10.1－18）：他击倒了你的卫兵，你不得不后退，若不是休战恢复，你可能就全盘皆输了！学园派①的观点你表示支持，他们的立足点

---

① 这是第一次提到学园派这个名称。

是什么，不就是关于'错误'的定义吗？如果这个定义没有在你入睡时，或许就在梦境中出现在你脑海，那你不可能有什么论据回复特里盖提乌斯（1.4.11.31－37），尽管前面在解释西塞罗的观点时你早就已经想到这个定义。①

　　然后我们开始谈论'智慧'的定义（1.5.13.2－4）。你用尽计谋，想方设法地瓦解它，甚至你的帮手阿尔比克里乌斯可能也没能明白你的心计。但特里盖提乌斯非常警觉，全力抵制了你！实际上他把你团团包围，控制了你。最后你用新的定义救了自己，你说人的智慧就是对真理的寻求，由此获得心灵安宁，幸福生活接踵而至（1.9.23.40－43）。特里盖提乌斯对这个观点不会提出任何反驳，尤其是如果他请求争论延迟一天，或者延迟到第二天。"

称赞讨论

　　"现在让我们结束讨论，免得过于冗长。我想，就我们所讨论的主题来说，目前的讨论已经足够充分，没必要多作耽搁。若不是我希望训练并开发你们俩的思维和热情——这是我最关心的事——原本几句话就可以讲完的。当我开始鼓励你们热烈寻求真理时，我首先想知道你们对真理有多重视。事实表明你们俩都全心投入，超出我的预料。既然我们都想要幸福，我们就要认真考察：是否只有发现真理才可能幸福，或者只要我们不顾一切地勤勉寻求真理就可能获得幸福。

　　那就让我们结束这次讨论，如我所说，并且专门把文字稿寄给利凯提乌斯的父亲。我已经把他的灵魂引向哲学，但我仍然等候时运把他送到它那里。当他不仅通过倾听你们的争论，而且通过阅读我们的记录，了解你们现在正与我一起分享的这种生活方式，就会迸发出更

---

① 这里显然是指 1.3.7.19－27，但那里并没有提到或者暗示"错误"的定义。

大的热情投身于这样的研究。如果——如我所知——你们支持学园派，就请预备更强大的武器为他们辩护吧！我已经决定要亲自控诉他们。"

说完这些，就到了我们吃午饭的时间，于是我们起身离开。

第 二 卷

阿利比乌斯讨论学园派的原则

致献导论二：再次劝勉罗马尼亚努斯
追求智慧（1，1-3，9）

学园派不可战胜的武器反映（人性中的）愚钝和懈怠

1.1 如果说在探求智慧中找到智慧是必须的，就如同要成为有智慧的人，就必须在智慧上得到训练，拥有知识一样，那么可以肯定，学园派的投机取巧、顽固不化（也可以说锲而不舍）①——或者如我有时认为的，他们的应时策略（ratio）——应该已经与那个时代，与西塞罗和卡尔奈亚德的身体一同埋葬了。然而知识往往很难培育，并且只有少数人才能做到。这是因为（a）世事动荡，此生无常，罗马尼亚努斯啊，就如你所亲身经历的；（b）我们天性中有愚钝、懒散、懈怠的一面；（c）我们对找到［智慧］不抱希望，因为智慧之星不会像眼前的光那样轻易地显现在我们心里；或者因为（d）人们的普遍错误，即找到一种谬论之后，就不再勤勉地探求真理（如果他们有过这样的探求），甚至放弃探求的欲望。

———————————

① 西塞罗在《学园派》2.20.65 否认"投机取巧""顽固不化"是学园派哲学家的特点。

所以，当有人与学园派争论问题时，他们的武器似乎是不可战胜的，好比是伏尔甘（Vulcan）制造的，[1] 不仅在普通人看来如此，而且在博学而敏锐的人看来也如此。正因为如此，当我们用美德之桨——无论你能找到哪种美德——奋力对抗时运的风暴时，首先要以全然的诚心和敬虔恳求上帝的帮助，持之以恒地坚守自己的道路，追求美好学问，不因任何外在原因偏离正道，离开那最安全也最怡人的哲学港湾。

这是你的首要责任，我为你担心的也是这一点，希望你不负重任。我会在每日祷告中为你祈求顺风，但愿我能把它唤来！我向至高上帝的权能和智慧祷告；[2] 那不就是上帝之子吗？就如神圣奥秘[3]教导我们的。

罗马尼亚努斯特有的能力（virtus）

1.2 如果你始终相信我们能够得到上帝的垂听，如果你与我们一起勉力为之——不仅以你的祷告，而且以你的意愿以及你天生的深邃心灵——那你就是帮了我的大忙。正是因为你的心灵，让我看中了你，它给我带来独特的快乐，我始终对它敬佩不已。然而，唉！你的心灵就像雷电，被家务的云层紧紧包裹。大部分人或者几乎所有人都对它无从知晓，唯有我和你的三两个亲密朋友得见真容。我们不仅常常留心听你心灵的隆隆声，还不时看见一些预示雷鸣的闪电。目前我暂时不表其他，只想提到一件事：有谁曾经像你那样，凭借心灵的惊雷一声，电光一闪，在理性的雷击和自制的炫目电闪中，仅用一天时间就剔除了前一天还汹涌澎湃的情绪？所以，你的那种力量难道不会在某个时刻喷薄而出，让许多已经放弃盼望的讥笑者陷入惊恐和迷乱？它岂不是在世此指

---

① 这个比喻参见维吉尔《埃涅阿斯纪》8.535。

② 《哥林多前书》一章24节："［我们却是传］……基督，……无论是犹太人、希腊人，基督总为上帝的能力，上帝的智慧。"见《论教师》11.38.48–49，奥古斯丁提到"上帝不变的能力和永恒的智慧"。亦见《论幸福生活》4.34："我们基于神圣权威，即上帝之子不是别的，就是上帝的智慧。"

③ 即基督教的奥秘。见《论秩序》2.9.27。

明了——可以说——将来事件的某些"记号"，然后卸下整个身体的重担，重新回到天上①？奥古斯丁关于罗马尼亚努斯说的这些话岂是虚妄的吗？绝不！我完全委身的那位，如今又开始对他有一点点认知的那位，绝不允许！

罗马尼亚努斯对奥古斯丁的慷慨仁慈

2.3. 因此，跟我一起走向哲学吧。每当你感到焦虑、陷入困惑时，这里的一切总是以奇异的方式触动你。在道德上是否懈怠或者智力上是否迟钝，这些方面我对你毫不担心。只要你能够从工作中腾出一点时间，在谈话中还会有谁比你显得更敏捷，或者更敏锐？你对我的恩惠该如何报答？我对你的亏欠又怎能言尽？

当我年少贫穷，离家求学时，你欣然接纳我，进入你的家，进入你的慷慨，更有甚者，进入你的心灵。② 当我丧父时，你援以友情安慰我，借忠告鼓励我，通过财富帮助我。你对我慷慨资助，友好接待，使我在自己的家乡声名鹊起，一如你在自己家乡那样闻名遐迩。当我准备回到迦太基接受更好的职位时，我的计划和愿望没有对我家里任何人吐露，唯独对你毫无隐瞒。虽然你出于对家乡的热爱，对此有片刻犹豫——因为我当时正在那里教学——但你看到无法阻止一个年轻人对看起来更好之事物的向往，于是就以令人敬佩的自制和仁慈从反对转为支持。你为我的旅途预备了一切所需。可以说，你看护了我学习生涯的摇篮和温床，此时，当我第一次试图振翅飞翔时，你又大力支持我。当我悄然起程后，③ 你并未因为我没有像通常那样联系

---

① "然后卸下整个身体的重担，重新回到天上"，奥古斯丁在 2.9.22.21 用了类似的措辞，在《订正录》1.1.3 作了修正。

② 《忏悔录》2.3.5："我十六岁那年停学了。我原本已经在邻近的马都拉城居住，开始攻读文学和雄辩术，但此时我离城回乡，因为家中为我准备了到更远的迦太基留学的费用。这是由于父亲望子成龙，不是因为家中富有。"罗马尼亚努斯显然在此时开始资助奥古斯丁的教育，使他能够在迦太基求学。

③ 奥古斯丁在《忏悔录》5.8.14 提到这次离开，讲到他如何骗过母亲，瞒着她悄然离去。

你而生气。你完全没有怀疑这是倨傲行为，对我的友爱依然坚固。与其说你担心你的孩子们——被老师抛弃了——不如说你更关心我心灵的最深处和它的纯洁。

罗马尼亚努斯是上帝的助手

2. 4. 最后，我如今在退休中所享有的种种——摒弃奢望的锁链，放下琐事的担子，调整呼吸，恢复理智，反求诸己；① 开始满腔热情地追寻真理；开始一步一步找到它；开始对获得至高尺度本身（summum ipsum modum）充满信心②——对这一切你都已经有了预备（animasti）、推进（impulisti）和构建（fecisti）。虽然你早就是这最高尺度的助手，但我仍是借着信心相信，而非通过理性理解。当我们面对面时，我向你袒露过我内心深处的焦虑。我多次真诚地宣称，没有哪个时运在我看来是好的，除非能提供闲暇从事哲学；没有哪种生活在我看来是幸福的，除非是我能够投身哲学的生活。然而，我的扶养人需要我的工作维持他们的生活，担子很重；我还必须帮助他们恢复名誉或解除困顿，花销很大，所以我一直犹豫不决。而你浸淫于这巨大的喜乐，倍受鼓舞，对这种圣洁的生活满腔热情，于是你告诉我说，如果你能摆脱令人厌烦的诉讼锁链，你

---

① Respire resipisco redeo ad me。《忏悔录》7. 10. 16 对这段话有个回应："你指示我反求诸己"：et inde admonitus redire ad memet ipsum。奥古斯丁所说的"反求诸己"，可能是采纳普罗提诺《九章集》1. 6. 9 的概念。

② "至高尺度本身"就是上帝，如奥古斯丁在《论幸福生活》4. 34 所解释的："真理存在这一点是借着某个至高尺度发生的，它从这个至高尺度发出，完成之后又转回到这个尺度。另外，没有其他尺度强加在这个至高尺度之上；如果这个至高尺度是借着一个至高尺度的尺度，那它就是借着自己的尺度。而至高尺度必然是真正的尺度，因此，正如真理生于尺度，同样，尺度通过真理被认识。因此，没有尺度，真理绝不会存在，没有真理，尺度也不可能存在。上帝的儿子是谁？他被称为'真理'［约14：16］。那没有父的是谁？除了至高尺度还会有谁？因此，凡是借着真理来到至高尺度面前的，是幸福的。就灵魂来说，这就是拥有上帝，即完全享有上帝。"

愿意帮我解除困扰我的所有锁链，甚至愿意让我分享你的遗产。①

阅读柏拉图主义和保罗作品

2．5．因此，当你在我们中间燃起火苗之后离开，我们也并没有停止对哲学的热望。我们的所思所想，也唯有那种生活方式，这种生活方式对我们来说既合意又适宜。我们不断地思索着它。但是我们对它还没有达到应有的炽热程度，尽管我们自以为足够热烈了；我们还没有受到最大火焰的触动，那火焰会熔化我们，让我们沉迷。我们以为那使我们慢慢燃烧的火焰就是最大的火焰了。但是看哪，当某些作品②"香飘四溢"（如塞尔西努斯［Celsinus］③ 所说），把它们奇特的香气吹送给我

---

① 在《忏悔录》6.14.24 奥古斯丁描绘了他的计划：从世界退隐，过沉思的生活，共同生活，共用资源，每年任命两位"行政人员"，负责一切必要的事务，以此保卫所有人的生活平静安宁："把我们所有的都拿出来，作为共有的产业，设立一个单一的财库，这样，凭我们真诚的友谊，彼此都没有任何私有财产，全部财产既属于每个人，也属于全体……我们中有些人家产万贯，尤其是我们的同乡罗马尼亚努斯，他因重大财产纠纷来到［帝国］法庭。他是我自幼即非常投缘的朋友。他对这个计划给予大力支持，他的经济资源远远超过其他人，所以他在这个计划里颇受重视。"奥古斯丁讲到罗马尼亚努斯"对这种圣洁的生活满腔热情"以及他提出分享遗产时很可能就是指这个计划。

② 这些作品是指新柏拉图主义的论作，见《忏悔录》7.9.13，奥古斯丁说到这些作品已经从希腊语译成拉丁语；《忏悔录》7.20.27；以及《忏悔录》8.2.3，奥古斯丁说，这些书是马里乌斯·维克托里努斯（Marius Victorinus）译的。在《论幸福生活》1.4（附录1），奥古斯丁认定它们是普罗提诺的作品。认定作者是普罗提诺与奥古斯丁描述这些书具有"柏拉图主义特点"是一致的，因为奥古斯丁在《上帝之城》8.12 说，当代最著名的柏拉图主义者就是用希腊语写作的普罗提诺、杨布里柯（Iamblichus）、波菲利（Porphyry），以及用拉丁语和希腊语写作的阿普莱乌斯（Apuleius）。与此类似，奥古斯丁还说，柏拉图在普罗提诺身上复活了（3.18.41.45–46）。然而，有些学者指出，奥古斯丁并不是要排除波菲利，普罗提诺和波菲利对奥古斯丁思想的相关性影响是个有争议的话题，就如奥古斯丁这里所指的究竟是普罗提诺（或波菲利）的哪些论作，其实也是个问题一样。关于学术争论的清晰叙述以及这些问题的二手文献，见 O'Donnell［1992］, vol. 2, pp. 421–24。

③ 很可能是（奥卢斯［Aulus］）科奈利乌斯·塞尔苏斯（Cornelius Celsus），一世纪的博学家，把著名哲学家的观点汇编成六卷本的作品，奥古斯丁在《独语录》1.12.21 提到他的名字，并在他的《论异端》的前言里写到他的作品。

们，① 当它们的几滴宝贵迷香渗进那微弱的火苗，突然就引爆一场不可思议的大火——不可思议，罗马尼亚努斯啊，真的不可思议，甚至超出你对我的相信——还能怎么说呢？——甚至超出我对自己的相信！

那么，还有什么样的荣誉能吸引我，什么样的浮华能触动我？何种虚名让我欲求，此生的哪些安慰或锁链让我留恋？我迅速转身，返回到完整的自我。现在我承认，我应该回忆起我们孩提时代就种植在心底的敬虔，它从骨髓里把我们连接起来，就如同从一个漫长旅程的终点连接我们一样。然而，事实上它早就在我不知不觉中将我带到它身边。所以我在跌跌撞撞、匆匆忙忙、犹犹豫豫中，一下子抓住了保罗的书卷。② 我就说，没错，如果使徒们的书卷和论证与如此伟大的善好不一致，他们就不可能成就如此伟大的事迹，也不可能过他们所过的生活。于是我全神贯注地通读了全书。

古人的某些品德高雅而可敬

2.6. 所以，哲学的面容已经撒下了光，不论这光原本多么微弱，如今已经向我大放光彩。如果我能够将它呈现于——我不说"呈现于你"，罗马尼亚努斯，因为你已经对它充满渴望，尽管你还不了解它；而要说"呈现于你的对手"（我不知道他是否只是惹恼你，而并没有妨碍你）——如果我可以将它呈现于你的对手，他必会满怀激情和圣洁的爱，目含敬意，屏住呼吸、异常兴奋地奔向它的美。他必会放下并抛弃时尚的娱乐场所，悦人耳目的果园，奢侈而华美的宴席，家庭表演剧团，最后，他必会避开一切强烈吸引他转向各类享乐的事物。我们得承

---

① "把它们奇异的香气吹送给我们"：bonas res Arabicas ubi exhalarunt in nos，模仿普劳图斯（Plautus）：cepere urbem in Arabia/ plenam bonarum rerum（Persa 4. 3. 36 – 37）。

② "在跌跌撞撞、匆匆忙忙、犹犹豫豫中，我一下子抓住了保罗的书卷"：itaque titubans properans haesi*tans* arripio apostolum Paulum，部分模仿西塞罗 *Tusulan Disputations* 1. 30. 73：itaque dubi*tans* circumspec*tans* haesi*tans* multa adversa reverens。关于这里所描述的事件，见《忏悔录》7. 21. 27（arripui…apostolum Paulum）以及 8. 12. 29（codicem apostolic［Pauli］…arripui, aperui, et legi），亦见 O'Meara［1992］，Ch. 2 的讨论。

认，即便是你的对手，也有某种灵性的美——或者毋宁说我们得承认他也有美的种子。这种子奋力发育，想要长成真正的美，只可惜它在粗鄙而邪恶的灌木丛中，在错误观点的荆棘丛中，只长出了扭曲而畸形的枝条。① 但它依然生长，并尽其所能向少数热切而专注地注视灌木丛的人展现自己。正是从这个源头，生出他的慷慨友好，他的精致优美；他在宴席上的彬彬有礼，他在处世上的练达圆融，以及他的谦恭文雅，举手投足总带着一点修养的痕迹。

如果爱身体之美能导向智慧

3.7. 这就是通常所说的"美学"（philocalia）。不要鄙视这个名称的通俗。美学和哲学几乎同名，② 可以说它们也希望被看作同一家庭的成员，事实上它们确实如此。什么是哲学？就是对智慧的爱；什么是美学？就是对美的爱。（只要问问希腊人！）那么什么是智慧？不就是真正的美本身吗？因此它们是同父所生的姐妹。③ 虽然美学被欲望的粘鸟胶粘住，从她的高处跌落，关进一个常规的笼子，但她的名字仍与哲学有高度相似性，提醒捕鸟人不可轻视她。她那自由飞翔的姐妹常常见她双翼被剪，处于卑贱而困乏的状态，但很少将她释放。美学不知道自己从哪里来，只有哲学知道。

（这整个寓言——我突然成了某个伊索！——利凯提乌斯有首诗将更加生动地向你描述。他快要成为一位娴熟的诗人啦！）④

---

① "错误观点的荆棘丛"：inter opinionum fallacium dumeta，模仿西塞罗《学园派》2. 35. 112，Stoicorum dumeta。奥古斯丁在附录 3 所译的《书信》1.1 使用了同样的形象说法（umbrosa et spinose dumeta）。

② 奥古斯丁的 prope similiter cognominatae sunt，可理解为"几乎完全同名"或者"名称非常相似"。

③ 在《订正录》1.1.3（附录11）奥古斯丁说他对哲学与美学的这种类比"完全不恰当，且粗俗不堪"。

④ 奥古斯丁于 395 年写给利凯提乌斯的信（letter 26）里引用了利凯提乌斯发给他征求意见的某首诗，这是我们拥有的唯一一首利凯提乌斯的诗——惊人的 154 句诗行。奥古斯丁在信中基本上都在批评利凯提乌斯没有成为合格的基督徒，因为他更关注诗句韵律的准确性，而不是关注自己的灵魂。

所以，你的对手作为一个虚假之美的热爱者，如果他视力正常，能够睁大眼睛看看真正的美，哪怕只是一会儿，他该会以怎样的喜乐投向哲学的怀抱！他会在那里怎样地拥抱你，明白你是他真正的兄弟！

你对这些事感到吃惊。或者你在嘲笑它们。如果我能更好地解释它们，那会怎样？如果你能听到哲学的声音，即使没有见到它的面容，又会怎样？你肯定会吃惊，但你不会嘲笑［你的对手］或者对他绝望。相信我，我们应该永远不对任何人绝望，更不要说这样的人。有很多例子表明，这类鸟很容易逃脱笼子重新飞翔，而许多其他鸟则在笼子里大为惊异地看着它。

如果你绝望或者自负，就会妨碍你找到真理

3.8. 我们回到自己——我说，罗马尼亚努斯，让我们关注哲学！我应该感谢你，你的儿子正准备开始从事哲学。但是我要对他有所限制，让他首先获得必要的训练，保证他以后能有更多的精力往前走。你自己不必因为缺乏这种训练而担心。我对你非常了解，只希望你有更好的时机。对你的天赋能力我还能说什么呢？若说这些天赋在其他人身上显得那么非同寻常，那么在你身上完全是家常便饭！

要找到真理还有两点不足（vitia）和障碍。我并不因它们而太过担心你，但我仍要提醒你谨防（1）你可能低估自己，对自己能否找到真理不抱希望；或者（2）你相信自己已经找到了真理。①

如果你受阻于第一个障碍，或许我们的讨论可以为你解除。你一直对学园派义愤填膺；事实上，你越是对它愤怒，就越不会对它了解很多，就越可喜可贺，因为你对真理的爱引导你走向正道。因此，我将在你的资助之下，与阿利比乌斯并肩作战，很容易说服你接受我的观

---

① 这里提出的（1）、（2）两点困难就是 2.1.1.9 – 14 提到的四大障碍中的两个，即（c）和（d）。奥古斯丁一开始就承认（a），然后在 2.1.2 和 2.2.3.3 – 5 谈到（b）。在本段中，奥古斯丁在（2）暗示他的（正确）怀疑，即罗马尼亚努斯可能还是摩尼教徒。见下面他提到摩尼教是一种"迷信"。

点——不过，只能说看起来有理的观点，因为你若不是完全献身于哲学，就看不到真理本身。

至于第二个障碍，即，尽管你离开我们之后一直在寻求，在疑惑，但有可能自以为找到了某种真理——对此，我得说，如果有什么迷信又回到你心里，那么只要我把我们关于宗教的讨论发送给你，或者只要我有机会与你面对面广泛探讨，必然会把任何迷信都驱逐出去。

你若不是正当寻找就不能找到

3.9. 就我来说，目前我要做的，就是清除我自己那些无效而有害的观点，所以我的境况无疑比你要好。不过，有一件事我嫉妒你的好运，即唯有你享有我的卢西利阿努斯（Lucilianus）的陪伴。① 你是否反过来嫉妒我称他为"我的卢西利阿努斯"呢？我以前除了称他"你的"或"大家的"，还称过他什么呢？因为我们全体为一呀。然而，我该怎样恳请你抚慰我对他的思念呢？我难道不应受你回报吗？你知道你该回馈我多少。现在我要对你们两人说：首先要谨慎，除了你们所学的，即类似于一加二加三加四等于十这样的知识之外，不可自以为知道什么；其次同样要当心，不要以为你们在哲学中也不可能知道真理，或者真理根本不可能以这种方式获知。相信我——或者毋宁说相信他，就是说"寻找就寻见"② 的那位——不能对知识绝望，而且它必比那些数字更加清晰明确。

现在让我们回到正题。事实上当我开始担心这个导论要超出它应有的范围时，为时已晚！这绝不是微不足道的问题，因为尺度必定是神圣的，然而一旦兴致勃勃意犹未尽，就很容易收不住。等我有智慧的时候

① 卢西利阿努斯，或许是卢西阿努斯（Lucianus）或者卢西尼阿努斯（Lucinianus），从奈伯里底乌斯（Nebridius）389 年写给奥古斯丁的一封书信里得知与罗马尼亚努斯相伴（Letter 10），奥古斯丁又在同年写给奈伯里底乌斯的书信里提到他。两个地方都说他是好朋友。别的地方都没提到他。
② 《马太福音》七章 7 节。

我会更加谨慎。

新学园派的原则（placita）是什么（4，10 – 6，15）
[386 年 11 月 19 日]

利凯提乌斯和特里盖提乌斯阐述的观点

4.10. 前面第一卷的讨论结束后，我们休息了大约七天时间，其间我们一直在重温并讨论维吉尔的《埃涅阿斯纪》二、三、四卷。当时这样的安排似乎很合时宜。结果，利凯提乌斯对诗歌产生了浓情炽意，大有沉迷之意，不愿转向别的追求，所以我认为必须对他加以遏制。于是我尽我所能赞美哲学之光，使他终于同意重新讨论我们前面中断的学园派的问题。此时，天也正好大放光明，似乎正适合启示我们的心灵。于是我们比平时略早起来，因为时间紧迫，我们只跟着工人干了一点农活。

然后阿利比乌斯开言："在聆听你们谈论学园派之前，我希望先把你们所说的在我离开时完成的讨论读给我听听。不然，我在听你们讨论时难保不犯错误，或者至少难以跟上你们的节奏，因为现在的讨论源于前面的讨论。"

于是就把前面的讨论读了一遍，之后我们发现，整个上午差不多就过去了，于是我们决定停止野外漫步，回到房里。

然后利凯提乌斯说："如果不是太麻烦，趁着还没开午饭，请简要陈述并解释下学园派的整个观点，这样我就不会错过任何对我有益的内容。"

我说："我来说吧，我很乐意做这样的事，因为当你们在思考这个话题时，就会减少进食。"

"对此可别那么肯定！"利凯提乌斯说。"我常常注意到许多人，尤其是我父亲，越是心事重重，就越是尽情进食。而且你也亲眼见证过，当我思考诗歌格律时我是不会忽视美食的。事实上我常常对自己的这个习惯感到好奇。为何当我们集中注意思考问题时我们会有更大的食欲呢？当我们的心灵忙碌不停时，谁在控制我们的双手和牙齿呢？”

我说：“且转听你问我的关于学园派的问题吧，免得我忍受你无边无际地思考你的那些格律，不仅在餐桌上毫无节制，在提问题时也没有分寸！如果我有意隐瞒了什么，阿利比乌斯会作出补充。”

“我们仰仗你的诚信，”阿利比乌斯说。“你如果真有可能隐瞒什么，我想我是很难抓住你的，因为凡是认识我的人都知道，我对这些问题的了解都是从你那里学的——尤其因为在探求真理的过程中，你在意的不是得胜，而是心中的真实目标。”

学园派主张不赞同任何事

5.11. “我凭着诚信陈述，”我说，“如你所合理规定的。”

学园派主张，就与哲学相关的问题而言，人不可能有知识；而卡尔奈亚德说，他不关心（哲学之外的）其他问题。但人可以有智慧，智慧人的全部职责——如你，利凯提乌斯，也在我们前面的讨论中所主张的——在寻求真理的过程中实现。由此可以推出，智慧人不赞同任何事。[①] 如果他赞同某个不确定的问题，他必陷入错误，这对智慧人来说是可耻的。[②]

学园派不仅认为万事皆不确定，而且通过大量论证强化他们的观点。他们似乎采用了斯多亚学派哲学家芝诺的一个定义来支持真理不可能被理解的论断。芝诺说：

---

① 西塞罗《学园派》1.12.45：“阿尔刻西劳（Arcesilaus）主张一切事都隐匿在晦涩之中，没有任何事物能被分辨或理解。出于那些原因，谁也不能肯定什么，论断什么，或者赞同什么。”亦见2.18.59：“既然在两人［阿尔刻西劳和卡尔奈亚德］看来没有什么可被理解，那就不能表示赞同。对不知道的事物表示赞同岂非无益之极乎？”奥古斯丁本人在2.6.14.22–25将这个论点归于阿尔刻西劳。
② 西塞罗《学园派》2.20.66：“正如在我看来凝视真理是多么迷人，同样，赞同谬误、视之为真理是何等可耻。”

可以理解的真理是通过真理之源印刻在心灵里的，此外别无他途，真理不可能出于它源头之外的任何事物。①

更简洁直接的说法是，真理可以借着这些记号理解，而谬误不可能有这些记号。学园派严重依赖这个定义来证明真理根本不可能被人发现。所以，在捍卫这一观点时，他们特别强调哲学家之间的分歧、感官的错误、梦境和迷狂、谬见和诡辩。② 由于他们还从该芝诺接受以下观点，即没有什么比单纯的意见更加可耻，所以他们机智地得出结论说，既然没有什么可理解，而单纯的意见是可耻的，那么智慧人就不该对任何事表示赞同。

学园派主张凡是有可能之物可遵循的，就可作为

5. 12. 由此他们激起了很大的义愤，因为这似乎是说，人既然不赞同任何事，那也就不会做任何事。③ 学园派既认定智慧人不赞同任何事，那似乎是说，他们总是在昏昏欲睡之中，丢弃所有职责。于是他们引入了一种可能性（probabilis），甚至称之为"类真理"（verisimile），

---

① 奥古斯丁几乎完全从西塞罗《学园派》2.6.18 照搬了这个表述："［斐洛］否认有什么事可'理解'（这是我们对 καταγηπτου 的翻译），如果'表象'（经过昨天的讨论，我们现在习惯用这个词来表示 πανтασια）——按芝诺的定义——是指从它的源头产生并由源头印刻的显象，因为它不可能源于源头之外的其他事物。"这个表述包含"双重"形式：理解（apprehension）（1）准确地反映它所源于的事物；（2）它不可能源于它所源于之物以外的任何事物。看起来（2）是后来添加的，不是芝诺原文。见 Sextus Empiricus, Against the Mathematicians 7. 247 – 252，他指出（2）是由学园派争辩的人后加的。这与早期的报告吻合，它们只含（1），也明确将定义归于芝诺。Kirwan ［1989］, pp. 26 – 28 简洁讨论奥古斯丁关于芝诺定义的论述。

② 奥古斯丁这里罗列的名单从西塞罗的《学园派》汇编而来。关于"哲学家之间的分歧"，见 2.5.14, 2.17.55, 2.48.147；关于"感官的错误"，见 2.25.81 – 2.26.82；"梦境和迷狂"，见 2.15.47 – 48, 2.16.51 – 2.17.54；"谬见和诡辩"，见 2.14.45 – 2.15.46, 2.28.92, 2.29.94, 2.30.96, 2.48.147。

③ 西塞罗《学园派》2.12.39："所以，人若取消陈述或赞同，也就取消了生活中的一切活动。"亦见《学园派》2.19.62："［学园派］废除了赞同，也就废除了一切心理和生理活动。"

指出智慧人绝不是完全放弃职责，因为他们有可遵循的行动指南。① 然而，真理深藏不露，或者因为某种本性上的晦涩，或者因为事物之间的相似，真理总是被遮蔽或者难以分辨。② 同时，他们坚持认为忍住不赞同或者"悬置"赞同恰恰就是智慧人所行的伟大作为。③

我想我已经简单阐释了整个问题，阿利比乌斯，如你所希望的，没有背离你的规定。也就是说，我凭着诚信阐述，如前面所说 (2.5.11)。如果我的陈述中有什么不实，或者有所遗漏，绝非有意为之。因此诚信（bona fides）源于心灵的意向，我们应该很清楚，对于一个犯错误的人，需要给予教导，而对于一个蒙骗的人，必须警惕提防。前者需要一个好的老师，后者要求学生谨慎小心。

阿利比乌斯敦促陈明新学园派的源头

5.13. 然后阿利比乌斯说："多谢你满足了利凯提乌斯的要求，也将我从落在我身上的重担里解放出来！说真的，你若担心自己说得不够充分，让我来找出你的漏洞，这岂非考验我吗（还会是别的可能吗?）？那我岂不是要更担心吗？要说有什么遗漏，倒有一点，那就是新学园派与老学园派之间的区别，如果不是太麻烦，请解释一下它们的区别，这一点与其说是在我们的探讨中遗漏了，不如说是提问者本人遗漏的。"

---

① "因为他们有可遵循的行动指南"：cum haberet quid sequeretur。也就是说，尽管没有关于真理的知识，但可能性（可信者）或类真理可以指导并规范智慧人的行为。见西塞罗《学园派》2.10.32："［学园派］主张有些事物是可能（可信）的，并且某种意义上就是'类真理'；他们还把这个事物看作生活行为中和［哲学］研究及讨论中的向导（regula）。"还有，西塞罗《学园派》2.31.99："因此智慧人必使用一切看起来可能（可信）的事物，只要没有出现与可信之物相反的情形；他的整个生活计划也必按这种方式管理。"

② "性质上的晦涩"显然是指感知觉固有的局限性和不足。见西塞罗《学园派》2.23.73："［德谟克利特］说感觉并非暗昧到'全是黑暗'（tenbricosos）——按他的说法。"奥古斯丁说感觉是"模糊的"（tenebras）。"事物之间的相似"使人难以分辨彼此，见 3.1.1.13–14。

③ 西塞罗《学园派》2.34.108："在我看来，最伟大的行为就是反对呈现，抵制意见以及悬置那些不可靠的赞同行为。"

我说："我得说，这非常麻烦，但不能否认的是，你所提到的与我们正讨论的问题密切相关。所以，如果你愿意区分一下这两个名称，阐明新学园派的立场，让我暂且安耽一会，那你就帮我忙了。"

阿利比乌斯回答："我是不是得认为你还企图不让我吃中饭呢，要不然，我就得认为你被利凯提乌斯刚刚提的要求吓倒了——如果他要求我们向他说明我们在吃饭前对这个问题所完成的讨论！"

正当他设法结束发言时，我的母亲——此时我们在屋内——开始催促我们吃中饭，所以就无法再进一步讨论了。

阿尔刻西劳建立了中期学园派

6.14. 然后，我们满足了饥饿之需后，就回到草地。阿利比乌斯对我说："我会照着你的计划走的，我哪敢拒绝呀！如果我毫无遗漏，那得归功于你的教导，还有我的记忆。如果我在哪一点上说得不准确，你来补充完善，那么此后我就不必担心这类作业了。

我认为新学园派与老学园派的分离与其说是因为反对后者的旧观念，不如说是反对斯多亚学派。① 其实不应把它看作是一种'分离'（discidium），因为它还得讨论并解答芝诺提出的新问题。尽管关于'无理解（认识）'（non percipiendo）的论点②并没有激发任何争论，但可以合理地认为它占据了老学园派哲学家的思想。苏格拉底本人、柏拉图以及其他老学园派哲学家的论据可以轻易证明这一点，他们相信，只要不草率地作出任何赞同，就能够避免错误，③ 尽管他们没有把关于这个话题的任何具体讨论引入自己学派，也没有在任何情况下直截了当地提出这样的问题，即真理是否可以被认识。芝诺提出这个问题是全新

---

① 见 3. 18. 41. 29 – 32。西塞罗说，在他看来"新"学园派就是老的（《学园派》1. 12. 46）。
② 见 2. 5. 11 的讨论，芝诺声称，对真理的"理解（认识）"排除一切错误的可能；新学园派的成员在回应时指出，真理永远不可能被理解和认识——这就是"无理解的论点"。
③ 西塞罗在《学园派》1. 4. 15 – 16 以及 1. 12. 44 – 46 将苏格拉底和柏拉图（及其'老学园派'的跟随者）与怀疑论观点相联系，尽管他并没有花很多笔墨说他们主张搁置赞同。

的，不曾有人尝试过。他指出，除了真实的东西，无物能被认识，这真实是可以通过标志性的特点与虚假相区别的，^① 而意见不应该进入智慧人的心灵。^② 当阿尔刻西劳听到这点后，就回应说人不能发现任何真理，又进一步说，智慧人的生活不能托付给危险的意见之海。所以，他随后就得出结论说，人不能赞同任何事。

安提奥库引发学园派的分离

6.15. 由此看来，老学园派似乎变得更强大了，而不是削弱了。但是，斐洛（Philo）的学生安提奥库（Antiochus）出现了，他使两个学园派的观点陷入争论。在许多人看来，他对自己名誉的兴趣胜过对真理的兴趣。安提奥库声称，新学园派已经尝试引入一个独特的话题，与老学园派的观点完全不同，甚至背道而驰。他敦促我们在这个话题上要信靠老的自然学家和其他伟大哲学家。他还反对那些尽管承认不知道真理本身但仍坚持遵从某些类真理之物的［新］学园派哲学家。他收集了许多论证，首先用来捍卫智慧人能够认识真理这一论断，目前我暂且略过这些论证。

在我看来，这就是新学园派与老学园派哲学家之间的争论。如若不然，我只能请求你给利凯提乌斯一个完整的陈述，以让我们两人都受益。如果我以上所说如实，就请继续你们所展开的讨论。"

探讨类真理和可能性是什么（7，16 - 13，30）

利凯提乌斯主张不讨论学园派的理由……

7.16. 我说："利凯提乌斯，在我们的讨论（比我预计的要长多

---

① 见 53 页注释 1（"奥古斯丁几乎完全从西塞罗《学园派》2.6.18 照搬了这个表述……"）。
② 西塞罗《学园派》2.18.59："我不太确定有什么事物可以被理解（这一点我一直在讨论，讨论得太长了！），但我确定智慧人不能主张任何意见——也就是说，他绝不赞同任何错误或未知之事。"

了！）中你要闲多长时间呢？你现在是否明白你的学园派哲学家是谁了吗？"

这责备让利凯提乌斯有点不安，但他露出可怜兮兮的笑容回答说："很抱歉我如此激烈地反对特里盖提乌斯，主张幸福生活在于对真理的探求。这个问题让我好尴尬，处境好悲惨。如果你还有点同情心，肯定会觉得我可怜。但是我为何要愚蠢地自我折磨呢？我既然有这样值得追求的事业支持我，有何所惧呢？除了真理，我不会屈服于任何事物！"

我问："你是否赞同新学园派哲学家呢？"

"完全赞同。"他回答。

"那么在你看来他们是在言说真理吗？"

他正要作肯定的回答，却被阿利比乌斯的笑声止住，犹豫了一会，说："请重复下那个小问题。"

我说："在你看来新学园派哲学家是在言说真理吗？"

他又沉默了好一会，然后说："我不知道它是否是真理，但它看似合理，我不知道还有其他东西可遵循。"

"你肯定知道，"我说，"他们也把看似乎合理的事物称为'类真理'，是吧？"

"好像是，"他回答。

"因此，学园派的观点就是类真理。"

"没错。"

"请仔细听好，"我说，"如果有个人并不认识你父亲，但看见你兄弟就说他像你父亲，你难道不会认为他是疯子或者傻子吗？"

他沉默了好长时间。然后说："在我看来那并不荒唐。"

利凯提乌斯设想愉悦的情景⋯⋯

7.17. 当我想要反驳他时，他打断说："请等一下！"然后展开微笑说："告诉我，你现在确定你能赢么？"

"假设我确定，"我回答说："你仍然不该放弃你的立场，尤其想想我们开展这个讨论是为了操练你，激发你去培养自己的思维。"

"我可曾读过学园派的作品？"他重新作出回答。"可曾在你预备好反驳我的许多学科知识上受过教导？"

我回答说："最先捍卫你的这种观点的哲学家也不曾读过学园派的作品呀！况且，就算你缺乏知识上的教导或供应，你的天性也不弱，不至于还没开打，你就被我的几句话和几个问题给击倒了吧。① 我开始担心阿利比乌斯会很快取代你，比我希望得更快。若是让他来作我的对手，我可能就不会这么得心应手了。"

"好吧，"利凯提乌斯说，"但愿我已经被驳倒！那样的话我就可以听你们两人争论——更有甚者，我可以观看，没有比出现这种情景更令我满足的了！当然，由于你更愿意传播（fundere）你们的讨论，而不是让它们散落（effundere）② ——用笔记录下来，而不是让它们'散落在地'（如他们所说）——所以也很可能读到你们两人的争论。然而不知为何，当斗嘴的人③近在眼前时，精彩的争论会让心灵充满更大的喜乐，尽管不一定有更大的实效。"

受到奥古斯丁责备……

7.18. "我们感谢你，"我回答，"但你的这些意料之外的愉悦使你作出轻率的论断，说什么没有比之更让你满意的情景。不过说真的，没有谁会比你父亲——经历这么长时间的饥渴之后——更渴望畅饮哲学。

---

① "还没开打，你就被我的几句话和几个问题给击倒了"：ut nullo facto impetus paucissimus verbis meis rogationibusque succumbas。该句子对应的拉丁语含义有歧义，它既可以指利凯提乌斯受到责备，因为他听到奥古斯丁的论述和问题后没有作出任何反击；或者可理解为：奥古斯丁指出他的论述和问题几乎不能算是一种反击。

② 注意这个双关语："……由于你更愿意传播（fundere）你们的讨论，而不是让它们散落（effundere）……"

③ "斗嘴的人"：ipsi quos inter sermo caeditur，模仿 Terence，*The Self – Tormenter* 242：Verum interea dum sermons caedimus。

如果你看到他与我们一起探讨并争论这些问题，那会怎样？就我来说，我绝不会认为我本人比那个时刻更幸运。那么你应该作何想，说何言呢？"

此时利凯提乌斯哭了，一会儿收住眼泪，仰脸向天，双手向前，说："上帝啊，何时我才能看到这个？然而我们无须气馁，凡事都必从你所得！"

于是，我们几乎所有人都无心争论，都开始哭泣。我努力克制自己，勉强恢复平静，大声说道："好了，现在请你重振旗鼓！我稍前就告诫过，你要尽你所能，攒足力气，因为你要成为学园派的守卫者。我不认为现在'胜利的号角还没吹响恐惧就占据了你的肢体。'① 我也不认为你会因为想看别人争论这么快就愿意缴械投降了。"

特里盖提乌斯看我们都已经完全恢复平静了，就说："这样一个正直的人，为何不能希望上帝在他还没有祷告之前就应允他的祷告呢？利凯提乌斯，鼓起信心来！你面对问题无法回答但仍然想要取胜，在我看来，你还是缺乏信心！"

我们都笑了。然后利凯提乌斯回击："说吧，你这个幸福的人！幸福不在于找到真理，但肯定也不在对真理的寻求之中！"

如果有人说某人像一个他所不知道的人

7. 19. 年轻人的好心情使我们都开朗起来。我对利凯提乌斯说："请注意我的问题，② 如果可以，请坚定信心、精神抖擞地重新讨论。"

"全力以赴！假设有人看见我兄弟，从传闻得知我兄弟像我父亲，这个人以之为信，是不是可以说他是疯子或者傻子呢？"

"至少可以说他愚蠢吧？"我问。

---

① 维吉尔《埃涅阿斯纪》11. 424。
② 就是奥古斯丁在 2. 7. 16. 20 – 22 提的问题：如果有个人并不认识你父亲，但看见你兄弟就说他像你父亲，你难道不会认为他是疯子或者傻子吗？

"未必，"他回答说，"除非他坚持自己知道这一点。如果他把不断传播的传言当作可信的信息接受，那完全没有理由指责他草率。"

然后我说："我们再稍稍思考一下这个问题——就好比把镜头推到眼前。假设我们所说的这个人，不论他是谁，就在我们面前。你兄弟从某地来到这里。于是此人就问：'这孩子是谁的儿子？'有人回答他说：'这是某位罗马尼亚努斯的儿子。'此人就说：'他多像父亲啊！我听到的传言说得一点没错！'此时你或者某人问：'你认识罗马尼亚努斯吗，我的伙计？'他回答说：'我不认识他，但这孩子看起来就像他。'请问此时会有人忍住不笑吗？"

"肯定不会！"他说。

"因此你明白结论是什么。"

"我一直都明白，"利凯提乌斯说。"但我仍然想从你听到这个结论。你应该开始满足你俘虏的欲望了！"

"我为何不能得出这个结论呢？这个例子清楚地表明，你的学园派哲学家同样应该受到嘲笑，因为他们说在此生他们遵循某种类似真理的事物，尽管他们不知道真理是什么。"

如果你不知道真理就不可能追求类真理（真理的类似物）

8.20. 特里盖提乌斯说："学园派一向小心谨慎，在我看来，不像你所描述的这种极度愚蠢的人。学园派哲学家通过推理得出他们所说的类似真理的事物，而你例子中的傻子则凭传言作出论断，而传言就是最不可靠的东西。"

我回答说："似乎他若说'我根本不认识他的父亲，也从未听闻过他如何像他父亲，但在我看来他就像他父亲'不能算更愚蠢！"

"这样说他当然就更加愚蠢了，"特里盖提乌斯承认。"那么这例子的要点是什么呢？"

我回答："因为那些说'我们不知道真理，但我们所看到的与我们不知道的事物类似'的人与此人是同一类人。"

"他们称之为'可能的'（probabile），"特里盖提乌斯反驳道。

我回答："你为何这样说呢？你不承认他们称之为'类真理'吗？"

特里盖提乌斯说："我这样说的理由是：排除'类似'这个元素①。在我看来，把传言引入你的问题是错误的，因为学园派根本不相信人的眼睛，更不要说传言这种千眼怪兽（famae mille monstrosis luminibus）——如诗人们所形容的。②然而，我是谁呀，我为何要为学园派辩护呢？你是否嫉妒我在这个问题上置身其外呢？看，阿利比乌斯来了，真希望他的到来会给我们某种平安！③在我们看来，你一直对他发怵，这不是毫无理由的。"

阿利比乌斯介入讨论

8.21. 接下来，特里盖提乌斯和利凯提乌斯都看着阿利比乌斯不说话。于是阿利比乌斯说："我很愿意尽我绵薄之力为你们的观点提供几份支持，但是你们的冀愿吓到我了。当然，除非我的希望落空，不然，我可以很容易避免那种惊吓。事实上，设想以下这样的情形也是对我的鼓励：这个一直批判学园派的人，在特里盖提乌斯被击败之后要全面接过他的担子；而且现在经你们认可，他将很可能成为得胜者。我更担心的是，我在放弃原有职责时难免疏忽之过，在接管他人职责时又会显得傲慢无礼。我相信你们没有忘记，指派给我的原是裁判的工作。"

"那份工作是一回事，"特里盖提乌斯声称，"现在的讨论是另一回事。所以，我们要求你同意暂时放下任何公职。"

"那我就不推辞了，"阿利比乌斯宣称，"我若是能坚守你们赋予我

---

① 卡尔内亚德用的术语是 τοπτθανον（西塞罗译为"可能、可信之物"），不包含类似的元素。
② 关于"千眼传言"见维吉尔《埃涅阿斯纪》4.173–183。
③ 特里盖提乌斯似乎是说，因为阿利比乌斯来了，他和利凯提乌斯现在可以不用争论了。

的尊荣超过你们所允许的时间，那我在努力避免疏忽和无礼的过程中就不至于陷入骄傲的罗网——骄傲是一切恶中最大的恶。"

问题不是关乎措辞，而是关乎生命

9.22. 阿利比乌斯转向我继续说："那么，我们这位指控学园派哲学家的好伙计，你能解释一下你的立场吗？也就是说，你批判他们是为了捍卫谁呢？我担心你在驳斥学园派时只是为了证明自己也是一个学园派的人！"

我回答说："我想你清楚地知道，指控者有两类。即使西塞罗非常温和地说他之所以指控威勒士（Verres）只是因为他要捍卫西西利安（Sicilians），① 也不能由此推出，凡是指控某人的，就必然捍卫另一人。"

阿利比乌斯回击说："你至少得有立足点，来支撑你的观点吧？"

我说："其实要回答那个问题很容易，因为它并非在我的意料之外，我对整个问题已经探索思考了很长时间。所以，阿利比乌斯，我要说的是——我认为你对此知道得很清楚——：我不希望这场讨论只是为辩论而辩论。我们对这两位年轻人的排练——可以说，那是哲学与我们随意戏耍的②——已经足够，到此为止。接下来我们不再涉及儿童故事，我们要讨论的问题关乎我们的生命、道德和灵魂。灵魂会更安全地回到天上，因为它预测（1）它将克服所有谬论的危险；（2）当它领会了真理，就可以战胜激情，回归起源之地（regionem originis）③；（3）

---

① Cicero, *The Action Against Verres* 1. 12. 34.
② "我们对这两位年轻人的排练……已经足够，至此为止"，见柏拉图《泰阿泰德篇》168E。要注意，哲学"戏耍"（iocare），就是奥古斯丁与阿利比乌斯专门针对特里盖提乌斯与利凯提乌斯的排练、演练（pro‑ludere）。
③ 参见《订正录》1. 1. 3（附录11）。亦见奥古斯丁在《上帝之城》12. 27 关于波菲利的报告。

当它接受节制，与其联合之后，就能操练它的统治。① 你应该明白我的意思。现在让我们把琐事放在一边。武器是为精神抖擞的战士打造的。② 我最不愿看到发生什么事，从而使共同生活、广泛交流的人们之间产生某种新的冲突。我决定将我们经常详尽讨论的内容记载下来，原因有二：一是作为记忆的辅助，因为记忆并不那么可靠，不能如实保存思想的产物；二是为这些年轻人着想，让他们关注这些问题，尝试着去思考并处理它们。"

两种不一样的可能性

9.23. 我接着说："因此，你难道不知道到目前为止我并没有主张任何确定的东西吗？学园派哲学家们的论证和争辩让我不用去探寻确定的东西。他们不知怎么的让我相信了某种可能性（probabilitem）——我还是使用他们自己的术语——也就是说，人不可能发现真理。于是我变得懒怠，甚至完全不作为，也不敢去探寻，既然绝顶聪明又学识渊博的人不允许我们寻找真理，我哪还敢探求呢？因此，我若不首先相信真理有可能找到，就像学园派的人相信真理不可能找到那样，我怎么可能大胆去寻找它。我也没有任何需要捍卫的东西。因此请收回你的问题。"③

"事实上，我们要讨论——尽可能认真而深入地讨论——的问题是，真理能否被发现。我想我已经有许多证据支持我的观点，我也要力图通过这些论据来反驳学园派的推理。我与学园派之间唯一的区别在于：在他们看来，真理不能被发现这一点是可能的（probabile），而对

---

① 参见普罗提诺《九章集》4.8.3。奥古斯丁的这些观念可能源于西塞罗《荷尔泰西乌斯》frag. 97（Muller）[《上帝之城》14.19.26]；他的术语 rediturus in caelum（回到天上）显然出自西塞罗的 reditum in caelum fore。

② 《埃涅阿斯纪》8.441.

③ 这里奥古斯丁是指阿利比乌斯的问题（2.9.22.8-9）："你至少得有立足点，来支撑你的观点吧？"

于我来说，真理可以被发现这一点是可能的。如果他们只是假装作态，那么唯有我认为对真理没有知识（ignoratio veri）；否则，这一点是我们双方共同的观点。"

学园派所说的可能性是什么

10. 24. 阿利比乌斯说："现在我可以安全前行了，因为我清楚你既不是帮手，也不是控方。为了不再偏离，让我们首先务必留意，在讨论这个问题时——我似乎取代了那两个已经屈服于你的人——我们要防止陷入单纯的措辞争论。根据你的陈述和西塞罗的权威，① 我们往往认为这是十分可耻的。"

阿利比乌斯接着说："我若没有弄错，当利凯提乌斯对学园派关于可能性的观点很满意时，你立即提醒他说，他们是否也称之为'类真理'，他毫不犹豫地确认了。我很清楚你深谙学园派的理论，因为我正是从你那里才了解它们。既然这些理论牢固地扎根在你心里，如我所说的，那我不明白你为何要在措辞上吹毛求疵呢？"

"相信我，"我说，"这绝不是关于措辞的争论，而是关于问题本身的严肃讨论。我不认为学园派哲学家不知道如何给事物命名，他们不是这样的人。相反，这些术语［'可能性'和'类真理'］在我看来是经过挑选的，是为了向愚钝的人掩盖他们的观点，向敏锐的人显现他们的观点。我先讨论他们的论点——人们认为学园派提出这些论点是敌视人类知识的表现——再来解释我为何这样认为。②"

"我很高兴我们的讨论今天进展如此顺利，我们之间的问题很清

---

① Cicero, *The Orator* 1. 11. 47.

② 见 3. 17. 38. 51 – 52. 西塞罗《学园派》2. 18. 60 指出，新学园派的怀疑论姿态只是一颗掩盖他们积极观点的烟幕弹："若不是在阿尔刻西劳那里有大量事实和箴言——在卡尔奈亚德笔下更多——谁会接受悖谬错误得如此明显而一目了然的观点呢？"关于类似说法，见奥古斯丁《书信1》（附录3）。

楚，大家达成了一致。学园派哲学家在我看来确实都是非常严肃谨慎的人。如果还有什么问题我们要争论的，那就是驳斥那些认为学园派哲学家反对寻找真理的人。不要以为我害怕！我也乐意把矛头指向学园派哲学家本身，如果他们真的坚持我们在他们著作里读到的内容，即，如果他们并非只是为了掩盖其真正的观点而说那些话，也就是说，他们并非轻率地向思想不洁、心灵不虔的人暴露真理的某些奥秘（可以这么说）。

我倒想今天就行动，只是太阳下山了，我们得回家了。"

这一天的讨论就进展到此。

[386 年 11 月 20 日]

如果通过学园派所看到的可能性……

11.25. 尽管第二天仍是个晴朗、安宁的日子，但我们有许多家务事脱不开身。尤其是写信，花了我们大半天时间。最后我们来到草地时白天只剩下两小时了。天气宜人，爽心悦目，我们决定不能错过这样的良辰美景，哪怕留给我们的只有一小段时间。因此我们来到往日照例聚谈的树下，各就各位。然后我开口说："我们今天没有重大问题需要讨论，所以我希望你们两位年轻人能回忆一下，阿利比乌斯昨天是如何回答那个原本困扰你们的小问题的。"

利凯提乌斯回答："他的回答委实很短，根本不需要费力回忆！至于说它是小问题，那只是你的看法。既然这个问题已经解决，我想，你不能就术语提出问题。"

我问："你们俩是否充分注意到这一点的关键是什么，它的力量在哪里呢？"

"我想我知道它是什么，"利凯提乌斯回答，"不过请稍作解释。我常常听你说，停留在措辞争论上，而对实质性问题没有任何分歧，这对讨论者来说是可耻的。然而，这一点①对我来说太微妙，我只能请求你来解释一下。"

……能使人开始学习智慧

11. 26. "那你俩听听我如何理解。"我说，"学园派哲学家把能激发我们行动而无需同意的事物称为'可能性'或'类真理'。这里我说'无需同意'，意思是说我们不必主张说我们所做的是真的，或者认为我们知道它；尽管如此，我们仍然可以去做它。比如，如果有人问我们，既然昨晚天气晴朗，那么今晨是否也会艳阳高照，我相信我们都会否认知道它，但我们会说看起来如此。学园派说：②

> 所有我认为应该称为'可能性'或'类真理'的事物，在我看来似乎都是如此。我不反对你用其他名称来称呼它们。你只要明白我的意指就够了，也就是我用这些名称来称呼的实体（rebus）是什么。智慧人不应该是制造语词的工匠，而应该是实体的研究者。

请问，你们是否完全明白我用来激发你们的那些玩物如何从我手中冲泄而出？"

两人都说明白，同时又示意我再解释解释，我就说："好吧。你们是否认为西塞罗——我刚引用了他的话——是个糟糕的拉丁语作家，给他所思考的实体取了不恰当的名称？"

利凯提乌斯背叛学园派

12. 27. 特里盖提乌斯说："既然问题已经很清楚，我们很高兴不会

---

① 即奥古斯丁前面提到的"一点"：可能性与类真理之间的区别。
② 西塞罗《学园派》残篇 19（Muller）。

因语词而引发争论了。所以应该想想你会怎样回答阿利比乌斯，是他解救了我们，而你又重振旗鼓，准备再次向我们开炮！"

利凯提乌斯补充说："请等一会。我正要抓住一点什么，一丝微弱的光——透过它我知道如此伟大的论点不应该如此轻易地从你这里夺走！"于是他专注于思考，沉默了一会，然后说："没错，最荒谬的莫过于一个人不知道真理却说他遵循某种与真理类似的事物。你的例子（2.11.26.25 -28）也不会对我产生什么困难。如果有人问我，今晚天气温暖，是否明天势必无雨，我会回答说，你这话可能是对的（类似真理），因为我不否认我自己知道某种真理。比如，我知道这棵树不可能下一秒变成银子。还有许多诸如此类的事，我可以说我真实地知道，完全不属于自负；而接近这些事的，我认为就是所谓的类真理。但是你，卡尔奈亚德或者任何一个可恶的希腊家伙，我就不说我们的同胞了——既然我的对手战胜了我，我被他说服，那我为何不心甘情愿地改变阵营，转到他那边？——那么，请问你，卡尔奈亚德：你既然说你不知道任何真理，你又依据什么接受某种类似真理的事物？'我找不到另外的名称！'［卡尔奈亚德说］那我们何必与一个不知道如何表达自己的人争论呢？"

但他没有抓住问题的缘由

12.28. 阿利比乌斯回答："我不怕逃兵，卡尔奈亚德就更不用说啦！我不知道你是否出于一种孩子气或者幼稚的轻浮，以为只要对他一番谩骂就可以，而不必使用某种武器。然而他的观点始终基于某种可能性，以下论据仍然足以支持他的观点反驳你：我们离发现真理非常遥远，你甚至可能就是自我反驳的强大证据！一个小问题就让你动摇，你完全不知道自己的立足点在哪里。[①]

---

① 根据西塞罗《学园派》2.22.71，安提奥库就使用了（可能也是他发明的）阿利比乌斯在这里的最后一句话提出的论证，即，利凯提乌斯的摇摆恰恰证明了学园派的论点——无物确定可知。

我们暂且把这些问题放在一边，连同你刚刚说的你铭记的对这棵树的'知识'（2.12.27.12–13），以后讨论。尽管你现在改变了立场，你仍然应该认真学习我稍前所说的。我想，我们还没有进展到问这样的问题：真理是否能被找到；相反，我认为就在我防御工事的门口——我看到你筋疲力尽地瘫在那里——应当确立很重要的一点，即人是否不应该寻求类真理，或者可能性，或者其他称呼，而学园派哲学家认为这对他们来说就足够了。即使你现在自认为是发现真理的最佳人选，对我来说也没有意义！或许你以后可以告诉我这些，如果你感激我对你的保护的话。"

阿利比乌斯至此一直为学园派站台……

13.29. 利凯提乌斯被阿利比乌斯批驳得羞红了脸，一脸错愕。我插话说："阿利比乌斯，你喜欢谈论一切，但不喜欢谈论我们如何与那些不知道如何表达自己的人讨论。"①

阿利比乌斯回答："我早就知道，其他人也知道，你很擅长讲话，这是广为人知的事实，你现在自己也承认，所以请你先解释一下你提问的要点所在。如果它毫无意义（这是我的看法），那回答它也毫无意义；如果它应该有意义，而我无法解释，那我要真诚地恳请你不要推卸为人师的职责。"

我说："你可记得我昨天答应以后会讨论这些术语［'可能性''类真理'］（2.10.24.12–19）。现在太阳提醒我们该把我拿出来给年轻人看的玩具放回盒子了——尤其因为我只是把它们作为陈列的装饰品而不是出售的货物给他们看的。现在，乘着天还没黑（黑暗是学园派哲学家传统的保护者），我们还能书写，我希望我们今天对早晨提出的问题

---

① 这是利凯提乌斯在 2.12.27.19–20 提出的质疑。奥古斯丁的意思是说，阿利比乌斯没有回答问题（只是恐吓利凯提乌斯）。要注意的是，阿利比乌斯通过询问整个讨论的目的再次回避了这个问题。

有个一致的看法。

那么，请告诉我，你是认为学园派哲学家其实对真理持有确定的观点，只是不希望随意地向无知者或灵魂单纯的人陈述，还是认为他们对事物的理解就如同他们的争论所陈述的那样。"

但不能推出关于智慧开端的事

13. 30. 阿利比乌斯说："我不会任意地论断他们心里的念头！就他们的作品所能提供的言论来说，你更清楚地知道他们通常表述的观点是什么。如果你是问我的看法，那么我认为，真理还没有被找到。至于你一直追问的关于学园派哲学家的那个问题，我想，真理不可能被找到——不仅因为我有根深蒂固的观念，这一点你其实一开始就注意到了，而且因为那些伟大而杰出的哲学家有权威——无论如何我们不得不承认他们的威信，不论是由于我们的心智不足，还是鉴于他们的睿智敏锐；我们必须相信，除此之外，没有真理能被发现。"

"我也是这样想的，"我说。"我只是担心，如果你看问题的方式与我一样，那我们的讨论就会一边倒，因为没有对手从反面追问，迫使我们对问题刻苦琢磨，尽我们所能细心推敲。所以，如果真是这样，我就准备请你捍卫学园派哲学家的观点，也就是说，在你看来他们不仅怀疑真理是否能被理解，而且主张真理不可能被理解（comprehendi）。

因此，我们要讨论的问题是，他们的论证是否证明他们的论点是可能的（probabile），即：没有事物能被理解，人不应认同任何事物。如果你赢了，我将欣然认输。但如果我能证明更可能的是，智慧人能够获得真理，也不必总是拒绝认同，那么我想，你就没有理由拒不接受我的观点。"

阿利比乌斯和其他在场的人都表示同意。随着黄昏的影子渐渐笼罩我们，我们回到了屋里。

第 三 卷

奥古斯丁论证是否必须赞同智慧

[386 年 11 月 21 日]

智慧人不惧怕时运 (1, 1 – 2, 4)

回顾前面的阐述

1.1. 前面的讨论记录下来作为第二卷。第二天，我们都坐在浴室大厅——天气太糟糕，我们没法去草地——然后我开始陈述："我想你们大家一直都专心致志。至此关于我们要讨论什么主题这个问题已经解决。①

在我尽自己的职责——即解释与讨论主题相关的问题——之前，请允许我就我们的盼望、生命和行为原则说几句，它们与这个主题并非无关。

我相信我们的事业既不是微不足道的，也不是多余浅薄的，而是必不可少的，极其重要的，这事业就是全心全意地寻求真理。对此阿利比乌斯与我完全一致。学园派之外的哲学家认为他们的智慧人已经找到真

---

① "关于我们要讨论什么主题这个问题已经解决"：问题在 2.13.29.15 – 17 提出，在 2.13.30.37 – 43 解决。

理。学园派则宣称智慧人应当尽其所能寻求真理，他也尽心尽力地这样做了。然而由于真理隐藏太深，或者因为没有展现出来看不清楚，① 所以智慧人在有生之年遵循他所发现的可能性（probabile）或类真理（verisimile）。

这也是你们前面讨论的结论。尽管事实上你们中一位主张，人通过发现真理获得幸福，而另一位认为只要认真寻求真理就可以幸福，但我们都毫不怀疑地相信，我们要把这件事放在其他事之前。那么，请问我们昨天［在我们晚上的讨论之前］度过了怎样的一天？当然，你们两人都自由地顺从自己的意愿。你，特里盖提乌斯，用维吉尔的诗自娱自乐。利凯提乌斯沉迷于创作诗句，他对这份工作钟情至深，不能自拔，正是出于为他考虑，我认为应当提出这样的讨论。现在正是时候，哲学要在他心里占据并保留更大的位置，胜过诗歌和其他任何一种学问。

为何将时运归于生活必需品

2. 2. 请问：你们俩难道不觉得对不起我们大家吗？前天晚上，我们安歇下来，原本只想谈谈那个推迟的问题，并不准备谈别的事。② 因为白天家务事太多，完全忙不过来，忙到最后只剩下差不多两个小时让我们自由呼吸。我始终认为，对于智慧人来说，没有什么东西是必需的；而一个人要变成智慧人，时运（fortuna）则是必不可少的。③ 阿利比乌斯，你是否不以为然呢？"

阿利比乌斯回答："我还不清楚你赋予时运多大的权限。如果你是说为了鄙弃时运需要时运，那么我同意你这个观点。而如果你认为时运意味着物质事物，时运不济的话，就不能提供身体上的必需品，那我不同意。因为我们或者认为一个还没有智慧但渴求智慧的人可以谋求生活

---

① 这两点在 2.5.12.29 – 31 已经提到，用以说明为何要不作认同。
② 奥古斯丁在 2.10.24 末描述了第二天要讨论的问题。
③ 西塞罗在 *Tusculan Disputations* 5.9.25 论证了这个观点。

所必需的物质，即使时运不济；或者应当承认，时运也支配着智慧人的一生，因为即便是智慧人也不能离开物质资料，那是身体所必需的。"

智慧人活着时鄙弃时运

2. 3. 我说："那么你是说时运对追求智慧的人是必不可少的，但对智慧人并非如此。"

他回答："看来我得重复一下问题。现在我再问你：你是否认为时运对宣布抛弃它自身有一定帮助？如果你认同，那我说想要成为智慧人的人也非常需要时运。"

"我确实认为是这样，"我回答，"如果通过时运他将成为一个可以抛弃时运的人。这并不荒谬。当我们还是婴儿时，母亲的乳汁是我们必不可少的，有了它们，我们长大后才能脱离它们生活、成长。"

阿利比乌斯说："我看很清楚，如果我们心里的概念没有分歧，那么我们的观点是一致的——除非有人认为我可以证明不是乳汁或时运，而是其他东西使我们抛弃时运或乳汁。"

"使用另一个比喻也不难，"我说。"比如，没有船只或其他交通工具，或者——不妨提提戴达罗斯（Daedalus）的例子①——没有任何适用于这个目的的装备，或者某种神秘的力量，谁能渡过爱琴海。如果他的目的不是别的，就是到达彼岸，那么他一旦到岸，就会准备把一切带他到达那里的东西统统抛弃。② 同样，在我看来，凡是想要到达智慧港湾（它好比一个安全而安宁的国度）的人必须依靠时运才能获得他想要的事物。比如——不说其他情形——如果有人既瞎又聋，就不可能[成为智慧人]。这依赖于时运。一旦他获得了智慧，那么尽管有人认为他也需要某些与他身体健康相关的物品，但他显然不是为了成为智慧

---

① 据说戴达罗斯借助于用蜡和羽毛做成的翅膀，飞过西西里海，成功逃脱克里特的米诺陶（Minotaur）迷宫。

② O'Meara［1950］，pp. 185－86，n. 3 指出，这段话应当与《忏悔录》1. 18. 28 以及《上帝之城》9. 17 相比照，都反映了普罗提诺《九章集》1. 6. 8 的影响。

人需要这些东西，而是为了作为人活着。"

阿利比乌斯说："嗯，如果他既瞎又聋，在我看来，他会正当地放弃对智慧的追求，以及生命本身，寻求智慧乃是为了这生命本身。"

死后也鄙弃时运

2.4. 我回答："然而，由于在我们的有生之年，我们的生命掌控在时运之下，人唯有活着才可能成为有智慧的，那么岂不是要承认，我们为了获得智慧需要时运的恩惠吗？"

"由于只有活着的人才可能获得智慧，"他回答，"如果生命丧失了，就不需要智慧，所以在来世生命中我对时运没有任何惧怕。我想要智慧是因为我活着，不是因为我想要活着所以我要智慧！这样说来，如果时运带走了我的生命，我也就没有理由探求智慧。因此没有理由表明要成为智慧人就要指望时运的恩惠或者担心它的干扰——除非你能提出其他理由。"

我说："所以你不认为致力于追求智慧的人有可能受到时运阻挡，无法获得智慧，即使时运并没有剥夺他的生命？"

"是的，我不这么认为，"阿利比乌斯回答。

智慧人认同智慧（3，5－6，13）

智慧人必然知道智慧

3.5. 我说："我希望你简明扼要地告诉我，你认为智慧人与热爱智慧者（philosophum）之间有什么区别。"

"我认为智慧人与热爱智慧者没有其他区别，"他回答，"只有一点，即智慧人明确拥有（habitus）① 某些事物，而热爱者只是渴望

---

① 这里把 habitus 译成"拥有"（possession）是根据西塞罗 *Treatise on Invention in Rhetoric* 1. 25. 36（亦见 2. 9. 30）。"热爱智慧者"是哲学家（philosopher）的直译。

拥有。"

我问："某些事物是什么呢？在我看来，两者之间的区别莫过于一者知道智慧，另一者渴望知道它。"

"如果你在合理范围内定义'知识'，那么你清楚地阐明了问题。"

"不论我怎么定义它，"我回答，"有一点是大家公认的：不可能有对虚假之事的知识（scientiam falsarum rerum）。"①

阿利比乌斯说："我看，在这个问题上应该提出某种规范，免得因为我轻率的认同，使你的雄辩不能无拘无束地驰骋在这个重大问题的田野上！"②

我回答："你显然根本没有留给我驰骋的空间！如果我没有弄错，我们现在已经实现我们的目标。我一直在为此努力。如果［以下条件成立］：（1）你说得非常精准而正确，追求智慧者与智慧人的区别只有一点，前者热爱智慧，后者拥有智慧这种学识（disciplinam），（你毫不犹豫地使用'拥有'［habitus］这个词）；（2）人若不曾学过任何知识，就不可能在灵魂里拥有这种学识；（3）凡是一无所知的人就是没有学过任何知识；（4）没有人能知道虚假——所以，智慧人知道真理！你已经承认他拥有那种学识，即他灵魂里的智慧；换言之，他拥有智慧，这是他的所有。"

阿利比乌斯说："如果我想要否认我原本承认的——智慧人'拥有'对人事和神事的探求，我不知道我是否会显得不合时宜。但是我不明白，你为何认为他不'拥有'已经找到的可能性（probabilium）。"

"我说没有人知道虚假，你是否同意呢？"

"当然。"

"那么请说，如果你能够，智慧人不知道智慧！"

———————

① 即 Kp："你知道的必然如此的事。"
② 奥古斯丁的比喻源于西塞罗《学园派》2.35.112："有一片广袤的田原，我们的讨论可以在这田原上驰骋。"

"在这样严格限制的条件下，你怎么能得出结论说：在他看来他不可能理解（comprehendisse）智慧呢？"

"让我们握手言和吧！"我说。"如果你记得，这是我昨天说过要确立的观点（2.13.30.37－39）。我现在很高兴，这个结论不是由我得出的，而是你根据你自己的观点推出的。我说过，我与学园派哲学家的分歧在于，在他们，真理不可能被认识这一点是可能的；而在我，虽然我不曾发现真理，但我认为智慧人认识真理这是可能的。现在，当我追问你智慧人是否不知道智慧时，你断然表示'他应该知道。'"

"由此得出什么呢？"他问。

"既然智慧人应该知道智慧，"我回答，"那么他不应该认为智慧人无所知道（或知道无 nihil scire）！否则——我希望你会说——智慧就是无！"

智慧人应该认同自己知道智慧

3.6."我原本以为我们已经到达我们的最终目标，"阿利比乌斯说，"但是当我们正要握手时，我突然发现我们仍是相距遥远，简直遥不可及。昨天我们似乎认为，我们面前的唯一问题是，智慧人对真理是否能有某种理解。你对此表示肯定，而我表示否定。我不认为现在对你有什么让步，除了一点，即智慧人可以认为他获得了关于可能之物的智慧（probabilium rerum sapientiam）（3.3.5.25－26）。不过，我想我们对以下这点都笃定无疑：我断定这种智慧存在于对神事和人事的探求之中。"

"你再胡搅蛮缠也不能洗刷自己，"我说。"你现在这样说在我看来似乎只是为操练而争论！你清楚地知道我们这两位年轻人目前还不能分辨微妙而复杂的推论，可以说你是在滥用两位裁判的无知。所以，你随心所欲，想说什么就说什么，没有人抗议。要知道，前面我刚刚问你智慧人是否知道智慧，你回答说在他看来他知道智慧。因此，既然在智慧人看来他知道智慧，那可以肯定，智慧人不可能一无所知（或知道无，nihil scire）！唯有一点可以争议，即：如果有人胆敢说智慧是无！由此可以推出，你所认为的也是我所认为的。在我看来，智慧人不知道无——我相信在你看来也如此，因为你承认在智慧人看来他知道智慧。"

阿利比乌斯回答："我想我和你一样，都不是想操练智力。我对此很吃惊，因为你在这个问题上不需要任何操练！或许我蒙昧，但我仍然认为'在他看来他知道'与'他知道'之间是有分别的。① 同样，'智慧'——与探求密切相关——与'真理'也是不同的。我没发现我们各自所说的话有什么一致之处。"

此时有人叫我们吃中饭了。于是我说："你如此激烈地与我作对，我对此完全不生气。或者我们俩都不知道我们在谈论什么，我们应该努力避免这样的羞耻；或者我们中的一个不知道自己在说什么，那么不顾及另一个同样是一种羞耻。我们下午再聚。虽然在我看来我们已经抵达目标，但你仍在与我拳来拳往！"

大家都笑了，我们起身离开。②

利凯提乌斯想要从灵泉汲水

4.7. 当我们回来时，我们发现利凯提乌斯——他对赫利孔（Helicon）的饥渴从未平息过——渴望诗歌创作。③ 虽然我们吃饭时间很短，差不多刚开始吃就吃完了，但他在我们吃饭当中悄悄起身，什么都没喝。我就对他说："我希望哪天你能完全掌握诗歌的技巧，如你所愿。不是说这样的成就让我非常开心；而是因为我看你如此着迷，除非对它产生厌倦，不然你无法摆脱对它的钟爱。而一件事完成了之后，通

---

① 见导论里关于这个讨论的说明。

② Tacitus, *Dialogue on Oratory* 42（最后一行）。

③ 赫利孔山是纪念阿波罗和缪斯的圣山，有两条河流 Aganippe 和 Hippocrene 从山顶流下，当帕加索斯（Pegasus）的蹄子敲在山顶时，Hippocrene 河就喷涌而出。

常比较容易对它产生厌倦。另外，你如此喜爱音乐，我倒更愿意你用我们听得懂的语言作诗，而不是吟诵希腊悲剧中你自己也不明白的句子，就如同我们看到的关在笼子里的小鸟。我建议你去喝点什么，如果你愿意，然后回到我们的讨论群，如果哲学和《荷尔泰西乌斯》对你仍然有意义的话。你已经在你们俩的讨论中初尝哲学最甜美的果子，它比诗歌更大地激发了你对知识的兴趣——关于重大而真实有价值之事物的知识。虽然我想要叫你们俩回到滋养心灵的那些学问的圈子，但我担心它对你们俩已经成了迷宫，我很后悔遏制了你们的天性。"

利凯提乌斯脸红了，然后跑开去弄喝的了。他很渴了，而且这是避开我的机会，不然担心我可能会对他说出更多更尖刻的话来。

在他看来他似乎知道的东西

4.8. 等他回来，等大家都集中注意力了，我开口说道："阿利比乌斯，关于这个在我看来如此一目了然的问题，我们难道真的意见分歧吗？"

"不足为奇呀，"他说，"对你来说一清二楚的东西对我可能还是模糊不清。毕竟，许多清楚的问题对有些人可能更清楚。同样，有些模糊的事对不少人来说可能更模糊。如果这个问题对你来说真的很清楚，那么我得说，对你来说很清楚的事对另外人甚至更清楚，同样，在我看来模糊的事在另外人看来甚至更模糊。所以我要恳请你将这个清楚的问题解释得更清楚一些，这样你就不会再认为我如此好争了。"

"请注意，"我说，"我们不妨暂时放下这个难题。既然我对自己对你都很了解，我想，稍稍花点时间就可以澄清我所说的意思，我们中的一个可以迅速说服另一个。你是否说——除非当时我没听清楚——在智慧人看来他知道智慧？"

他点头表示认可。

"我们暂时把智慧人放一放，"我说。"你本人是智慧人抑或不是？"

"当然不是!"他回答。

"但我希望你能告诉我关于学园派的智慧人,你是否认为他知道智慧?"

"在他看来他知道,还是他知道?你认为这两者相同或者有分别?我担心这种混淆很可能为我们中的一方提供某种借口。"

智慧人必然赞同一点:在他看来他知道智慧

4.9. "这就是通常所说的'托斯卡争论'(illudiurgiumtuscum),"我说,"也就是说,似乎对问题提供了一种回答,这回答却并非所问问题的答案,反倒又抛出了另一个问题!我们的诗人维吉尔——吸引一下利凯提乌斯的注意力——准确地论断说这是粗鄙、土气的东西。比如,当一个牧羊人问另一个'不宽于三肘的广袤的天在哪里,'后者回答(《田园诗》[3.106 – 7]):

刻着国王名字的花长在何地?

阿利比乌斯啊,不要认为我们可以在这个乡村别墅展开这样的托斯卡争论!至少这些小浴池提醒你注意谈论高雅学问之处应有的体统。①请回答我问的问题,在你看来学园派的智慧人是否知道智慧?"

"为了避免来来回回斗嘴——在他看来似乎知道[智慧]。"

"那么在你看来他不知道智慧?"我问。"我不是问,在你看来的在智慧人'看来'(videri)是什么,而是问在你看来智慧人是否'知道'(scire)智慧。我认为你此时此刻可以回答是或否。"

阿利比乌斯回答:"但愿我也能像你那样驾轻就熟,或者说但愿你也像我这样举步维艰!这样你就不会对这些问题如此坚持,也不会有任何指望。当你问我怎么看待学园派的智慧人时,我回答说:在我看来对他来说他似乎知道智慧——既避免草率地论断说我知道,也避免草率地

---

① 哲学讨论经常在浴室举行,所以奥古斯丁的乡村别墅的"小浴室"应该让每个人注意"谈论高雅学问之处应有的体统",不要涉及"托斯卡式的争论"。

说他知道。"

"请帮我个大忙，"我说。"首先，屈尊回答我提出的问题，而不是你自问自答。其次，先把我的期望放置一边，我知道你对它的兴趣不亚于你自己的期望。可以肯定，如果我用这种提问方式蒙骗自己，我马上就投诚到你那边，我们就结束这个争论。最后，不要让任何焦虑支配你，要集中注意力，你就会明白我希望你给予我什么样的回答。

你说你不能按问题所要求的那样直接回答我'是'或'否'，免得草率地论断你所不知道的事。似乎我问的是关于你知道的事物，而不是关于在你看来是什么的事物！因此现在我再次就同样的问题问得更清楚一点，如果我能够说得更清楚的话。在你看来智慧人是知道还是不知道智慧呢？"

阿利比乌斯回答："如果能够找到理性所描述的那样一类智慧人，那么在我看来他可以知道智慧。"

我说："理性向你表明，智慧人就是对智慧并非无知的人。所以你在那一点上是对的，这样对你来说是适合的。"

智慧不是无，智慧人或者知道，或者在他看来知道智慧

4.10. "因此我现在问你智慧人能否找到。如果能，那他可以知道智慧，我们之间的所有问题迎刃而解。如果你说不能找到智慧人，那问题就不是智慧人是否知道什么，而是是否有人能够成为智慧人。如果这一点确定无疑，① 那我们就得与学园派分道扬镳，我们应尽我们所能认真仔细地与你一起考察那个问题。学园派认为——或者用更好的表述，在他们'看来'（visum est）——可能存在智慧人，但他不可能获得知识。于是他们主张，智慧人一无所知。然而你说在你看来他知道智慧，这肯定不是说他一无所知。我们还一致同意，其实所

---

① "如果这一点确定无疑"，即如果有人能够成为智慧人这一点确定。见本段末。

有古人甚至学园派哲学家们自己都同意：没有人能知道虚假。[①] 所以，剩下来你或者主张智慧是无，或者承认理性不赞同学园派所描述的那类智慧人。如果这个问题不是问题，那就可以探讨人是否能够获得理性所描述的那类智慧。我们不应——毋宁说我们不能——把其他东西称为'智慧'！"

如果我们借着神灵的指示获得真理，尽管是我们所认为的真理

5.11. "即使我同意在我看来你如此热切追求的事，"阿利比乌斯说，"即智慧为智慧人所知，因而我们发现智慧人能够得知某些事，也仍然不能让我得出这样的结论，即学园派的整个目标彻底动摇了。我预见到有一个强有力的论据专门为他们辩护，那就是悬置赞同这一点并没有被剔除。正是你以为驳倒他们的那个论证为他们提供了帮助！他们会说，无物可被理解，不应赞同任何事，这是多么正确的论断，即使这前一个论断，即无物可被理解——在你之前，他们几乎终生都在解释这个论断是一种可能性（probabiliter）论断——现在因你得出的那个结论而受到质疑。这样说来，不论你的论证是因自身的真正强大而不可战胜，抑或只是因为我天性愚钝，它都不能撼动学园派的立场；他们仍然可以大胆地主张：即使现在也不能赞同任何事。因为或许某一天他们自己或者另外某人能够找到证据，并且是准确而可靠的证据，来反驳你的这个论证。[②]

学园派的'形象'（imaginem），就如同某种'镜像'（speculum），原型应该源于普罗泰乌斯（Proteus）。据说普罗泰乌斯很难抓住，被抓时总是变换样子，若不是凭借某种神灵的指示（indicenumine），他的抓

---

① 西塞罗《学园派》2.13.40："有些看起来如此的事是真的，有些是假的；假的东西是不可能被认知的。"

② 就是说，学园派很可能会在某天发现一种可能（可靠）的观点来反驳奥古斯丁的论证——始于前几部分并以 3.4.10 的悖论结束——就是反驳他们的第一个论断（即无物能被认识）的论证。阿利比乌斯这里的论证在 3.14.30.3–12 重述。

捕者根本无法确定是否真的抓住了他。① 但愿那神灵显现，但愿他屈尊向我们显明对我们如此重要的真理！这样我也会承认学园派已经被征服，即使他们不愿意，但我认为他们会接受的。"

智慧人必然赞同真理

5. 12. "很棒！"我说，"这是我最大的期待了。你们看，我获得了那么多又那么大的好处！

首先，学园派被宣告受到了重创，除了不可能实现的事，他们已无招架之力。无论如何，谁会认为或者相信一个被击败的人会因为被击败这一点而夸口自己是得胜者呢？

其次，如果还有什么可与学园派争论的，那不是因为他们说无物可知，而是因为他们坚持认为人不应赞同任何事。因此我们现在有一致的看法：在学园派看来，就如在我看来那样，智慧人知道智慧。不过他们仍然告诫我们不要赞同这一点。他们说，这只是在他们看来显得如此，他们并非知道这一点。② 似乎我曾宣称知道它！事实上我也是说在我看来似乎如此。我是愚笨的，但如果他们不知道智慧，那么他们也是愚笨的。然而我想我们应当赞同某些事，即赞同真理。我问学园派哲学家是否不承认，即他们是否认为人不应当赞同真理。他们绝不会这样说，而是主张真理还没有被发现。因此在这点上他们也与我保持统一战线，即人应当赞同真理这一点上我们并非冲突（因而必然一致）。'谁会向我们显现真理呢？'他们问。我会留意，尽量不与他们发生争执。我们已经确立智慧人不可能一无所知，对我来说这就够了。否则，他们就不得不作出荒谬的

---

① 见 Vergil, *Georgics* 4. 388 – 414。普罗泰乌斯是一位海神，变身者，一旦被抓获就将自己变成"野兽的样子"，所以他的抓捕者不确定他们所抓的究竟是不是真正的普罗泰乌斯。唯有一个"神灵"能告诉他们是否抓住了普罗泰乌斯。

② 也就是说，学园派说在他们看来智慧人知道智慧；他们并不论断说智慧人确实知道智慧（或者他们知道智慧人知道智慧）。

论断：或者智慧是无，或者智慧人不知道智慧。

在我们看来如此或我们相信如此

6.13. 再次，阿利比乌斯，你本人说到谁能向我们显现真理。我要尽最大努力避免在这一点上与你发生分歧！你简洁而敬虔地指出，唯有某个［神］灵能向我们显明什么是真理（3.5.11.19 - 21）。说真的，在我们的讨论中我还不曾听过有比之更令人高兴，更意义重大，更有可能（更合理），也更真实——如果那个灵，如我坚信的，与我们同在——的话。你向我们提到普罗泰乌斯，把深刻的理解力致力于最好的哲学。现在你们两位年轻人应该明白，诗人不会被哲学完全鄙视，普罗泰乌斯是作为真理的一个像被引入的。① 普罗泰乌斯在诗歌中扮演的是真理的角色，人若被假象所蒙骗，松懈或放弃理解力的纽带，就不可能获得他。这些形象，以常规的属体事物的方式，通过我们的感官（我们用来获得生活必需品）想方设法愚弄并蒙骗我们，即使当我们抓到真理并用我们的双手（可以说）紧紧握住它的时候。

因此，这就是我所得到的第三重益处，我发现它是无价之宝。我最亲密的朋友不仅就人类生活的可能性（合理性）问题，而且关于宗教本身与我意见一致。这种一致最清楚地表明了真正的友谊，如果关于友谊的这个定义是正确而恰当的话：带着仁慈和善意在人事和神事上看法一致。"②

---

① 奥古斯丁的这个论断以及他对普罗泰乌斯寓言的整体解释源于他对 Vergil, *Georgics* 4.405 "verumubicorreptum minibus vinclisquetenebis" 有非同寻常的解读。这里，奥古斯丁认为 verum 不是与 4.406 的 tum 一致的一个转折连词（"但是当你将要抓住［普罗泰乌斯］——你已经用双手和锁链牢牢控制他——的时候……"），而是一个名词（"当你将要抓住真理——你已经用双手和锁链将他牢牢控制"——的时候）。奥古斯丁在本段末（3.6.13.16 - 17）改写了这个译文。

② Cicero, *On Friendship* 6. 20.

如果真理能被理解（7，14－9，21）

回到智慧这边……

7.14. "然而，为了避免学园派的论证看起来使问题更加晦涩，也为了避免我们自己在别人看来过于狂妄，胆敢挑衅博学者的权威——毕竟其中的西塞罗对我们有重要影响——经你容许，我会先作一个简短陈述，反驳那些认为这些论点违背真理的人。然后我会向你说明理由，为何在我看来学园派隐藏了自己的观点。①

因此，阿利比乌斯，尽管我看到你已经完全站在我这边，但请你在这些问题上为他们稍作辩护，并回应我。"

阿利比乌斯回答："既然你今天吉星高照（auspicato）——如人们所说——那我就不妨碍你取得全面胜利了！至于你布置给我的任务，我当然要勉力而为，更加自信地为他们辩护。不过，如果可以，请你不要通过反复诘问的方式（interrogationibus）来达到你的目标，方便的话还是用不间断的论述（orationem perpetuam）吧。② 我现在已是你的囚徒，不要再用你那些尖锐的问题折磨我，似乎我是一个顽固不化的对手！这种残忍还远未从你的人性中剔除！"

是阅读（lectio）而不是诘问

7.15. 我注意到其他人也希望我这样做，于是我——可以说——又重新开始。③ "我会如你所愿，"我说，"虽然我曾指望结束修辞学校的

---

① 奥古斯丁的"简短陈述"是个高度有机的整体结构。他首先力图澄清西塞罗的真实立场，与学园派相对（3.7.15－3.8.17），然后转向怀疑主义的论证。奥古斯丁通过首先考察芝诺的定义，然后指出我们确实拥有真正的知识，来讨论无物能被知道这一论断（3.9.18－3.13.29）。然后他转向始终不赞同任何事的论断以及学园派遵循的可能性（3.14.30－3.16.36）。最后他解释了学园派的隐秘观点来结束这段独白（3.17.37－3.19.42）。
② 西塞罗《论至善和至恶》1.8.29："我更愿意使用一种不间断的论述，而不是通过问答讨论问题。"
③ 本文后面部分，除了一个概述和简短的结论外，是奥古斯丁的一个独白。

艰苦工作之后能轻装上阵、轻松自在！① 也就是说，通过问答而不是专题论述来讨论问题，这样会轻松一些。不过，我们人少，我不必提高音量说话，对我健康无损，我也希望笔②能引导并处理我的论述，适应我的身体状况，所以我的思维不会走得太快，以适合我的身体为准，那就请听我的主张——如你们所愿，不间断地陈述如下：

首先我们要考察一下，那些热情支持学园派的人特别引以为豪的东西究竟是什么。西塞罗在他为支持他们的立场而写的书中有一个段落，在我看来有点妙趣横生的味道，而在不少人看来，它也同样是掷地有力、铮铮有声的。那段话确实让人印象深刻，说不记得都难：③

学园派的智慧人在任何其他学派看来都只能位居第二——因为每个学派都自认为是智慧人，都不可避免地声称第一属于自己！由此可以合理地推断，学园派认定自己拥有第一的位置是正当的，因为他在所有别人的判断中位居第二。

图利乌斯提出关于学园派智慧人的讨论

7.16. 比如，斯多亚学派的智慧人出现了（因为学园派哲学家首先与斯多亚学派哲学家比拼才智）。然后有人问芝诺或者克里西普（Chrysippus）谁是智慧人，他会回答说，智慧人就是他本人所描述的那个人。反过来，伊壁鸠鲁或者另外的对手会否认，并主张智慧人乃是最善于追求快乐的人。于是战争打响了！

整个走廊沸腾了！芝诺在叫喊，人的本性只适合德性（honestatem），它凭着自己的庄重（splendore）吸引心灵，不提供任何

---

① 见上面 1.1.3.71 –72 的注释。
② 奥古斯丁这里说的“笔”很可能指对讨论的记录。他肯定说得很慢，很细致，以便让记录员记下他的论述。
③ 西塞罗《学园派》残篇 20（Muller）。有些学者否认 3.7.16.37 –65 真是西塞罗的所说，但大多数人认为它是真的，尤其因为奥古斯丁在 3.7.16.66 说这是西塞罗提供的“一出戏”。

外在的好处和奖赏作引诱；而伊壁鸠鲁的所谓'快乐'，只在野兽中普遍存在，让人——以及智慧人——与野兽为伍岂不可恶！

伊壁鸠鲁，就像巴克斯（Bacchus，罗马神话中的酒神和植物神），把他花园里的一群醉鬼召集起来帮助他对付这种攻击！这群人正在寻找目标，要用他们长长的指甲和凶猛的尖牙将其撕碎在他们巴克斯的怒火之中。伊壁鸠鲁高举快乐就是愉悦和宁静的旗子，在民众支持下充满热情地主张没有快乐就无人会显得幸福。

如果一个学园派哲学家要卷入他们的争论，他会听到双方都敦促他加入自己的阵营。如果他加入到其中一方，另一方就会宣称他愚蠢、无知、草率。结果，如果在他专注地听了一方和另一方的阐述之后，问他有什么想法，他会说他处于怀疑之中。

此时问斯多亚学派哲学家哪个更好，是宣称斯多亚学派哲学家精神错乱的伊壁鸠鲁呢，还是宣称必须对这样一个重大问题进一步深入思考的学园派哲学家呢？没有人怀疑应该选择学园派哲学家。

然后转向伊壁鸠鲁，问他更喜欢哪个，是称他为野兽的芝诺呢，还是对他说'或许你说的是对的，但我要更细致地考察它'的阿尔刻西劳呢？在伊壁鸠鲁看来，整个斯多亚学派愚蠢至极，而学园派哲学家，与他们相比，显然是谦逊而谨慎的人，难道不是这样吗？

可以说，西塞罗就这样为读者呈现了有趣好玩的一出戏，涉及几乎所有哲学派别。他表明虽然每个派别不可避免地把第一归于自己，但所有学派都把第二归于那个在它看来并非与它作对、只是对它的观点存疑的学派。我不想对此提出什么异议，也不贬损他们①的任何荣誉。

在某些人看来西塞罗似乎并不是在说笑，而是——因为他震惊于这些希腊人的轻率——想要指出，由此确实可以合乎逻辑地推导出他们在某些方便的轻浮和虚妄。"

---

① "他们"或者指学园派哲学家，或者指那些被这种论证方式打动的人。

奥古斯丁指责学园派贪求虚荣

8. 17. "如果我想要反驳这种歪曲和丑化（vanitas）……噢，我岂非可以轻而易举地表明未受教（indoctum）相比于不可教（indocilem）是更小的恶？因为一旦这个爱吹牛的学园派哲学家作为学生投身于每个学派，没有哪个学派能说服他接受各自认为知道的东西，那么随后他就会受到他们全体不约而同地嘲笑。每个学派都会论断说他们的所有对手都没有学过什么，而对于学园派哲学家，他们会认为他没有能力学任何事物。于是他就会被赶出所有学派——不是用普通的棍子，这样的棍子与其说有什么杀伤力，不如说是表示羞耻——而是用穿斗篷之人的棒子和棍子。① 他们可以毫不费力地得到犬儒学派的帮助，那就好比是赫拉克勒斯的帮助，来对付通常的讨厌鬼（communem pestem）！

如果为了这样一些小小胜利与学园派哲学家争辩是合适的——我应该更有理由这样做，因为我投身于哲学但还不是智慧人——那么他们得用什么论据来反驳我呢？看，假设一位学园派的人和我一起加入哲学家们的那些争论；让他们全体在场，让他们在规定时间内简短陈述自己的观点；然后问卡尔奈亚德他的观点是什么。他会回答说，他表示怀疑。于是，每个学派都会更喜欢他胜过别人，因而所有人都会喜欢他胜过其他人，这真是个异乎寻常的伟大胜利！

谁不想模仿他？若有人问我的看法，我也会作同样的回答。那我就能得到与他同样的赞美。因此智慧人享有的胜利与愚人是同等的！

如果愚人也能轻易征服他，那会怎样？他不羞愧吗？我要在学园派哲学家即将离开法庭时抓住他。愚蠢就是对这类胜利的贪求。因此，我要抓住他，我要向法官揭露他们所不知道的事，我要说：'先生们，我

---

① 哲学家身穿独特的外套或斗篷：pallium。（比如，奥古斯丁的同时代人 Ammianus Marcellinus 也把哲学家称为"穿斗篷的人"，paliat, 15. 8. 1。）犬儒学派身穿斗篷，还带一棍；奥古斯丁因此在《上帝之城》14. 20 嘲笑他们，因为他们假装模仿自足的理想模型赫拉克勒斯（Hercules）。

与此人一样，都怀疑你们中间有谁在遵循真理。但我们也有各自不同的观点，我请求你们对此作出裁决。就我来说，尽管我听过你们的理论，但我不确定真理在哪里，因为我不知道你们中间谁是智慧人。但学园派的人则否认智慧人本人知道什么，甚至不知道智慧——尽管他被称为智慧人首先就是凭借智慧！'谁胜谁败岂非一目了然？如果我的对手承认我的指控，那我就胜过他；如果他不好意思地承认智慧人知道智慧，那我就赢得审判。

学园派诉诸芝诺的真理定义⁇

9.18. "现在让我们退出这个充满争论的法庭，转向另外地方，一个没有人群打扰我们的地方。但愿它就是柏拉图的学校，据说它得名就是因为它远离人群！① 这里让我们不再谈论'成就、名声'（gloria），那很无聊，也很幼稚，而要尽我们所能谈论生命本身，以及对灵魂福祉的盼望。

学园派哲学家否认有任何事物可知。那么，你们这些研究有素、博学多才的先生，请问你们依据什么作出这一论断？他们回答说：'这是芝诺的定义教导我们的。'请说明为何！如果他的定义是对的，那知道这个定义的人就知道了某些事是真的；如果定义是错的，那与这些顽固透顶的人就没什么干系。

那就让我们来看看芝诺是怎么说的。他说：②

---

① 柏拉图的学校就是学园（Akademeia）。狄奥根尼·拉尔修在 *Lives of the Eminent Philosophers* 3.7–8 指出，学园（Academy）是因某个名为"Hecademus"的人取的，因此最初被称为"Ekademeia"。（Suidas 也主张这是它最初的名字）。奥古斯丁把它理解为 εκας + δημος，即"远离人群"。

② 见 2.5.11.12–14 关于芝诺定义的另一版本，以及 2.5.11.14–16 奥古斯丁的翻译，这里的版本似乎源于后者（尤其是提到表象里的内在"记号"）。亦见 3.9.21.50–51。西塞罗《学园派》2.11.34："如果一个［表象］与虚假之物有什么共性，那对这个表象就不会有任何判断，因为独特属性（proprium）不可能由某个共同的记号来表明。"

可以抓住并理解的表象（visum）必然具有这样的特点，它与虚假之物没有任何共同的记号。

亲爱的柏拉图主义者啊，难道就是这个定义教导你，让你奋力敦促那些有兴趣的人放弃对学问的盼望，从而在他们不爱动脑的可悲惰性辅助下抛弃哲学研究的整个事业吗？"

若没有智慧，就不会有对智慧的追求

9.19. "既然只有那类事物的某一些能被认识，而那类事物又无物能被发现，这难道不让芝诺感到大大不安吗？果真如此，我们岂不是应该说人不可能拥有智慧，而不是说智慧人不知道他为何活着，不知道他怎样活着，不知道他是否活着，最后——最最悖谬、最最疯狂、最最愚蠢的是说——他同时既是智慧的又对智慧一无所知！或者人不可能有智慧，或者智慧人不知道智慧，这两者哪个更难以理解呢？如果这样陈述问题时，问题本身仍没有足够的根据能让人作出判断，那么再多的讨论都无济于事。

然而，如果真的作出那样的论断［人不可能有智慧］，很可能会把人彻底赶出哲学。他们如今正是被'智慧'这个诱人又圣洁的名字吸引才去追求哲学，如果等到他们发发老矣却什么也没学到，他们必会大咒大骂地追寻你，因为他们至少在抛弃了肉身的快乐之后，跟随着你备受心灵的折磨！"

追求智慧不退缩的人

9.20. "让我们看看谁是阻挡人追求哲学的最大障碍。是这个人吗？他说：'听着我的朋友，哲学并不是智慧本身，而是对智慧的追求（studium）。如果你致力于哲学，你在世的一生并不能拥有智慧，因为智慧在于上帝，不可能为人拥有。但是当你在这种追求中得到足够的操练，并且自我洁净，来世——也就是当你不再是人的时候——你的心灵就会完全享有它.'还是那个人？他说：'可朽的人啊，来到哲学面前吧，这里大有益处。人最宝贵的不就是智慧吗？所以来吧，你可以获得智慧但不知道智慧！'学园派的人说：'不，我不会那样说.'你骗人吧，因为在你的派别里找不到其他的意思。所以结果就是，如果你这样说，他们就会避开你，把你当作疯子；如果你以另外的方式把他们引到这样的立场，那你就是把他们变成了疯子。

不过，我们不妨假设持两边观点的人都同样不想研究哲学。如果芝诺的定义必然导致说出有损哲学的事，那么我的朋友，应该对人说哪个事呢：是对他说使他不幸的事，还是对他说让他嘲笑你的事？"

反驳阿尔刻西劳，或者真理能被理解，或者不存在智慧

9.21. "我们再来讨论芝诺的定义，尽我们愚笨人的能力。芝诺说，一种表象如果以这样的方式显现，即它不能显现为一种虚假，那它是可以被理解的。① 此外显然没有别的事物可理解。

'我也认识到这一点,'阿尔刻西劳说，'正因如此，我教导说没有任何事物可知。因为没有任何这类事物能被发现.'

阿尔刻西劳，或许不能被你或者其他愚笨人发现，但为何不能被智慧人发现呢？不过我想，如果愚笨人对你说：阿尔刻西劳，使用你那杰出的聪明才智反驳芝诺的定义，并表明它也可以是错的，那你有什么话可回复他呢？如果你不能反驳，那意味着有某些事是你知道的；如果你反驳它，你就没有理由不去认知它。②

在我看来，我认为芝诺的定义是不能反驳的，我判断它完全是真实的。因此当我知道它时，我就知道了某事，尽管是简单的事。

假设你靠你的聪明赢了，阿尔刻西劳。那么我就会使用最合理的那

---

① 见前面 2.5.11.12 – 14 的定义。
② 这段话包含奥古斯丁的论点，即怀疑论基于芝诺的定义提出的怀疑是自拆台脚。

种推论。芝诺的定义或者对或者错。如果对，我就正确地理解了它。如果错，那意味着有某物可以被认识，尽管它与虚假之物有共同的记号。阿尔刻西劳会说：'这怎么可能呢?'那好，我们得说芝诺的定义完全正确，凡在这点上认同他的，就不会错。我们是否会认为他的定义没什么价值或用处？它在指出可以被认识的那类事物（与那些反对认知的人相反）的同时，也表明它自身就是那类事物！这样，它既是定义，又是能被认识的那类事物的例子。

'我不知道芝诺的定义本身是否正确，'阿尔刻西劳说。'我接受它是因为它是合理的（可能的），并由此表明不存在这类它宣称可理解的事物！'

或许你是要表明除了定义本身之外没有任何事物（可被理解）。我想，你明白言外之意。

知识仍然没有抛弃我们，尽管我们对它并不确定。我们知道芝诺的定义或者是对的，或者是错的。因此我们并非一无所知。

但永远不会出现我不能理解它的情形！至少我判断他的定义是完全真实的。或者虚假也可以被认识（学园派特别担心这一点，事实上这也是荒谬的），或者那些与虚假相似的事物也不可能被认识。总之，芝诺的定义是对的。现在让我们来看看其他问题。"

如果有可理解的事物（10，22－13，29）

卡尔奈亚德睡梦中讨论如果有事物可被理解

10.22. 虽然这些论述——除非我弄错——足以让我赢得胜利，但对于完全取胜可能还不够充分。学园派有两个论断我们要尽我们所能给予反驳：① （1）无物能被认识（nihil posse percipi）；（2）不应赞同任何

---

① 见3.7.14.4－6，那里所说的"这些论点"指下面的（1）和（2），前面3.5.11.8－9也提到这两点。

事（nulli rei debere assentiri）。关于赞同我们稍后谈，现在就认知问题作一些补充论述。

你们大家是否说过无物可被理解？此时卡尔奈亚德醒来——学园派的人没有谁比他睡得更浅——环顾四周一清二楚的事物。所以当他自言自语——就如时时发生的——时，我想他会说：'那么卡尔奈亚德，你会说你不知道自己是人还是臭虫吗？或者说克里西普（Chrysippus）会胜过你？我们不妨说，哲学家所寻求的事物，我们不知道；其他的事物，与我们无关。因此，如果我在朗朗白昼跌倒，我会归咎于无知者看不清的事物，那些事物只有少数具有神一样视力的人才能看见。这样的人即使看见我蹒跚踉跄，也不可能把我交托给盲人，更不会交托给那些骄傲自满不接受任何教导的人。'

你分析得不错，你们希腊人确实细致敏锐、训练有素，就像你一样！然而你没有考虑一点，芝诺的定义是一个哲学家的发明；它牢牢地安置在哲学的入口处。如果你试图将它砍掉，你的双刃斧子会弹回到你自己腿上！一旦这个定义被动摇，不仅有事物可被认识，而且——除非你有胆彻底取消定义——与虚假极其相似的事物也能被认识。芝诺的定义是你的藏身处，你气势汹汹从那里冲出来，扑向那些毫无防备的行路者；然而某个赫拉克勒斯会在你的洞穴里扼住你，就像扼住那个半人兽卡库斯（Cacus），把你碾压在墙下，① 告诉你哲学里有你不可能不确定的事物，尽管它类似于虚假之物。

当然，当时我急于谈论其他观点。若有人催促我这样做，卡尔奈亚德，那是对你的大大不敬，因为他认为你不会比死人强到哪里，我可以在任何地方从任何角度把你打败。然而如果有人认为事实并非如此，那么他就是无情地强迫我放弃我在各处的防御工事，在开阔的平原与你开

---

① 在《埃涅阿斯纪》8. 184 – 279，伊凡德（Evander）讲到卡库斯的故事。卡库斯是个半人兽，住在一个隐秘的洞里，攻击人和牲畜。赫拉克勒斯把隐藏他洞穴的山峰推倒，把卡库斯扣在瓦砾里，使他窒息而死。

战。虽然我开始下到平原，只是听到你的名字就让我害怕，于是我退回脚步，从我的高地发射了某种飞弹。至于它是否打到你，或者它有什么威力——让那些观战的人自己去看吧。

但是，我愚蠢地害怕什么呢？如果我记得没错，卡尔奈亚德，你已死，阿利比乌斯不再是在你的坟前为正义而战。上帝会乐意帮助我反对你的幽灵！

关于世界所说的选言判断（disiuncta）是真实的

10.23. 你说哲学里无物能被认识，并且为了使你的论断得到广泛而深远的传播，你抓住哲学家之间的争论和分歧，认为他们为你提供了武器来对付哲学家自己。①

当德谟克利特和他的后继者伊壁鸠鲁之间无法保持一致性的时候，我们该如何论断德谟克利特与早期自然学家们关于世界是一个还是无数个的争论②？一旦伊壁鸠鲁那个酒色之徒允许原子（好比是他的小侍女）——即他在黑暗中快乐拥抱的微小物体——离开自己的轨道，自由偏斜，随意闯入他者的轨道，他也就通过这些争论（iurgium）把他的整个遗产挥霍一空。③

这与我毫不相干。如果关于这类问题的知识属于智慧，那智慧人不可能不注意它们；如果智慧是另外的事物，与这些问题无关，那么智慧人知道另外的问题是智慧，也就鄙视这些问题。

然而，尽管我离智慧人仍然非常遥远，我确实知道一些物理学上的事。我确定世界或者是一个或者不是——如果世界不是一个，那世界的

---

① 见西塞罗《学园派》2.41.127 - 28。奥古斯丁的讨论沿袭传统的斯多亚学派的划分，即将哲学分为物理学（3.10.23 - 11.26）、伦理学（3.12.27 - 28）和辩证法或逻辑学（3.13.29）。见3.13.29.6 - 7 的具体引文。

② 西塞罗在《学园派》2.17.55 描述了德谟克利特的论断：有无数个世界。

③ "他也就通过这些争吵把他的整个遗产挥霍一空"：奥古斯丁的意思是说，伊壁鸠鲁抛弃了德谟克利特的原子论（他的遗产），引入理论上的改变（"争吵"），比如原子偏斜。关于后者，见西塞罗《论至善和至恶》1.6.19。

数目或者有限，或者无限。让卡尔奈亚德教导说这种观点与虚假事物'相似'吧！

同样，我知道我们的这个世界是有序安排的，它或者是物质本体安排的，或者是神意安排的；它过去总在，将来也在，或者有开端但没有终结，或者没有时间上的开端但要走向结局，或者有时间上的开端但并非永远存在。

我知道无数这类物理学上的事。这些选言判断是真实的，没有人能将它们与任何虚假之物的像相混淆。

'选择其中一个选言判断！'学园派的人说。我拒绝这样做，因为这相当于说：放弃你知道的，主张你不知道的。'你的观点在空中飘荡！'没错，在空中飘荡总比跌到地上好。可以肯定这是一清二楚的，也可以肯定我能判断它要么对要么错。所以我说我知道它。

你既然不否认这些问题属于哲学，又认为它们不可知——那么请向我证明我不知道它们！告诉我这些选言判断是错的，或者它们与虚假之物有某种共同之处，从而使它们与虚假之物完全无法区分！

关于世界虽然身体的感官可能出错，但灵魂的感官不会出错

11.24. '如果感官是骗人的，'学园派的人回答，'你怎么知道世界存在？'[1] 你的推论并不能完全解除我们感官的能力，以至确立无物在我们看来如此（nobis nihil videri）的观点。[2] 你也不曾有胆尝试这样做。然而，你不遗余力地劝说我们承认，有某物看起来如此，又可能是另外的样子（posse aliud esse ac videtur）。

因此，我把包含并容纳我们的整体，不论它是什么，称为'世

---

① 学园派的回答是说，奥古斯丁的选言判断是可疑的，因为每个选言都假定了某种可疑的事实，即世界首先存在。

② "无物在我们看来如此：nobis nihil videri，直译"无物向我们显现"，可以意译为"我们不能理解任何事物"。这里指的是无理解（nonperception）理论，而不是指外在世界的真实性。

界'——我说，在我眼前显现的整体，我认为它包含天地（或者类似的天和类似的地）。

如果你说无物在我看来如此，那我永远不会犯错。犯错的是草率地赞同在他看来如此的人。事实上，你是说某种虚假物在有感知能力的存在者看来显现为如此，你并没有说无物看起来如此。争论中你们学园派的人享有为师之尊；如果我们真的不仅一无所知，而且没有任何事物在我们看来如此，那争论的每一种根据都被彻底取消。然而，如果你否认在我看来如此的事物是世界，那么你是在对一个名称大做文章，因为我说的是我称之为'世界'。

如果数目原理（numerorum ratio）可以被理解

11.25. 你会问我：'即使你入睡了，你看见的还是世界吗？'我已经说过，向我显现为如此的，不论是什么，我称之为'世界'。如果学园派只想把向那些醒着的人显现的，或者最好是向那些心智健全的人显现的，才称为'世界'，那么请这样说，如果你能够：那些入睡的人或者失常的人就不在世界里入睡，不在世界里失常！出于这样的原因，我说这个物质整体以及我们存在其中的社会——不论我们是睡着，是醒着，是失常，是正常——或者是一个，或者不是一个。请解释这个观点怎么可能是错的！如果我是睡着的，那可能的情形是：我不说任何话。如果当我睡着时有话从我口里出来，就如有时候会发生的那样，那话肯定不是我像此时坐在这里这样讲的，也不是向这些听众讲的。然而以上这个论断本身不可能是错的。

我也不说我得知这一点是因为我醒着。你可以说当我入睡时它也向我显现为如此，因此它可能非常类似于虚假的东西。不过，如果有一个世界和六个世界，不论我处于什么情形，很显然，有七个世界，我断定我知道这一点，这不能算我自以为是吧。

所以，请证明这个推论（connexonem）或者上面所提出的那些选言判断因为入睡、发疯或者感官的不可靠而是错误的！如果我清醒时记得它们，我就会承认被打败。我想现在非常清楚，什么样的事物会因为睡眠、疯狂显现为虚假，就是那些与身体感官有关的事物。三乘以三等于九，有理数的平方是有理数，这些都是必真的，即使整个人类在打鼾中度过！

我知道也有许多事物可以为感官辩护，那些我们没有发现学园派的人有过指责的事物。我想，即使疯狂者产生虚假幻想或者我们在睡梦中看见虚假事物，感官也不应受到指责。如果感官向那些清醒或者智力正常的人报告真相，那么入睡者或者失常者心里自我虚构的事物与它们无关①。

关于身体的每一方面，灵魂感官不会出错

11. 26. 剩下的问题是，当感官报告信息时，它们是否确实在报告真相。假设某个伊壁鸠鲁主义者说：'我对感官没有任何意见；对它们提出过分要求，超出其职责范围，那是不公平的。不论眼睛能看见什么，它们所看见的都是真实的。'那么它们看见的水中的桨是真实的吗？②肯定是真实的！只是存在某种干扰因素，使得桨看起来是弯曲的。如果它们浸入水中时看起来是笔直的，那我倒有充分理由指责眼睛提供了错误报告。既然存在某种干扰因素，它们看起来就不应该是本来的样子。

我们还需要更多的例子吗？看起来移动的塔，看起来变换颜色的飞鸟羽毛，以及其他数不胜数的例子，都是同一个原因。③

---

① "与它们无关"，nihil ad eos。很可能指与清醒的正常人无关，但这里的逻辑语序应该是指感官本身。

② 部分浸入水里的桨看起来是弯的，其实是直的。

③ 从中等距离的开阔田野看静止的塔，就如同观察者在行驶的船上看一样，塔会朝着同一个方向移动；奥古斯丁在《论三位一体》15. 12. 21 提到这个例子（附录6）。有些飞鸟的羽毛从不同角度看，呈现出不同的颜色，见 3. 12. 27. 3 – 4 的注释。

'如果我赞同，我就会犯错！'有人反驳。

赞同的不过就是你相信它向你显现如此，所以这里没有任何欺骗。我不明白一个学园派的人怎么可能反驳以下说法，某人说：'我知道这颜色在我看来是白色；我知道这声音在我听来很悦耳；我知道这气味我闻起来挺舒服；我知道这味道我尝起来是甜的；我知道这在我看来是冷的。

不然，请告诉我野橄榄树的叶子——山羊如此义无反顾地想吃——本身是否苦涩。'

你这个不知羞耻的人，山羊是很谨慎的！我不知道在野兽看来它们是否如此，但对我来说它们是苦涩的。你还有什么要问的？

'或许有这样一个人，对他来说它们并不是苦涩的。'

你是想要让人生气吗？我可曾说它们对所有人都是苦涩的？我只是说它们对我是苦涩的，而且我没说它们永远是苦涩的；在不同的时间出于不同的原因，同一事物在某人嘴里有时甜，有时苦，这有什么问题呢？我是说，一个人当他品尝某物时，他能够满怀信心地保证，他知道它在他尝来是甜还是苦，希腊人再怎么耍花招，也不能在这一点上骗过他。当我津津有味地享受某物的滋味时，谁会鲁莽地对我说'或许你并没有真的在品尝味道，因为它可能只是一个梦！'？难道我会因此停止享受它？相反，即使是在梦中，我也欣然享受！因此，即使与虚假相似，也不能反驳我所说的我知道的事实。

或许伊壁鸠鲁主义者或者昔勒尼派的人（Cyrenaics）会提出许多其他事物为感官辩护。我不知道学园派的人会用什么话来反驳他们。在我看来如何呢？如果他们愿意，并且能够，就让他们反驳这些论断——我甚至会支持他们。

不论学园派的人提出什么论点反对感官，这种反对并不适用于所有哲学家。有些哲学家认为心灵从身体感官获得的一切都能产生意见。但他们否认这是知识。他们认为知识远离感官，存在于理智，居住在心灵。① 我们所寻找的智慧人可能就在他们中间。

我们会在另外时间讨论这个问题。现在让我们继续探讨［哲学的］剩余部分。除非我弄错，鉴于以上所说，我们能够用几句话说明它们。

关于道德准则所说的选言判断是真的

12. 27. 身体感官为人寻找道德准则（moribus）提供怎样的帮助或障碍？那些认为至善在于快乐的人，没有任何事物——不论是鸽子的脖颈，不确定的叫声，对人很重但对骆驼很轻的重量，还是成千上万的其他事物②——能妨碍他们说他们知道自己以其所乐之物为乐，以其不乐之物为不乐。我不明白对这样的话能如何反驳。那么这些事会对主张至善在于心灵的人产生影响吗？

'你选择哪个呢？'

如果你是问在我看来应是哪个，我想人的至善在于心灵。③ 不过，现在我们探讨的是知识。因此，你应该向智慧人提问，他不可能不知道智慧。虽然我是个愚钝的人，但同时我也可以知道人的终极之善（boni humani finem）——那是幸福生活所在——或者是虚无，或者在于心灵，或者在于身体，或者在于后两者。如果你能够，请证明我不知道这一点！你那有名的论证对此无能为力。如果你不能证明——因为你找不到任何与它相似的虚假——我岂非可以毫不犹豫地得出正确结论，即，在我看来智慧人知道哲学里的一切都是真的，因为我本人就知道哲学里面的这么多真理。

---

① 这些哲学家就是柏拉图主义者。见西塞罗《学园派》1. 8. 31 – 32。

② 西塞罗在《学园派》2. 7. 19 提到"弯曲的船桨和鸽子的脖颈"。他解释后者时说"就鸽子来说，看起来似乎有多种颜色，但其实只有一种颜色"（Academica 2. 25. 79）。见3. 11. 26. 55 注释。"不确定的叫喊"可能是某种动物或者某个人发出的声音——或许奥古斯丁想到的是猫和婴儿的叫声。对人很重而对骆驼很轻的重量是一个标准例子，意在表明判断的相对性。

③ 见《订正录》1. 1. 4（附录 11）。

虽然身体感官涉及行为时会出错，但灵魂感官不会错

12. 28. '或许［智慧人］在入睡时害怕选择至善！'

没有任何危险。① 如果他醒着时对它不悦，他会拒斥它；如果对它喜悦，就会保留它。② 谁会指责一个人在梦里看见了某种虚假的事物？

或者你担心，如果他在入睡时赞同虚假的东西，视之为真理，那他会丧失智慧。然而，一个人即使入睡了，也不敢做这样的梦：他清醒时称某人为智慧人，而入睡之后就否认此人为智慧人。

关于精神失常、发疯的例子也同样如此。虽然我们的讨论急于转向其他问题，但我不会留下这个话题不作任何明确的结论。或者智慧因发疯而丧失，这样，你宣称不知道真理的那人就不会是智慧人；或者他的知识仍然保留在他的理智中，即使他灵魂的另一部分幻想着——就如同在梦境里——它从感官获得的东西。

如果辩证法主张的事可以被理解

13. 29. 最后还有辩证法（dialectica），智慧人肯定清楚地知道它。而对于虚假的东西，任何人不可能有知识。如果智慧人不知道辩证法，辩证法的知识就与智慧无关，因为他没有这种知识而能成为智慧人。所以对我们来说，问辩证法是否真的，或者它是否能被理解，就是多余的。

此时有人会对我说：'你这个愚人，你通常告诉我们你所知道的事。你岂能对辩证法一无所知呢？'

确实，我对辩证法的了解多于对哲学任何部分的了解。首先，正是辩证法教导我，我们上面使用的那些命题都是真的。其次，通过辩证法

---

① Terence, *The Lady of Andros* 350.
② 见西塞罗《学园派》2. 16. 51，他指出，正如人一旦清醒过来，谁也不会被自己的幻想愚弄，梦境也一样。

我知道许多其他真理。

'那就列出究竟有多少吧，如果你能够。'

如果世界上有四种元素，就没有五种。如果只有一个太阳，那就没有两个。同一个灵魂不能既是可朽的，又是不朽的。同一个人不可能既是幸福的，又是不幸的。同一个地方不可能既是白天，又是夜晚。我们现在或者睡着或者醒着。我所看到的或者是体，或者不是体。……

这些以及许多其他事——不一一提及，太冗长了——我通过辩证法知道都是真的。它们因其本身为真，不论我们的感官处于什么状态。如果我刚刚提出的那些条件陈述的任何一个的前件得到认可，那么辩证法教导我必然推导出与之相关的结论。[1] 我所阐述的不兼容判断（repugnantiam）或者选言判断具有这样的本性：其他部分（不论这部分是一还是多）被否定后，剩下的部分必是确定无疑的。[2]

辩证法也教导我，如果对语词所谈论的问题没有疑义，对语词就不应有任何争议。凡是有争议的，如果是因为缺乏经验，就应接受教导；如果是出于恶意，那就不用理睬；如果他不可教，那就劝告他去做别的事，而不是把我们的时间和精力浪费在琐碎之事上；如果他不顺从，那就无视他。

这里有一条简单的法则处理那些强词夺理、虚妄不实的琐碎论证：如果结论是通过错误的让步推导出来的，那就要回到让步的地方。[3] 如果在同一个结论里真假相冲突，那就应接受我们所理解的，放弃无法解释的。如果某些问题的准则完全向人隐藏，就不必去寻求关于那种准则的知识。

这些都是我从辩证法学到的，还有许多其他知识，不必一一提及。我不应该不知感恩。不过，智慧人可能不会理会这些事——或者，如果

----

[1] 也就是说，如果 p→q；p，那么必然 q。推论是必然的，并非结论是必然的。
[2] 即如果 p∨q；-p，那么 q（析取–排除）。
[3] 1.3.8.29–34 提到了这条法则。

完全的辩证法就是真知识本身，那么他对辩证法了然于胸，对于学园派那个最虚妄的诡辩，即'如果它是真的，它就是假的；如果它是假的，它就是真的'，① 通过无情的鄙视就把它摧毁。

我想关于法则就先说这些了，因为当我们开始谈论赞同时会再次讨论整个话题。

如果我们赞同某事，或者我们必然

赞同某事（14，30 – 17，37）

如果智慧看起来如此，是否必须赞同

14. 30. 那么就让我们看看阿利比乌斯似乎仍然疑惑的论点。首先考察一下，阿利比乌斯，是什么迫使你如此小心谨慎。这就是你所说的：② '奥古斯丁，如果你的发现，即我们不得不承认智慧人知道智慧这一点更加合理而可能，摧毁了学园派的观点，即智慧人一无所知——这个观点得到许多强有力证据的支持——那么我们岂非更应该悬置赞同！这一事实表明，没有哪种观点能令人信服，不论证据多么有力，论证多么充分；也没有哪种观点能被人驳倒，不论天资多么聪明，思维同等敏锐或者更加敏锐。所以结果就是，学园派的人即使被击败，也是赢家。'

他若真的被击败就好啦！那他就永远不会让希腊人的伎俩③得逞：被我打败，同时又凯旋而去。当然，如果找不到其他证据反驳他的论

---

① "虚妄的诡辩"，奥古斯丁是指说谎者悖论——由"我是说谎者"（或者"这句话是假的"）产生的悖论，如果这句话是真的，那它就是假的；如果它是假的，那它就是真的。学园派利用这种悖论支持他们的论点，即辩证法是不可靠的。（可惜的是，"无情的鄙视"不足以处理说谎者悖论，它今天仍然激发着哲学思考。）奥古斯丁关于说谎者悖论的知识可能源自西塞罗《学园派》2. 29. 95，后者称之为"不可解"。

② 关于阿利比乌斯对这个论证的陈述，见 3. 5. 11. 6 – 14。

③ "希腊人的伎俩"：arte Pelasga. 维吉尔在《埃涅阿斯纪》2. 106 和《埃涅阿斯纪》2. 152 用了这个表述。奥古斯丁是指上个段落里概述的论证。

证，那么我自愿承认被打败。我们讨论这些问题不是为了得到名誉，而是为了发现真理。对我来说，不论通过什么方式，只要能越过横亘在那些哲学初学者面前的山峰，① 就心满意足。因为周围有那不知来自何处的阴影笼罩，使得整个哲学也晦暗不明，不让人心生盼望，去里面寻找一丝光明。

我所期望的——如果可能——不过就是主张智慧人有所知。正是因为"无物能被理解"（nihil posse comprehendi）这个命题可能为真，"不应给予赞同"（debere sustinere assensionem）这一点似乎也可能为真。然而，一旦前一命题被驳倒——因为智慧人至少理解智慧本身，如上面已经认同的（3.4.9.78－80）——那么没有任何理由表明智慧人不应赞同任何事，至少他赞同智慧本身。毫无疑问，智慧人若是不赞同智慧，这比智慧人不知道智慧更加怪异！

如果智慧人不能赞同智慧

14.31. 比如，如果可能，我们不妨暂且设想智慧人与智慧之间发生某种冲突的情景。智慧肯定说它是智慧，不然它还能说什么呢？然而这个人回答说："我不相信你。"对智慧说"我不相信你是智慧"的人是谁呢？他不就是可以与智慧对话，智慧与他同在，且屈尊居住在他里面的人——即智慧人吗？

现在来把我请去吧，让我与学园派的人论战。那你就有了一场新的争辩：智慧人和智慧彼此相争！智慧人不愿意认同智慧！我与你一起静候结果。谁不相信智慧是不可战胜的？尽管如此，我们也要用一些论据来巩固我们的立场。在这场争辩中，或者学园派的人战胜智慧（若如此，他就是被我战胜，因为他不可能是智慧人），或者他被智慧征服

① 见奥古斯丁《论幸福生活》1.3："所有那样从各方面走向幸福生活之地的人都会面临一座大山，它耸立在智慧港湾之前。……理性所主张的那些接近并进入哲学领域的人必须畏惧的，还有哪座山比傲慢地渴求虚荣更可怕呢？"

（若如此，我们就应该教导说，智慧人认同智慧）。因此，或者学园派的人不是智慧人，或者智慧人必赞同某事——除非某人①虽然不好意思说智慧人不知道智慧，但或许不耻于说智慧人不赞同智慧！如果至少智慧人理解智慧很可能是真的，他没有任何理由不认同他所理解的，那么我认为我所希望的论断也很可能是真的，即智慧人必赞同智慧。

如果你问我他在哪里找到智慧本身，我会回答说，他在自身中找到它。如果你说，他不知道他拥有什么，那你又回到那个荒谬的论断，智慧人不知道智慧。如果你否认能找到智慧人本身，那么我们将在另外讨论中论辩这个问题——不是与学园派的人讨论，而是与你讨论，不论你是谁，只要是持有这种观点的人。当学园派的人争论这些问题时，他们肯定是在争论智慧人的问题！西塞罗宣称他本人就是拥有意见的伟人，②但他是在讨论智慧人问题。如果你们年轻人不知道这一点，你们肯定在《荷尔泰西乌斯》里读过：③

> 如果无物确定，智慧人又不主张纯粹的意见，那么智慧人将永远不会赞同任何事。

所以很显然，学园派的人在他们的讨论中（我们正在与他们对辩）讨论的就是智慧人的问题。

凡能理解的，必赞同之

14. 32. 因此，我认为智慧人肯定拥有智慧。也就是说，智慧人理解智慧，所以当他赞同智慧时，他并非只拥有意见。如果他没有理解他所赞同的事，他就不可能是智慧的。学园派的人只是主张人不应赞同他

---

① 即阿利比乌斯。这一论断是奥古斯丁与阿利比乌斯之间论辩（3. 3. 5 – 3. 4. 9）的关节点。
② 西塞罗《学园派》2. 21. 66："我确实是个拥有意见的伟人，因为我不是智慧人。"
③ 西塞罗《荷尔泰西乌斯》残篇 100（Muller）。

不能理解的事物。而智慧不是无。因此当智慧人知道智慧并赞同智慧时，他并不是知道无而赞同无。

你还想要什么呢？我们是否要讨论一下错误呢？学园派的人说，只要心灵不赞同任何事，不倾向于任何事，错误是可以完全避免的。他们声称，有人之所以陷入错误，并非完全因为他赞同虚假的事物，只要他赞同可疑的事物，尽管它事实上是真的，都会犯错。就我而言，我找不到任何不可疑的事物。不过智慧人，如我们所说的，找到的是智慧本身。

凡不赞同任何事的，必无所行

15. 33. 或许你们现在希望我把这一切放在一边。最合理的观点不应该轻易抛弃，因为我们对付的是非常狡猾的人。然而，我还是遵从你们的要求。

我现在该说什么呢？什么？究竟说什么？

有一个老掉牙的异议可以提出来，但学园派对此也提供一种回答。我还能提出什么呢？你们要把我推出我的根据地了！我能向博学者求援吗？如果我赢不了，与博学者一起输，或许不会那么羞愧难当。所以我用力投出一个武器，它虽然有点生锈发霉，但我若没弄错，仍然有效：凡不赞同任何事的，必无所行。①

'你这个头脑简单的家伙！可能性怎么样？类真理不行吗？'

这是你们所指望的回答。你们难道没有听到希腊盾牌的当当声？我最有力的武器已经被挡住，尽管我们用尽了力气投掷出去！就我所知，我们并没受到任何损伤，但我的支持者不能为我提供更多后援。所以我要转向乡村小屋和农场，看那里能提供什么帮助。太大的武器反倒麻烦，于我无助。

---

① 关于这个反对理由，见 2. 5. 12. 23 – 27。

通过故事表明没有到达目的地的人犯了错

15. 34. 当我闲居乡下时，很长时间我一直在思考，合理性、可能性或类真理如何能保护我们的行为不犯错误。刚开始时我以为这个问题不言而喻，保护完全有效，无缝可钻，就如我以前兜售它时通常认为的那样。① 后来，当我进一步深入地考察整个问题之后，我似乎看到一个缺口，错误可能通过这个缺口侵入到那些自以为安全的人头上。我想不仅走上错误道路的人必然陷入错误，而且不遵循正确道路的人也同样会陷入错误。

比如，假设有两个人正赶往某地。一个决定不相信任何人，另一个则特别相信人。他们来到一个岔路口。轻信的赶路者问询在场的牧羊人或农夫：'你好，朋友！请告诉我去某地走哪条路最好。' 他得到回答：'你沿着这条路走，不会有错。' 他对同伴说：'他说的没错，我们就走这条路吧。' 细心的赶路者大笑，讽刺他如此草率地认同。当轻信者走了之后，他仍然站在岔路口。然后，他开始觉得老站在那里确实有点傻，于是就东张西望。看，从另一条支路过来一个衣着考究的城里人，骑在马上。赶路人松了口气。当那人走近，他上前问候并讲了自己的情形，向那人问路。他甚至告诉那人他为何站在那里，为何向他问路，而不问牧羊人，以便让这个城里人对他产生好感。而这个城里人恰好是个耍戏法者（planus），现在通常把这类人被称为‘双面商人’（Samardocos）。② 这个无赖习惯性地（甚至是毫无缘故地）骗他说：'走这条路，我刚从那里来。' 他骗了赶路者后，就径直走了。然而我

---

① 奥古斯丁常常贬损他先前教授修辞学的职业，把它描述为不过是"言语贩卖者"（venditor verborum，《忏悔录》9.5.13）。参见《忏悔录》里的例子，如4.2.2（"我曾出卖教人取胜的雄辩术"），8.6.13（"我在公共演讲中出售我的能力"）。这里奥古斯丁说，当他还是修辞学老师时，他曾认为"可能性或类真性能够保证我们的行为不犯错"，暗示他曾有段时间是个怀疑论者。见导论第三页的注释。

② "双面商人"，samardoci 或 samardaci，这个词很可能源于非洲。

们的赶路者不会轻易受骗！他说：'我不会把他的话当作真理赞同他。不过，他的信息类似于真（可能为真），而闲留在这里既不得体，也没好处，所以我就走这条路。'同时，前面那个赶路者——轻率地判断牧羊人的话是真的，因这种赞同而犯了错——已经到达目的地休息。而遵循可能性原则因而没有犯错的这个人却仍然徘徊于不知哪个树林，找不到知道他的目的地的人！

说真的，当我想到这样的事，总忍不住要大笑。根据学园派的话，会出现这样的情形：此人走在正确的路上——即使出于偶然——却是错的；而彼人遵循可能性原则，迷失在大山里，找不到要找的地方，却仍然似乎没有犯错！我们诚然可以正当地指责轻率的赞同，但认为这两个赶路人都犯了错，岂非比认为后者没有犯错更容易。

所以我现在对学园派的话保持更大的警觉，我开始思考人的行为和习惯。于是我想到他们的观点涉及如此众多又如此重大的问题，我不再嘲笑他们，而是感到既愤怒又悲伤，因为如此博学又聪明的人，竟然陷入如此可恶又可耻的观点之中。

一个人犯罪

16.35. 可以肯定，并非每个犯错的人都犯罪。然而，每个犯罪的人必然犯了错，或者犯有更严重的恶。如果某个年轻人，听到学园派的人说：'犯错是可耻的，因此我们不应赞同任何事；但是当某人做他认为合理（可能）的事时，他既没有犯罪（peccat），也没有犯错（errat），他只须记住，不论他想到什么或者感知到什么，都不能作为真理加以赞同'——这个年轻人听到这样的话，准备侵犯他人之妻的贞洁，那会如何？

我要问你，西塞罗，你的意见！我们在讨论年轻人的生活和道德规范，你的所有作品都关注他们的教育和教导。除了说这个年轻人做这样的事在你看来不合理（可能）之外，你还会说什么呢？然而在他看来这是合理（可能）的。如果我们要按照对另一人来说可能（合理）的事来生活，那么你不可能管理罗马共和国，因为在伊壁鸠鲁看来人不应该这样做。

那么这个年轻人会与他人之妻通奸。如果他被抓，他到哪里去找你为他辩护呢？即使他找到你，你会怎样为他辩护呢？你肯定会否认此事。如果事实清楚、无法抵赖，那又怎样？你肯定会说服大家相信，就如你在库买的学校（Cumano gymnasio）甚至那不勒斯（Neapolitano）的学校那样，他不曾犯任何罪——或者毋宁说，他甚至根本没犯任何错。他不相信'行通奸之事'这是真事。他意识到这是可能（合理）的；他追寻着它；他行了通奸之事。或者他可能并没有真实地行通奸之事，这只是在他看来他似乎行了此事！另外，那个丈夫，一个傻子，通过诉讼，大声疾呼他妻子贞洁无瑕，把一切弄得乱糟糟。或许奸夫此时正与她同寝，他却不知道！

如果法官明白这一切，他们会（1）不理学园派的人，把案件看作真实的罪行惩罚他；或者（2）与该学园派的人站一起，发现这个年轻人以一种可能的、类真的方式有罪，于是他的律师完全不知道该怎么办。他没有任何理由对任何人发怒，因为当他们所做的事似乎合理但不赞同时，他们都说自己没错。所以他将把律师的角色放置一旁，担当起哲学家的角色，为他们提供安慰。因此他很容易说服年轻人——他已经在学园派理论上取得如此大的进步——认为他只是在梦中被发现有罪。

你们认为我在说笑！我乐意指着每个圣者起誓，[1] 如果凡是做看起来可能之事的人都没有犯罪，那我完全不知道这个年轻人怎么会有罪，除非学园派的人说的意思是，犯错是一回事，犯罪完全是另一回事：他们阐述教义是为了防止我们陷入错误，而犯罪——他们认为——并不会

---

[1] 奥古斯丁在《订正录》1.1.4（附录11）后悔起这样的誓。这个起誓源于 Terence, *The Eunuch* 331（illum liquet mihi deierare…）。

导致严重后果。

在他看来可能的事不能使他避免犯罪

16. 36. 我不提杀人罪、弑亲罪、亵渎罪，一般意义上的所有罪，以及能犯的、能想到的所有恶行——几句话就让它们变成合理合法的事，更严重的是，是在最聪明的法官面前："我不赞同任何事，所以我没有犯错，但是我怎么能不做看起来可能的事呢？"

如果有人认为这样的宣称不可能有理由让人信服，那就去读一读喀提林（Catiline）的演讲吧！① 他为母邦的"弑亲罪"辩护，并且这个罪名可以包括所有其他罪。

学园派的人说，在他们的行为中，他们只遵循可能性，他们也大力寻求真理，但在他们看来真理只是可能性，却无法找到。大家难道对此不感到可笑么？多么奇特的怪论！

我们先把这点放在一旁，因为它与我们无关，也不危及我们的生命或财物。前面的观点才是根本的，骇人的，每个正直的人都会憎恶。如果学园派的推理是可能的，那么人可以行任何残暴之事，只要所行之事在他看来是可能的，就应该去做，只要他不把任何事当作真理来认同就行，而且他做这样的事不仅不会有犯罪的羞耻感，甚至不会有犯错的羞耻感。

那怎样呢？难道学园派的人没有看到这一点吗？

他们这么聪明，这么有智慧，肯定看到这一点了。在精巧、敏锐、聪慧或者学识上，我无论如何没有资格与西塞罗相提并论。然而，当他宣称此人不知道任何事时，只要有人对他说："我知道在我看来他能够知道"，西塞罗没有任何理由来反驳他。

---

① 喀提林的演讲"记载"于 Sallust, *The War Against Catiline* 20. 2 – 17。

如果学园派把柏拉图的教导作为
奥秘来看守（17，37－19，41）

柏拉图的受教与教导

17.37. 那么，这些了不起的人为何会无休无止、坚持不懈地反对"人似乎拥有真理的知识"这一论点呢？

请更加仔细地听一听，不是听我所知道的，而是听我所认为的。我特意将它留到最后解释，如果能够，即在我看来学园派的整体策略是什么。

柏拉图是他那个时代最聪明也最博学的人，他说话铮地有声，所说的话都成为重要观点，不论他以什么方式说，所说的事没有一件是无足轻重的。他深爱的老师苏格拉底死后，据说柏拉图还从毕达哥拉斯学派学到很多东西。而毕达哥拉斯本人一直对希腊哲学（当时几乎不存在或者至少是完全隐藏的）不满意；后来受某位色罗斯的费勒西德（Pherecydes of Syros）的观点影响，相信灵魂不朽；他还到处远足，聆听许多智慧人教导。① 柏拉图在苏格拉底那机敏而精巧的伦理学之外，加上关于自然和神事的知识——他从我提到的那些人勤勉学到的。他用辩证法把这些部分统率起来，辩证法就如同它们的组织者和法官，因为辩证法或者就是智慧本身，或者是没有它就不可能有智慧的事物。据说柏拉图由此构建了一套完整的哲学体系。

现在没有时间讨论他的体系。就我的目的而言，只要了解以下内容即可：柏拉图认为有两个世界，一个是可理知世界，就是真理的居所；另一个就是我们靠视觉触觉感知到的可感世界。前者是真实的世界，后者只是类似真实，是前者的像。所以，关于前一世界的真理在知道自己的灵魂里，高贵而亮堂（可以说），② 而关于后一世界只能在那些愚人

---

① 这番叙述源于西塞罗 *Tusculan Disputations* 1. 16. 38。亦见普罗提诺《九章集》1. 2. 1。
② 见《论教师》12. 40. 30－33.

的灵魂里产生意见，不是知识。再者，凡是出于美德（柏拉图称之为'公民的'）——即类似真美德的美德，而真美德只有少数智慧人知道——在这个世界所成就的，只能称为'类真理'。

波勒莫和阿尔刻西劳反对芝诺，把柏拉图的教导作为奥秘守护

17.38. 在我看来，这些以及其他同类问题已经由柏拉图的后继者尽可能保存下来，并作为'奥秘'守护。一方面，只有那些洁净了所有恶习、接受另一种生活方式——超越人的方式——的人才能轻易理解这些奥秘。另一方面，某个知道它们的人若想不加区分地向所有人教导这些奥秘，那是犯重罪。

所以，我推测，当第一位斯多亚主义者芝诺听到并相信学园派的某些观点后来到柏拉图创立的学校〔当时由波勒莫（Polemo）主持〕时，是受到怀疑的。因为他还没有抛弃从其他学派接受的理论，还将它们带入到柏拉图的学校，所以他似乎不是可以信任的人，还不能向他披露柏拉图的教导——可以说那是神圣的教导。

波勒莫死后，阿尔刻西劳继位。阿尔刻西劳是与芝诺一同受教于波勒莫的同学。因此，当芝诺倾心于他自己的某种关于世界，尤其是关于灵魂（对此，真哲学始终是谨慎的）的理论，说灵魂是可朽的，除了这个可感世界之外没有其他事物，[1] 除了靠身体感官之外世上没有其他事物显现——因为他认为上帝本身是火[2]——由于这种恶广为传播，在我看来，阿尔刻西劳就慎重而彻底地隐藏了学园派的观点（这样做大有好处）。他将它埋藏起来，就如一个黄金宝藏，等候某时被后代发现。由于大多数人倾向于草率接受错误观点，而且基于对物质事物的熟悉，很容易——尽管有害——相信一切都是物体，所以阿尔刻西劳——最聪明也最仁慈的人——决定去纠正那些他发现受到错误教导的人，而

---

① 见 Epiphanius, *Against Heresies* 3.2.9 和 3.2.26 关于芝诺学说的另一种记载。

② Aetius 1.7.23 确认芝诺说过这样的话。

不是忍辱负重地去教导那些他认为不可教的人。所有归于新学园派的教导学说都产生于这样的环境，而他们的先辈没有这种必要。

卡尔奈亚德如何反击克里西普

17.39. 但愿芝诺能在某个时候突然清醒过来，认识到无物能被理解，除非他本人定义它是什么，它就是什么；明白这样的事物不可能在物体里找到，而他却把一切归属于物体，那么这种争论——不可避免地火爆过——应该早就销声匿迹了。

在学园派的人看来，在我看来也如此，芝诺似乎只是被表面的一致性引入迷途了。① 他坚定地主张自己的观点，他那有害的物体论②勉强幸存到克里西普（Chrysippus）时代。克里西普强化它——他完全有能力这样做——将它传播得更广。然而卡尔奈亚德站在另一边，他比以上提到的那些人更敏锐，更细心；他将这种理论彻底击倒，它后来竟然还有影响倒使我感到吃惊。卡尔奈亚德干脆鄙弃一切无耻的诡辩——他看到阿尔刻西劳就因为陷于无休止的辩论而名誉扫地——所以他似乎并不想对各种论点一一作出反驳，那样做有故作炫耀之嫌；相反，他一上来就准备推翻并摧毁克里西普和斯多亚学派本身。

卡尔奈亚德教导抓住类真理或可能性就能够行动

18.40. 卡尔奈亚德随后受到各方面抨击，反对观点认为，如果智慧人不赞同任何事，他就不能做任何事。

卡尔奈亚德——多么非同寻常的一个人！但绝不是怪诞另类的，因为他是从柏拉图的泉源里流出的一条支流——卡尔奈亚德明智地考察他的对手所赞同的行为的特点，看到它们类似某种真理，于是他把在此世

---

① 奥古斯丁的意思很可能是说，芝诺认为自己的观点是一致的，但前一段落里提供的论证表明它们事实上并不一致，因此芝诺只是被表面的一致性蒙骗了（imagine constantiae）。
② 即芝诺的唯物主义。

活动时所遵循的事物称为'类真理'。他清楚知道它们所类似的是什么，但他谨慎地隐藏了。他还称之为'可能性'。有人若按照某个榜样行事，其实就是正当地赞同它的某种像。如果智慧人不知道真理本身是什么，他怎么赞同'无'，或者遵循类真理？因此，学园派的人知道真理，赞同'虚假'，因为他们在这'虚假'里认出对真事物的可贵模仿。① 由于既不适当也不方便向门外汉（可以说）显明这一点，所以他们把自己观点的某种标记留给后代（也尽其所能给同时代人某种标记）。由此他们正确地阻止了辩证法家提出语词问题，侮辱、讥笑他们。

因为这些原因，卡尔奈亚德也被认为是第三代学园派的创立者和领袖。

最后西塞罗如何反驳安提奥库

18.41. 争论一直持续到我们的西塞罗时代，尽管此时已经明显缓和，但它的最后一口气仍然使拉丁文学充塞大话、空话。在我看来，满篇大话的莫过于［西塞罗］，② 他对并非自己持有的观点说那么多长篇大论的话！不过，这阵阵疾风在我看来足以驱散并吹走那个柏拉图主义稻草人安提奥库（伊壁鸠鲁的牧群把他们明媚的牧圈建立在灵魂快乐之上③）。安提奥库实际上是斐洛的学生。……我想斐洛是个谨慎之人。他在那个时候开始打开大门——可以这么说，因为敌人就要放弃战斗——要求学园派及其法则回归柏拉图的威权。梅特罗多鲁斯（Metrodorus）早就尝试这样做，据说他第一个承认学园派并不认可无物可被理解的原则，但不得不拿起这类武器对抗斯多亚学派。

安提奥库，如我前面提到的，原是学园派的斐洛的学生，也是斯多

---

① 见《订正录》1.1.4（附录11）.

② 见 3.18.41.38 证实这里提到的人就是西塞罗。

③ 贺拉斯（Horace）自称为"属于伊壁鸠鲁牧群的一头猪"（letters 1.4.16）。

亚学派的梅奈萨尔库（Mnesarchus）的学生。所以，安提奥库以好公民的名义潜入旧学园派——它没有防御能力，经不住任何敌人的攻击——亵渎柏拉图的至圣所。斐洛再次拿起古老的武器对抗他。斐洛去世后，我们的西塞罗埋葬了安提奥库的一切残余力量，因为他不能忍受自己的钟爱之物在他在世时被动摇或者遭受毁损。

不久后，一切顽梗和痼疾统统褪去。一旦错误的迷雾散去，柏拉图的容颜——那是哲学里最纯洁最明亮的——就大放光芒，尤其在普罗提诺那里闪耀出来。大家认为这位柏拉图主义哲学家与柏拉图本人非常相像，看起来似乎就生活在同一时代。然而，他们之间的时间跨度非常之大，应该可以认为是柏拉图在普罗提诺身上复活。

理性和权威结合寻求智慧（19，42 – 20，43）

现存的哲学及其教导

19.42. 因此今天我们看到的哲学家或者是犬儒学派的，或者是逍遥学派的，或者是柏拉图学派的，别的就很难看到了。有犬儒学派存在，是因为有些人喜欢自由放任的生活方式。然而，关于学问、理论和道德准则——所有这些都关涉灵魂——我认为有一种真实而真正的哲学体系。它在许多个世纪之后，经历许多争辩之后最终出现，因为一直有敏锐而聪慧的人在争论中教导亚里士多德和柏拉图彼此一致，只是他们一致的方式比较特别，因而在无专业素养又漫不经心的人看来，他们似乎彼此分歧。①

这种哲学不是关乎这个世界——那正是我们的圣书所憎恶的②——

---

① 西塞罗《学园派》1.3.17："一种单一的哲学体系——虽然有两个标签——以柏拉图的权威建立：柏拉图学派和逍遥学派，两者只是名称上有分别，实质上是一致的。"西塞罗在《学园派》2.5.15 以差不多的话重申了这个论断。

② 比如《歌罗西书》二章 8 节："你们要谨慎，恐怕有人用他的理学（哲学）和虚空的妄言，不照着基督，乃照人间的遗传和世上的小学，就把你们掳去。"

而是关乎另一个世界，可理知的世界。然而，灵魂在各种错误的阴影中成了盲人，来自身体的深度污秽又使它失了记性，[1] 若没有至高者上帝，出于对大众的某种怜悯，降卑自己，甚至将神圣权威交给人的身体本身，[2] 那么即使是最敏锐的推理之链，也永远不可能把灵魂召回到这个可理知的世界。我们的灵魂——不仅被它的准则唤醒，也被它的行为唤醒——可以在没有争论和冲突中回归自己，重返家园。

老练的奥古斯丁关于智慧和基督权威的观点

20.43. 我已经尽我所能让自己相信，关于学园派的这个观点是可能的。至于它的真假对错，不是我关心的问题。对我来说，只要不再认为真理不可能被人发现就够了。

另外，如果有人认为学园派也主张这个观点，让他听听西塞罗本人的说法。他说，学园派通常掩藏自己的理论，除了那些终生与他们共同生活的人，不会向别人呈现。[3] 只有上帝知道那是什么理论！就我来说，我认为它是柏拉图的理论。

［概述与结论］

这就是我对整个话题的简单概述。不论人的智慧是什么，我知道我并没有拥有它。虽然我已经三十有三，但我仍然不认为我该放弃有一天能拥有智慧的希望。我已经放弃一切凡人认为美好的事物，全身心地致力于对智慧的寻求。学园派的论点曾经严重阻碍我从事这种追求。然而

---

[1] 其他译者把这段里的 oblitus 译成"玷污的"（oblino），而不是"失去记性的（遗忘的）"（obliviscor），对应 altissimis a corpora sordibus。然而，这种译法忽视了与 caecatus 的对应，也没考虑整个段落的含义：灵魂必须"记住"他在自身里知道的东西，这是《论教师》的一个核心主题。

[2] 奥古斯丁这里是指道成肉身，不承认这一点乃是柏拉图主义哲学最大的缺陷，见导论。

[3] 西塞罗《学园派》残篇 21（Muller）。亦见《学园派》2.18.60。

现在，通过我们这次讨论，我充分地反驳了他们。此外，没有人怀疑激发我们学习的有两种力量，权威和理性。因此，我决定无论如何都不偏离基督的权威。我找不到比之更有力的权威。至于依靠最敏锐的推理所能找到的东西——因为我的天性使我迫切地渴望理解真理，不只是通过信仰，而且通过理解力——我仍然相信我会与柏拉图主义者一起找到它，并且相信它不会与我们的圣书相矛盾。

阿利比乌斯折服于奥古斯丁并赞美他

20.44. 至此他们明白我已经结束了长篇论述。虽然时间已是晚上，有些文字在掌灯后才记录下来，但年轻人热切地等着阿利比乌斯，看他是否答应对此作出回应——哪怕换个时间再回应。

阿利比乌斯说："我乐意说，我把今天的讨论留给一个被击败的人，没有什么比这更令我惊喜了！我也不认为这份惊喜是我一个人的。因此我要把它分享给你们，我的争论伙伴——或者说我们论战的评判者，如果你们愿意。或许学园派的人自己也希望这样被他们的后代击败！我们还能看到比这样充满魅力的讨论更令人愉悦的事吗？还能看到对它的观点作如此严肃认真地思考，看到比它的善意更明显，对它的教义更熟悉的吗？我完全不能恰当地表达我的景仰之情：对困难的问题展开如此高雅的讨论，对富有争论的问题拿出如此的勇气面对，如此谨慎地得出确定的论点，如此清晰地阐明晦涩的问题。所以，我的朋友，你们原本指望我作出回应，现在应该换作更确切的盼望，就是与我一同学习。我们现在有一位引领者，在上帝的指导下，他会带着我们走向真理的圣殿。"

听众一直渴望听到回应

20.45. 年轻人脸上显出孩子般的失望之情，似乎他们受了蒙骗，因为阿利比乌斯显然不准备作出回应。

"你们是否嫉妒他对我的赞美呢？"我笑着问。"既然我已经对阿利比乌斯的支持确定无疑，对他不必有任何担忧，从而你们俩人也会感激我，那么我将武装你们对付他，因为他挫败了你们的美好愿望。去读《学园派》吧！当你们发现西塞罗已经在书里战胜我的所有琐碎论点——这是不是更容易呢？——就让阿利比乌斯迫于你们的要求为我的论述辩护，反驳那些不可战胜的异议！① 阿利比乌斯，这个艰巨任务是我给你的回报，因为你加给我的赞美是我不当受的。"

他们都笑了。这场大争论就此结束——是彻底结束，还是暂时结束，我不知道——但结束得比我原本预计的要迅速得多，也从容得多。

---

① 《订正录》1.1.4 结尾处，奥古斯丁说："尽管我说这话是玩笑式的，甚至带着讽刺，但我仍然希望当初没说这样的话。"

附　录

附录1：《论幸福生活》1.4

……我十九岁时在修辞学校读到西塞罗的《荷尔顿西乌斯》，心中燃起对哲学满腔的热爱，就想马上坚定不渝地投身于哲学。

但是我还没有摆脱那些迷雾，它们可能使我的路途变得模糊难辨；而且我承认，有很长一段时间，它们使我误入歧途，仰望那些沉入海里的星辰（labentia in oceanum astra）。① 因为有一种幼稚的迷信让我惊恐，使我脱离研究本身；但是一旦我有了更大的勇气，我就驱散那团迷雾，② 学会更多地信任以理服人的人，而不是那些强迫人服从的人。然后我遇到了这样一些人，他们把眼睛所能分辨的光作为最高的神来崇拜。我尽管不认同他们，但当时以为他们的面纱后面隐藏着一些他们将会揭开的重大秘密。当我考察了这些人然后摆脱、抛弃他们之后，③ 尤

---

① "沉入海里的星辰"一语出自维吉尔《埃涅阿斯纪》3.515。奥古斯丁和朋友们在卡西西阿库度过许多愉快的时光，一起阅读、解释维吉尔。

② 西塞罗 Tusculan Disputations 1.26.64："他驱散心里的那团迷雾，如同驱散眼前的迷雾。"

③ 奥古斯丁在《忏悔录》5.6.11 描述了他对摩尼教徒福斯图斯（Faustus）的反复诘问，在《忏悔录》5.7.12 – 13 描述了他的幻想破灭。

其是当我跨过这片凶海之后，有很长一段时间，学园派在风浪中①为我掌舵，抵挡从不同方向吹来的风。

如今我已经到达这片地土。在这里我已经学会辨别北斗星，② 信靠它。因为我时常在我们主教③的讲道中，有时也在你的讲道中注意到，当人们谈论上帝时，谁也不会认为他是某种有形的事物，也没有人认为灵魂是形体，因为在一切事物中，灵魂最接近上帝。④

然而，我承认，对女色的迷恋、对荣誉的渴望耽搁了行程，⑤ 我并没有迅速飞到哲学的怀中，只有在我获得了这些东西之后，我才最后鼓满风帆，划动双桨，冲向那个怀抱，在那里找到安息之处——只有极少数最幸运的人才可能找到这样的地方。因为当我只读了普罗提诺——我知道，你特别喜欢他——的极少几篇作品之后，我就尽我所能将他的作品与那些传给我们神圣奥秘的权威书卷进行比较，⑥ 我是如此激动，若

---

① "在风浪中"：in mediis fluctibus，暗指在代表学园派特征的各方案之间"摇摆"。见《忏悔录》5. 14. 25（附录4）。在 The Usefulness of Belief 8. 20 以同样的比喻说法描述了同样的事件："但我有理由支持我的观点，我在意大利时对此有过深入思考——不是思考是否留在我后悔投入的那个教派里，而是思考应当以什么方式寻求真理；因为你比任何人更清楚地知道我对真理的渴望和热爱。我常常产生真理无法找到的念头，心思上的巨大波动使我陷入学园派的观点……最后我决定在我父母所嘱托的教会里做一名望教者，直到找到我想寻找的，或者接受劝导不再寻求。"

② "北斗星"：septentrionem。这个词在古典时代既是单数形式又是复数形式，指被称为北斗星（或七姐妹星）的星座，包括北极星。船只循着星斗航行的意象表明奥古斯丁这里仅指作为海员们可靠导航的那个星宿，即北极星。不过应当注意的是，这个词可用来指北风（尽管一般用复数形式，而不是像奥古斯丁这样的使用），这个意思更符合这里的比喻，即怀疑论的大船与四风搏斗，直到知道哪个风是可靠的。但是为何是"北"风呢？"引导之光"的比喻似乎更适合整个段落的风格。奥古斯丁很可能是接受了西塞罗《学园派》2. 20. 66 的星喻。

③ "我们主教"即安波罗斯，当奥古斯丁进入帝国宫廷作修辞学学者时，他任米兰主教。见《忏悔录》5. 13. 和 6. 3. 4。

④ 在《忏悔录》5. 14. 25（附录3）奥古斯丁谈到他很难把上帝想象为非物质的精神性存在。亦见《忏悔录》5. 10. 19，6. 3. 4，6. 11. 18，7. 1. 1，以及 7. 1. 2 更详尽的讨论。

⑤ 见《忏悔录》6. 6. 9 以及 8. 1. 2 开头。

⑥ 关于普罗提诺的作品以及奥古斯丁对普罗提诺与使徒的比较，见《驳学园派》2. 2. 5 及相关注释。

不是某些人的名望对我产生了一定影响，我可能已经脱离所有停靠点。①

那么，剩下的还有什么可做的呢？只能在困境中寻找帮助，摆脱显然不利的风暴。恰好当时我胸部剧痛，不能再坚持我繁重的职业，② 否则，我很可能已经驶向塞壬们（Sirens）；于是我扔掉所有压舱物，带上我的船，尽管它支离破碎、到处渗漏，驶向所向往的安息之地。

附录2：《论幸福生活》2.13–16

现在，你们的东道主③我突然想到一道食物要供应给你们，请你们尽情品尝。如果我没有说错，它就如同通常在最后才送上的甜点，可以说，这是用学术之蜂蜜酿造、调制而成的。”

这番话刚说完，他们就表现出极大的渴望，就如同渴望一道菜，他们敦促我马上告诉他们这是什么。

“你们不认为我们讨论的其他问题已经完毕，只剩下与学园派的争论了吗？”我问。

一提到这个名字，知情的三位迅速直起身子，可以说就像惯常那样，伸手帮助主人招待客人；他们颇为急切地指出，没有比听到这些话更令他们高兴的了。

2.14. 于是我提出如下问题，说：“既然就如我们的推理刚刚证明的，④ 显然，一个人若不拥有自己想要的，就不是幸福的；但没有人努力寻找他不希望找到的东西，而这些人［学园派］一直努力寻求真理，

---

① 奥古斯丁在《忏悔录》6.11.19描述了属世功名的魅力，提到他有“不少有势力的朋友”（amicorum maiorum copia），无疑都是摩尼教的支持者。请注意奥古斯丁使用的“名望”（existimatio）也可理解为“判断”或“意见”。

② 见《驳学园派》1.1.3.71–72以及那段的注释。

③ 这是奥古斯丁的话；他自己就是这里所提到的“东道主”。

④ 奥古斯丁指《论幸福生活》稍前的认证过程。

所以他们非常希望能找到真理，而且希望拥有找到真理的能力。但是他们没有找到。由此可以推出，他们不拥有他们想要的东西，因此他们不可能幸福。而人若不幸福，就不可能有智慧，因此，学园派的人没有智慧。"

于是大家一声惊叹，似乎吃到了完整的一口美食。

但利凯提乌斯听得更为专注和仔细，他表示不敢认同，说："我与你们一起享用了那道点心，因为这个结论令我惊叹。但从现在开始，我不会吞噬任何东西，我要将我那份留给阿利比乌斯。他或者会与我一同品尝它，或者会告诫我为何不能去碰它。"

我补充说："拿威基乌斯因为有脾脏病，对甜食也应当小心一点。"

对此他笑着回答说："这样的东西正好可以医治我。你放在我们面前的这道食物，巧妙又精致①——就如有人说的海美塔斯（Hymettic, Hymettus）蜜，②'带点刺，但甜美爽口'——并没有撑大我的胃。因此尝了一口之后，我就高兴地把它全吃了。因为我看不出有什么方式能反驳这一结论。"

"它确实无法反驳，"特里盖提乌斯附和说。"因此我真的很高兴曾经带着某种敌意与他们［学园派］相处了一段时间。出于某种原因——或许出于某种本能反应，或者更准确一点说，出于上帝的恩典——尽管我当时不知道怎样反驳他们，但我完全反对他们的观点。"

2.15. 这时利凯提乌斯开口说道："我还不会放弃它们。"

"那么你是否不同意我们的观点？"特里盖提乌斯问。

"那么你和其他人是否不同意阿利比乌斯的观点？"他回答。

然后我对他说："毫无疑问，如果阿利比乌斯在这里，也会同意这个小推论。因为他不会主张这样荒谬的观点，认为（1）不拥有如此可

---

① Contortum hoc et aculeatum，这是应和西塞罗《学园派》2.24.75 的用词：contorta et aculeate quaedam sophismata。

② 西塞罗《荷尔顿西乌斯》frag. 89。亦见《学园派》2.24.75。这种味道很浓的蜜产自雅典附近的海美塔斯山，故取名海美塔斯蜜。

贵的灵魂财富——他曾那么热烈地想要拥有的财富——的人会是幸福的，或者认为（2）这些人不愿意去寻找真理，或者认为（3）不幸福的人还会有智慧。你们害怕品尝的食物就是由这三者构成，就如同蜂蜜、面食、坚果这三种成分。"

他回答说："难道阿利比乌斯会屈从于这种小小的对孩子的诱惑，而放弃学园派的丰富理论？它就如同洪流，我不知道我们这简单的论证是被它吞没，还是被它甩到后面。"

我说："我们似乎在寻找某种冗长的话题，还专门反对阿利比乌斯。其实他本人会大张旗鼓地从他自己的身体令人满意地证明，那些小小的成分很有用，能使人精力充沛。但你既然选择这位不在场者为权威，那么请问，这些结论有哪个是你不赞同的？一个人若不拥有自己想要的就不幸福，你不认同吗？或者你否认他们〔学园派〕想要找到真理，尽管他们那样热切地追求？或者你相信一个智慧人是不幸福的？"

他似乎被惹恼了，有点干笑着说："一个人不拥有自己想要的当然是幸福的。"

当我吩咐把这话记下来时，他叫道："我没说过那样的话！"

我再次点头表示这话也应当记下来，他马上说："没错，我说了。"

我一开始就明确规定要把每一句话都记载下来。于是就让我们这位年轻人处于犹豫与坚守之间，有点不知所措。

2.16. 当我们用这样的玩笑话请他吃自己那小小的一份时，我发现其他人——不知道我们这样愉快地在讨论什么，但很想知道——看着我们，没有一丝笑容。在我看来，他们就像那些在宴席上经常可以看到的人，当他们与贪得无厌、欲壑难填的客人一同坐席时，总是因为斯文礼节，或者因为不好意思，就克制自己的食欲，只看不吃。

由于是我发出的邀请——而你曾经教导该如何扮演一个伟人的

角色（更确切地说，就是真正的人），如何在这样的宴席上尽主人的本分——所以看到我们餐桌上出现不均衡和分歧，令我苦恼。我笑着看我母亲。她很乐意拿出自己的食物补给其他人的不足，她说："请告诉我们这些学园派成员是什么人，他们想要达到什么目标。"

我作了简洁而足够清晰的解释，保证在场的所有人在离开时对它有所了解；然后她宣称："这些人是癫痫症患者（caducarii）。"（这个术语通常用来指那些患有"精神错乱病"的人。）同时她站起身来，走了。我们其他人也结束了讨论，高兴地笑着离开了。

附录3:《书信1》

赫尔摩革尼阿努（Hermogenianus）：

若不是我认为学园派主张的观点与通常的信念大相径庭，我永远不敢抨击他们，哪怕是开玩笑——因为这些人如此举足轻重，他们的权威怎么可能不时刻影响我呢？所以，我一直在尽我所能模仿他们，而不是战胜他们，那是我根本无法做到的。在我看来，如果有未受污染的溪流从柏拉图的泉源流出，[①] 那么它穿越黑暗和荆棘，[②] 流入极少数人的属地，而不是奔涌到空旷的田野，这是完全适合那些时代的——因为它不可能在到处羊群奔跑的地方仍保持清澈而纯洁。对普通羊群来说，把灵魂想象为一个形体岂不是更容易的事吗？我相信，正是为了反对这类人，学园派才以有益的方式设计出他们的技术和文法来掩藏真理。然而，如果学园派的观点通过他们巧妙的语言阻挡了人们对事物的理

---

① 奥古斯丁在《驳学园派》3.18.40.3 谈到"柏拉图的泉源"。
② 奥古斯丁在《驳学园派》2.2.6.79 – 80 使用了同样的比喻。

解——由于今天不复再有哲学家，除了那些穿着传统长袍转悠的人①（我几乎不认为他们配得上这个可敬的名称！），那么在我看来，应该引导人们恢复对发现真理的盼望。否则，在那个时代适合消除至深错误的事物如今就很可能开始成为理解知识的障碍。

在那个时代，各种哲学学派热情高涨，最害怕的莫过于赞同谬误。纵然有人受那些论证影响，抛弃他原本自信坚定主张的观点，他也会认真而持续地寻求另外的事物，并且越寻求越坚毅，因而在他看来，极其深奥而复杂的真理必然深藏于事物的本性和灵魂之中。然而在今天，人们极力回避工作，忽视博雅艺术（bonae artes），只要听到有极聪敏的哲学家说在他们看来无物可被理解，有些人②就放弃使用自己的心灵，并且永远关闭它们。他们不敢相信自己比那些哲学家有精力。结果，在他们看来，即使经过艰苦研究，又有天分、有闲暇、有渊博学识——最后再加上漫长的一生——卡尔奈亚德仍然陷入茫然无知！即使作出一点努力，克服懒怠，去阅读那些'表明'人性不能理解真理的作品，他们也会陷入昏昏沉睡之中，甚至大天使加百列的号角也不能把他们唤醒！

关于我那三卷本小书《驳学园派》，相信你会作出诚恳而可靠的评判；而我如此依重你，为了避免你在实际判断中出现偏差，也为了防止你因顾忌我们的友谊说出不实之词，我恳请你反复、仔细地思考这一观点，再回信给我：我在第三卷末提出的自认为可信的观点，你是否赞

---

① "由于今天不复再有哲学家，除了那些穿着传统长袍转悠的人"：cum iam nullos vedeamus philosophos nisi forte clanculo corporis，直译"由于我们今天看不到周围有哲学家，或许只有借助身上服饰的人"——暗指这样一个事实，哲学家身穿特别的服饰，将自己与其他人相分别，表明各自所效忠的哲学学派。
② 很可能指那些逃避工作、忽视博雅艺术的人，他们曾听到最聪敏的哲学家说在他们看来无物可被理解。见《驳学园派》2.1.1.6 – 17，奥古斯丁在那里列举了几种原因，说明为何人们放弃寻求真理。

同?① 它或许只是一种推测，还没有确证，但是我想它是有益的，而不是难以相信的。无论那篇作品的情形如何，说我"战胜了学园派"，如你所写的——你这样写与其说是出于真实，不如说是出于情感——倒不如说我冲破了某种让我恨之入骨的禁忌更让我高兴，因为对真理的绝望使我被阻挡在哲学怀抱②之外，而真理乃是灵魂的营养。

附录4：《论辩证法》5.7 – 8

一个词就是任何给定事物的一个符号，为听者所能理解，由说者表达出来。一个事物就是被感知、理解或者隐藏的任何东西。符号就是向感官显现自身、向心灵表明它自身之外的某物的东西。言说就是通过表达出来的声音给予符号（这里的"表达出来"是指可以用字母发出来的声音）。

讨论定义之术的教材会指明，以上这些定义是否恰当，此前定义所包含的词语在其他定义中是否也必须遵行。现在我们就按给出的定义来讨论。

每个词都有声音。当词用于书写时，它不是词，而是词的符号。因此，当阅读的人看着字母时，他心里就想到这些字母可发出的声音。书写的字母只是向眼睛呈现字母本身，而有声音的字母向心灵显示它们自身之外的［东西］。正如前面我们刚刚说过符号向感官呈现它自身，而向心灵呈现它自身之外的东西。因此我们所读到的东西不是词，而是词的符号。尽管字母本身是表达出来的声音的一个极小部分，但我们仍然误用术语，把我们看到的书写的字母称为"字母"，其实它完全寂静无声，不是发音的一部分；它似乎是发音部分的一个符号。同样，当一个

---

① 奥古斯丁是指他在《驳学园派》3.17.37.3 – 3.20.43.8 的讨论，他在那里描述了学园派的"秘密"观点，以及它如何成为秘密的。

② 奥古斯丁在《驳学园派》1.1.4.84 – 85 使用了同样的比喻。

词书写下来时，它只是词的符号，即它表明自己不是一个词，而是一个有意义的发音的符号，但我们还是把它称为"词"。

因此如我开头所说，每个词都有一个声音。但是发声与辩证法无关。当我们考察或者关注词如何因元音的排列而变得柔和，因重音的重复而拉长，或者它如何通过插入辅音变得混浊，通过聚合而变得尖锐；它由多少以及哪些音节构成，它的诗音步和节律是什么，那就是讨论词的发音问题。这些问题仅仅与耳朵相关，是语法学家探讨的问题。而如果关于它们有辩论，那就是属于辩证法的领域，因为辩证法就是辩论的科学。

尽管词是事物的符号，但我们用来争论词的词是词的符号。因为我们只能通过词来谈论词，而且我们的谈论必然是谈论某些事物，所以我们认识到，词作为事物的符号，它们自身必然就是事物。

因此，（1）当一个词被说出来，如果它只因它自身被说出——即讨论或争辩的是关于这个词的问题——那么它就是作为争辩和讨论之主题的事物，只是这事物本身被称为"词"（verbum）。其次，（2）不论心灵——不是耳朵——基于这个词所领会并在心里持有的是什么，都称为"可说的"（dicibile）。然而，（3）当一个词说出来不是为它自身，而是为指示另外的事物，它就称为"言说"（dictio）。而（4）事物本身——这里不是一个词，也不是属于词的心理概念，不论是否有词来指示它——不是别的，就是严格意义上的"事物"（res）。

因此，要把这四者加以区分：（1）词；（2）可说者；（3）言说；（4）事物。我所说的"词"是一个词，也指示一个词。我所说的"可说者"是一个词，但它不指示词，而是用词来理解并且保守在心里的东西。我所说的"言说"是词，并且指示（1）-（2），即，既是词本身，又是通过词在心灵里产生的东西。而"事物"是指示除了（1）-（3）之外的一切的词。

我知道我们最好通过例子来说明（1）-（4）。假设一个孩子被某个语法学家或者其他人问道："演讲的哪一部分是'武器'（arma)？"①
语法学家所说的"武器"是为它自身的缘故说的，即为这个词本身。
他说的其他词"演讲的哪一部分"不是为其自身，而是为"武器"这
个词说的，不论它们是心灵感知的，还是发出声音的。当它们还没说出
来先被心灵感知时，它们就是可说者；当它们被声音说出来之后，根据
我上面所说，就成为言说。在语法学家的问题里，"武器"是一个词，
但当它由维吉尔说出时，它是言说，因为它不是为其自身被说出，而是
由它来指埃涅阿斯参与的战争或者他的盾牌（或伏尔甘为他的英雄配
备的其他武器）。

而埃涅阿斯参与的战争或配备的武器——当它们开战并存在时看起
来是完全一样的；如果它们现在就在眼前，我们可以用手指或触摸来展
现，即使没有人想到，它们也不可能不存在——其自身既不是可说的，
也不是言说，而是严格意义上的"事物"本身。

因此我们在辩证法这一部分应讨论词、可说者、言说和事物。在
所有这些情形中，虽然有时候有词作符号，有时候没有词，但没有任何
事物讨论它时不需要词。因此我们首先要讨论这四者，众所周知，通过
它们才可能讨论所有其他问题。

附录5：《忏悔录》5.14.25

这时我竭力思索，找寻足以证明摩尼教错误的可靠证据。如果我当
时能想象出一种属灵实体，他们的一切伎俩就立即土崩瓦解，从我心中
抛却出去；只是我做不到。

可是对于这个物质世界，对于感官所能触及的自然物，通过反复思
考、比较之后，我看出大多数哲学家的见解比摩尼教徒可靠多了。因

---

① 从上下文看很清楚，奥古斯丁摘了维吉尔《埃涅阿斯纪》第一行的第一个词（Arma
virumque cano……)。

此，依据一般人所理解的①学园派的原则，我对一切怀疑，对一切摇摆不定。② 我认为在我犹豫不决之时，既然看出许多哲学家的见解优于摩尼教，便不应再流连于摩尼教中，因此我决定脱离摩尼教。③

至于那些不识基督名字的哲学家，我也并不信任他们，请他们治疗我灵魂的疾病。为此，我决定在父母所嘱托的公教会中继续做一名望教者，等候可靠的光明照耀我，指示我前进的方向。④

附录6：《论三位一体》15.12.21

首先来看看当我们谈论我们知道的事物时，我们的思想得以真正形成的那种知识⑤——即便是专家里手、学识渊博之人，他能拥有何种知识，又能拥有多少知识呢？除去从感官进入心灵的东西——有太多这样的东西与它们看起来的样子迥异，以致一个头脑中塞满此类似是而非之形象的疯人自以为是正常的，所以学园派哲学才会如此盛行，它在怀疑一切之中陷入更加可怜的疯狂——除去从感官进入心灵的东西，还有多少东西是我们可以像知道"我们活着"那样确定地知道的？在这件事上，我们完全不担心由于某些类真理的现象而陷入谬误，因为可以肯定，即使一个陷入谬误的人，也是活着的。这不同于那些源于外在原因

---

① "一般人所理解的"，奥古斯丁使用这种说法是因为他相信学园派的怀疑主义只是掩藏他们秘密理论的一个幌子。

② "对一切摇摆不定"：奥古斯丁是指在两个势均力敌的对立论点之间悬置判断。

③ 见《忏悔录》5.10.19开头："这时我心中已产生了另一种思想，认为当时所称的'学园派'哲学家的识见高于这些人，他们主张对一切怀疑，人不可能认识真理。我以为他们的学说就是当时一般人所介绍的，其实我尚未捉摸到他们的真正思想。"

④ 奥古斯丁在《论信念的益处》8.20同样描述了他想成为一名望教者的动机："我在意大利时对此有过深入思考——不是思考是否留在我后悔投入的那个教派里，而是思考应当以什么方式寻求真理；因为你比任何人更清楚地知道我对真理的渴望和热爱。我常常产生真理无法找到的念头，心思上的巨大波动使我陷入学园派的观点……最后我决定在我父母所嘱托的教会里做一名望教者，直到找到我想寻找的，或者接受劝导不再寻求。"

⑤ 奥古斯丁认为，当我们知道某物时，我们的心灵或者我们的思考"自我确证"知识；知识本身决定我们的思考是否那样。

的现象，眼睛可能受蒙骗，比如桨在水里看起来是弯的，乘船驶过时，灯塔看起来在移动，以及成千上万诸如此类的现象，即真相不是靠我们肉眼分辨的现象。

使我们知道自己活着的知识是一切知识中最内在的，即使学园派提出以下异议也不能动摇它："也许你是在睡梦中，并不知道它，你是在梦境中看见事物。谁不知道梦者所见极像醒者所见？"然而，对自己活着有确定知识的人不会说"我知道我醒着"，而是说"我知道我活着"。因此不论他是醒着是睡着，他总是活着。在这一知识上他不可能因梦而犯错，因为入睡做梦和在梦里看见东西都是某个活着之人的特征。

学园派也不能提出这样的异议反驳这种知识："或许你疯了，所以你并不知道它！疯子所见也极像正常人所见。"因为任何疯子都是活着的。[这样的知识]并不是说"我知道我没疯"来反驳学园派，而是说"我知道我活着"。因此，凡说知道自己活着的人永远不会被骗，也不会说谎。即使提出一千种错觉幻觉来反对说"我知道我活着"的人，他也不会为它们所惧，因为即便是受骗的人也是活着的。

然而，如果唯有这类事物属于人类的知识，但它们的数量是极少的——除非任何知识点都可以无限增加，这样，它们不仅数量上不是有限，而且可以增加到无限的数量。一个人说"我知道我活着"，他是说他知道一件事。其次，如果他说"我知道'我知道我活着'"，那就有两件事。而他知道这两件事，这一点又成了他知道的第三件事。如此，只要他坚持，他可以增加第四件事、第五件事以至无穷。然而，由于他不可能理解通过一个一个相加得到的一个数不清的数，也不可能无数次地说一个数，所以他完全确定他理解这一事实，他说这是真的，这样做是数不胜数的，他真的不可能理解或言说无限的数。①

---

① 奥古斯丁的要点似乎是说，关于知识–论断的潜在的无限重复是可知的，但不可表达；关于它的可知性和不可表达性的认识源于同一个特点：陈述每个重复是可能的，并且占用我们有限的时间单位。这样的反复出自 Kp→KKp，奥古斯丁上面所主张的命题（因为奥古斯丁接受 Kp→p，这两者结合起来就势必要求 Kp≡KKp，因此所有反复具有逻辑上的同等性。）。

同样的情形也可以在确定的意志里看到。若有人说"我想要幸福"，而你回答说"或许你受骗了"，岂不是太冒失了？如果你说"我知道我想要这个""我知道我知道这个"，然后他再加上第三点，即他知道这两件事；再加上第四点，他知道自己知道这两件事；他可以如此反复，以至无限。

再者，如果有人说"我不想受骗（犯错）"，那么不论他是否陷入谬误，他不想犯错这一点岂不是真的？若回答他"或许你犯错了"，岂不太过冒失了？可以肯定，不论他何时犯错，他不想犯错这一点仍然没有错。如果他说他知道这一点，然后加上任何他喜欢的所知事物的数目，就可以看到这个数目是无限的。事实上，一个人说"我不想犯错""我知道我不想犯错""我知道我知道这一点"，他可以由此展现一个无穷数，尽管用的是笨拙的表述。

还有别的关于知识的例子可以有效地反驳学园派，就是主张无物可被人所知的人，但我们的讨论要有所限制，尤其因为这不是本书的任务。我在皈依主时，曾就这个主题［驳学园派］写过一本书。[1] 任何希望读、有能力读、读了之后又能理解的人，都会发现学园派提出的反对理解真理的许多论证根本没有说服力。

有两类事物是可知的，（1）心灵通过感官感知的事物；（2）心灵通过自身理解的事物。这些哲学家[2]喋喋不休地反对感官，但对于心灵通过自身理解的关于真实事物的坚不可摧见解，诸如我所提到的"我知道我活着"，他们却从未能提出一点质疑。

然而，我们通过感官获得的知识的真理性，我们也远不能质疑！正是通过感官我们得知天地以及天地之间的可知事物，正如创造我们和它们的造主希望我们知道的那样。

我们也远不能否认我们知道我们根据别人的见证所得知的事！否

---

① 奥古斯丁这里是指"这个主题的三卷书"，即三卷本的《驳学园派》。
② "这些哲学家"即学园派哲学家。

则，我们就不知道有海洋存在，不知道那些广为传播的国家和城市的存在；不知道我们从历史读物中得知的那些人及其作品存在过；不知道每日从各处报道给我们并由前后一致的信息和证据所证实的事。最后也不知道我们在何处出生，为哪对父母所生，因为这些都是我们在别人见证的基础上相信的事物。① 如果说这些事是荒谬的，则不得不承认，我们的知识不仅大量源于我们自己的感官，也依重于别人的感官。

附录7：《教义手册》7.20

……此刻我并非要解决那些才思敏捷的学园派哲学家纠缠不清的问题，即，既然人会因认同虚妄而隐入谬误，那么一个有智慧的人是否还应认同任何事呢？那些哲学家断言说，天下任何事都是未知的或不确定的。于是我在信主之初就写了三卷本的《驳学园派》，意在清除自己在信仰上遗存的阻碍。在初信之时，清除这一哲学观点所导致的对认识真理感觉无望的心理的确很有必要。在学园派哲学家眼中，谬误统统都是罪，他们认为，唯有完全搁置认同才能防范错误。他们声称，认同不肯定之事物的人难免陷于谬误；他们用机灵但无耻的争论表明，人的见解里没有任何确定的东西，因为人没有可能辨明真伪② ——即使看起来如此的事物就是真实的！但基督徒的观点是，"义人因信得生"。③ 认同若是被抽去，信也同时被抽去了，因为没有认同便 没有信。而且，无论我们是否认识真理，真理依然存在着，人只能相信真理才能获得幸福人生，即永恒的生命。不过，我不知人们是否应同这种人争论，他们非但不了解自己前面有永生，也不知道自己眼下是否活着，甚至对自己不可能不知的事也说"不知道"。人不可能不知道自己是否活着，因为人若

---

① 奥古斯丁在《忏悔录》6.5.7 也列出了类似的可靠证据，只是那里没有提到学园派。

② 学园派主张，显现为真的事物不可能与假的事物明确相区分，因为真假彼此极为相像，奥古斯丁这里暗示的就是这种观点。

③ 《罗马书》一章 17 节；亦见《哈巴谷书》二章 4 节；《希伯来书》十章 38 节。

不是活着，就不会有不知一回事，知与不知都只是人活着时的表现。他们的确以为不承认自己活着便可以避免谬误，然而即便是他们的谬误，也证明他们活着，因为人若不是活着便不会犯错。那么，既然我们活着这件事不仅是真实的，而且是可以肯定的，另有许多事情同样是真实而肯定的。拒绝认同这些事绝不是所谓的"智慧"，乃是"疯狂"。

附录8：《上帝之城》11.26

我们在自身当中认识到上帝的像，也就是那至高者的三位一体的像。这像不等同于上帝——毋宁说与他相差太远太多，不能与上帝同为永恒，总之，与上帝不是同样的实体。然而，在上帝所造的一切事物中，没有比它离上帝的本性更近的，尽管它仍然需要通过改造获得完全，从而成为与上帝最像的事物。我们存在，我们知道我们存在，我们为我们存在并知道这一点而喜乐。

我所说的这三个方面，没有什么以假乱真的问题困扰我们，因为我们并不靠身体的感官来接触它们，就如我们对待外在事物那样：目见色、耳闻声、鼻嗅香、舌尝味、指触软硬。在这几种感觉中，我们在思想里转向这些可感属性的像，这些像与事物非常相似，但像不是物体。我们记住这些像，并通过像激起对这些事物的欲望。[①] 然而，我不需要任何幻象，不论其显现是真是假，就完全可以确定，我存在，我知道我存在，我为此喜乐。

就这些真理而言，我根本不怕学园派的反问："你要是犯错了呢？"如果我犯错，那我就存在。[②] 一个不存在的人当然不可能犯错！基于这样的事实，那么我犯错我存在；既然我可以确定我犯错我存在，那我怎么可能对我存在这一点犯错呢？因为我得先存在，才能犯错，所以，即

---

① 也就是说，我们记忆中的像可以激发对象所对应的事物的欲望。

② Si fallor, sum.

使我犯了错，我毫无疑问对于我存在这一点没有犯错。由此也可以推出，对于知道我知道这一点我也没有犯错。因为正如我知道我存在，同样，我也知道一点，即我知道。

而我喜爱这两件事，所以除了我知道的事物之外，我又加上喜爱这一点，这是第三件事，与前两者同等。① 我对喜爱这件事没有弄错，因为我对我所喜爱的事物没有弄错，即使它们是假的，我喜爱假的东西这一点仍然是真的。如果我喜爱它们这一点是假的，那批判我并阻止我喜爱假的事物怎么能说对的呢？既然它们是真实的、确实的，那么对它们产生喜爱之后，谁能怀疑这喜爱本身是真实而确定的呢？再者，就如没有人希望不存在，同样，没有人愿意不幸福。而一个人若不存在，他怎么可能幸福呢？

附录9：《基督教教义》1.2.2

所有教导②或者是关于事物的，或者是关于符号的，但认识事物要借助于符号。这次我是在严格的意义上使用"事物"这个词的，也就是说，它没有被用作任何别的事物的符号，只是事物本身。比如，树木、石头、牲畜，诸如此类。不是我们读到的摩西扔进苦水里使其变成甜水的那个木头，③ 不是雅各用来当枕头的石头，④ 也不是亚伯拉罕代替他儿子献给神的羊羔。⑤ 这些东西虽然是事物，但也是别的事物的符号。此外还有另一类符号：只用作符号不用作别的，比如话语。我们使

---

① 也就是说，奥古斯丁知道（1）他存在，（2）他知道他存在，（3）他喜爱（1）与（2）。在这段话其余地方提到（1）和（2）的内容时称为"他知道的事"。他坚持认为这三个事实是"同等的"，因为他把它们理解为三位一体的一个形象，在三位一体里位格是同等的。

② 这里译为"教导"的词 doctrina，源于 docere，英文的意思是 to teach，故可译为"教导"。

③ 《出埃及记》十五章25节。

④ 《创世记》二十八章11节。

⑤ 《创世记》二十二章13节。

用话语总是意指另外的东西，不然，就不会用它。由此可以明白我说的符号是指什么，就是用来意指别的事物的事物。可以说，每一个符号都是一种事物，因为不是一样事物的东西就什么都不是了。但并非每一样事物都是符号。考虑到事物与符号之间的这种区别，当我谈论事物时，我会说，尽管它们中有些也可以当符号使用，但不会影响主题的划分，根据这种划分我要先讨论事物，再讨论符号。但我们必须谨记，我们现在要思考的事物是事物本身，不是它们所代表的别的事物。

附录10：《论基督教教义》2.1.1–2.4.5

1. 我在论到事物（res）时首先提出告诫，尽管它们是别的事物的符号，但要谨防超出事物本身所是的范围。同样，在考察符号问题时我要说：不要停留在它们本身的所是上，而要记住它们是符号，即要注意它们所表示的东西。

符号是这样的事物，除了它在感觉上留下印象之外，还导致另外的东西进入心灵。比如我们看到一个脚印，就会得出结论说某个动物经过这里；我们看见了烟就知道下面有火；我们听到某个活人的声音就会想到他心里的感受；士兵听到号角声就知道该前进还是后撤，或者根据战况的需要作出相应的行动。

2. 有些符号是自然的，有些则是约定俗成的。自然符号就是没有任何动机或意愿把它们用作符号，但仍然指向另外事物的知识，比如，烟指向火。这种指向并不出于某种意图，不是要把它当作符号，它才具有这种指向性，即使我们只看到烟，其他什么也没看见，根据经验就可以知道烟下面必然是火。看到脚印就知道有某种动物经过，这脚印也必然属于这类符号。愤怒或忧伤的人面容总是表露他内心的感受，这与他的意愿无关；同样，心里的其他各种情绪也会在流露内心的面容上表露无遗，尽管我们根本没有想要表露出来。不过，这一类符号不是我目前要讨论的主题，只是它既是这个问题的分支，我也不可能完全无视，所以对它的关注就到此为止。

3. 另一方面，约定俗成的符号就是那些生命存在为了尽其所能表现自己心里的情感、感知或思想而相互交换的符号。给出一个符号没有别的原因，只是想要把符号给予者自己心里的东西表达出来并传递到其他人心里。我们希望在人的范围内讨论、思考这类符号，因为即使是《圣经》里所包含的、给予我们的神的符号，也是借着人——就是那些写《圣经》的作者——向我们显明出来的。兽类自己中间也有一定的符号，借此表明它们内心的愿望。比如当家养公鸡找到了食物，就会向母鸡发出它特有的声音，叫它跑过来；鸽子用鸽子的叫声呼唤伙伴，或者听从伙伴的呼唤。还有许多其他诸如此类的符号，都是有目共睹的。至于这些符号，比如忧伤的人的表情或喊叫，是心里的本能活动，没有什么目的，还是在特定的目的之下的实际使用，这是另外一个问题，与本主题无关，所以本书把这一部分话题排除在外，因为它并不是我目前的目标所必需的。

4. 在人用来彼此交流思想的各种符号中，有些与视觉有关，有些与听觉有关，极少数与别的感觉相关。比如，当我们点头时，我们必须把符号传到我们希望接收这些符号所表达的愿望的人的眼睛里，否则这符号就没有意义。有些人用手传递大量信息，通过肢体动作给予圈内人士某种符号，并且可能说，用眼睛对话交流。军旗通过挥舞的姿势传递长官的意志。可以说，所有这些符号都是一种可视语言。直接传给耳朵的符号，如我所说的，数量比较大，大部分是由话语构成。虽然号角、长笛和竖琴时时发出悦耳而有意义的声音，但这些符号比起话语来就属极少数了。在人中间，话语作为表达思想的手段无缝取得了主要的位置。诚然，我们的主借着倾倒在他脚上的油膏之香气传递符号，[①] 在他

---

① 《约翰福音》十二章 3－7 节。

的身体和血的圣餐中，通过味觉显明他的旨意；① 摸他衣裳穗子的女人得了痊愈，② 这动作不是没有意义的。但是人用来表达思想的符号中有非常大的一部分是由话语构成的。因为我能够把所有那些符号，我简单提到的各类符号转化为话语，但无论如何我都无法用那些符号来表示话语。

5. 然而，因为话语一遇上空气就会消失，持续时间不比它们的声音更长，所以人用文字造出语言符号。因此说话的声音成为眼睛可视的，当然不是作为声音，而是通过某种符号。然而，由于每个人都企图为自己攫取主要位置，由此产生不和之罪，使得那些符号不可能成为万民共同的符号。著名的建造通天塔之举就表明了这种傲慢之灵，其中涉及的不敬之人所受到惩罚是，不仅他们的心思变得混乱不一致，他们的话语也变得各不相同，无法沟通。③

附录11：《订正录》1.1.1-4

1. 我抛弃了属世的追求，包括已经获得的和想要获得的，致力于退休，过基督徒的生活。我在受洗之前就已经开始写《驳学园派》（或《论学园派》）。他们的观点导致许多人对找到真理感到绝望。他们禁止智慧人认同任何事，不论事实多么清楚明白都不能赞同，因为他们认为任何事看起来都是不清楚、不确定的。这些论点一直困扰着我，所以我想要以我所能做到的最有说服力的推论把它们从我心里剔除出去。借着主的怜悯和帮助，我做到了。

2. 我很遗憾的是，我在《驳学园派》里频繁使用"时运"这个

---

① 《路加福音》二十二章19-20节。
② 见《马太福音》九章21节。
③ 奥古斯丁指巴别塔被推翻之后混乱不堪的方言。见《创世记》十一章1-9节。

词。① 当然，我的意思不是指命运女神，而是指事情最终是好是坏具有偶然性，不论我们身上的事，还是身外的事。所以有些词我们无所顾忌地使用，比如"可能""或许""偶然""但愿""意外"。② 然而所有这些都无一例外可以追溯到圣神的安排。我在作品中也并非没有提到，比如（1.1.1.15 – 17）：

或许人们通常所说的"时运"（fortuna），是由某种隐秘的秩序支配，而我们所说的"偶然"（casum），仅指世上那些具有神秘理由和原因的事件。

我确实说了这样的话，但考虑到人们有个坏习惯，凡是应该说"这是上帝的意志"的时候，却要说"这是时运的意志"，所以我仍然对在该作品中使用"时运"这个词表示遗憾。

另外，在某个段落我说（1.1.1.6 – 8）：

然而，或者因为我们功德有限，或者因为事物有其必然，当我们属神的灵还与我们必朽的身体结合时，智慧的港湾注定永远不会向它开放……

这里，或者两个原因都不应该提到（因为没有它们，意思也可以是完整的），或者只要说"因为我们功德有限"就足够了（因为一点没错，我们的不幸源于亚当），不需加上"或者因为事物有其必然"（因为我们的本性理所当然根源于先前的罪，这是严格的必然性）。③

我又说（1.1.3.75 – 77）：

---

① 奥古斯丁在《驳学园派》1.1.1.9，1.1.1.25，1.7.20.27，2.1.1.9，3.2.2.9 – 13，3.2.4.49，以及 3.2.4.55 用到"时运"这个词。
② 奥古斯丁认为 fortuna 这个词在词源上与 forte, forsan, forsitan, fortasse, fortuitu 这些词相关。
③ 当奥古斯丁说"我们的不幸源于亚当"时，他是指原罪（《罗马书》五章 12 节），即"先前的罪"，奥古斯丁认为，既然我们的本性（理所当然地）因原罪而败坏，就不需要其他理由了。

凡是必朽之眼所看到的，或者感官①所接触到的事物，没有一个是可敬崇拜的。相反，这一类事物无一例外都必须鄙弃。

这里要加几个词："我们必朽身体的感官所接触到的事物"，因为还有一种感官属于心灵。当时我习惯于像其他人那样说话，以为感官只属于身体，能被感知的事物只有物体。结果，每当我以这种方式说话时，就无法完全避免意思的含糊性，除非是对那些习惯于这种说话方式的人说话。

我又说（1.2.5.23–24）：

幸福地生活如果不是依据人里面最好的东西生活，那你认为还能是怎样的生活呢？

稍后我解释了我说的"人里面最好的东西"是指什么：

谁不认为人里面最好的东西就是他灵魂里的支配部分呢？人的其他部分都要服从于它，而且，这一部分可以称为'心灵'（mens）或'理性'（ratio）。

这没错。就人的本性来说，他里面没有什么比心灵和理性更好的。然而，人若想要过幸福的生活，他就不应是按照心灵和理性来生活，因为那样的话，他是靠人生活；而要获得幸福，人就应当"靠上帝活着"。② 要获得幸福，我们的心灵不应满足于自己，而要使自己顺服于上帝。

另外，在回答我的问话者时，我说（1.4.11.34–35）：

在这点上你显然没有犯错！我真诚地希望这将成为你后面讨论观点的一个好兆头。

虽然这是开玩笑话，并非当真，但我仍然不应使用"兆头"这个

---

① 奥古斯丁后来声明这里应改为"我们必朽身体的其他感官"，见《订正录》1.1.2（附录11）。
② 《彼得前书》四章6节。

词。我不记得在我们的《圣经》①或者任何教会作家的作品里有过这个词。然而，"可憎之事"这个源于"兆头"的词，倒是常见于《圣经》。②

在第二卷，关于美学与哲学的"类比"完全不恰当，且粗俗不堪。我说它们是"同父所生的姐妹"（2.3.7.6－7），事实上，所谓的美学或者只关注琐事，因而不论什么理由都不是哲学的姐妹；或者，如果因为这个名称翻译过来表示"爱美"因而是可敬的，而真正的、至高的美属于智慧，那么在最高的无形之物的意义上美学完全等同于哲学，所以它们无论如何不是两"姐妹"。

在另一段落，论到人的灵魂时，我说（2.9.22.21）：

灵魂会更安全地回到天上……

考虑到有些人认为人的灵魂是从天上堕落或者放逐，被迫进入身体作为对它们罪的惩罚，这里我应该用"去"，而不是"回"更妥当些。我之所以会毫不犹豫地使用这个词，是因为我后面说的是"到天上"，这个意思就好比说"到上帝"（他是天的主和造主）。圣西普里安（Cyprian）也同样毫无顾虑地说：③

因为我们有一个来自地上的身体和一个来自天上的灵魂，所以我们既属地又属天。

《传道书》里也写着［12：7］：

灵仍归于（回到）赐灵的上帝。

（可以肯定，对这话的理解要与使徒所说的"双子还没有生下来，善恶还没有作出来"④相一致）。因此毫无疑问，灵魂幸福的源头就是上帝自身。上帝当然不是从他自身生出灵，而是从虚无中造出灵，

---

① 奥古斯丁记错了。《列王纪上》二十章33节里有"兆头"这个词（"这些人以这个为兆头……"）。

② 比如，在《申命记》里，"可憎之事"出现至少有十四次之多。

③ Cyprian, *The lord's Prayer* 16（278.10－12）.

④ 《罗马书》九章11节。

正如他从尘土造出身体。① 关于灵魂的起源——它是如何进入身体的；它是在那个首先被造的人"成了有灵的活人"② 时源自于他，还是每个人的灵魂各自形成——关于这个问题我当时不知道，现在仍然不知道。③

在第三卷，我说（3.12.27.8 – 10）：

如果你是问在我看来应是哪个，我想人的至善在于心灵。

我应该说"在于上帝"更准确。心灵把上帝作为它最大的善享有，所以它才可能幸福。

我也遗憾说了这样的话："我乐意指着每个圣者起誓"（3.16.35.35）。

还有，关于学园派，我说他们知道真理，真理的像他们称为"类真理"，还把他们给予赞同的类真理本身称为虚假（3.18.40.11 – 12），对此我表示遗憾。这是错的，原因有二。首先，我说以某种方式类似真理的某物是虚假，这是错的，因为它以自己的方式是真实的。其次，我说学园派赞同这些他们称为"类真理"的虚假，这是错的，因为他们没有赞同任何事物，并且主张智慧人不赞同任何事物。④ 我之所以这样说他们，是因为他们也用"可能的"这个词来称呼类真理。⑤

我也有理由遗憾对柏拉图以及柏拉图主义哲学家或者学园派哲学家过度赞美，⑥ 这样的赞美不适合不敬神的人——尤其考虑到基督宗教的教义需要抵制他们的大谬！

我将西塞罗在他《学园派》使用的论证与我的相比，从而用最确

---

① 《创世记》二章 7 节说上帝"从泥土造人"（ex limo terrae）。

② 《哥林多前书》十五章 45 节。

③ 奥古斯丁对这个问题一直没有找到定论；见 O' Connell［1987］的讨论。

④ 见《驳学园派》2.6.14.25。

⑤ 奥古斯丁这里的理由译文中没有体现出来："可能的"（probabile）这个词与赞同（［ap］probare）相关。

⑥ 奥古斯丁这里很可能想到 3.17.37，亦可见 2.10.24。

定的推论反驳他的论证（3.20.45.49 – 51）所说的话是浮夸的，尽管我说这话是带着玩笑至少是带着反讽的口气，但我还是不应该说这样的话。

《论灵魂不朽》和《论灵魂的伟大》导　言

　　正如文德尔班将奥古斯丁的哲学称为"内在经验的形而上学",[①] 奥古斯丁是一位非常擅于从自身的生存体验去思考哲学与神学问题的哲学家和基督宗教的圣人。对于其生存体验和思想历程中至为重要的皈依事件,他自然不会匆匆略过。奥古斯丁在《忏悔录》中自陈,他迟迟没有皈依基督教,乃是因为三大问题一直困扰着他:恶的起源、《旧约》中的矛盾和上帝的本性。[②] 奥古斯丁受洗之后,开始反思这三大问题:针对第一个问题,他撰写了《论自由意志》(De libero arbitrio) 反对摩尼教的恶是实体学说;针对第二个问题他著有《论公教与摩尼教的生活之道》(De moribus ecclesiae catholicae et de moribus Manichaeorum)《论〈创世纪〉驳摩尼教》(De Genesi contra Manichaeos),批判摩尼教的道德和习俗,回应摩尼教对《圣经》的批评。但对于"主要而几乎唯一的原因"[③] ——上帝本性问题,并没有直接论述,而是转而探讨灵魂的本性问题。

　　早在《论秩序》(De ordine) 中,奥古斯丁就曾指出:我们错误的主要原因在于人对自身的无知。探究中至为重要的一步就是要消除这种无知,使灵魂认识到自身的高贵。他进而指出哲学主要探讨两个问题:一个关于灵魂,一个关于上帝。[④] 在《独语录》(Soliloquia) 中他也宣

---

① ［德］文德尔班,《哲学史教程》,罗达仁译,商务印书馆1997年,第370页以下。

② ［古罗马］奥古斯丁,《忏悔录》,周士良译,商务印书馆1963年,第84–86页。

③ 同上书,第85页。

④ 《论秩序》2.18.47:"哲学研究……探讨两个问题:一个关于灵魂,另一个关于上帝。第一个是为了认识我们自己;第二个是为了认识我们的起源。前者会令我们更愉快,后者更有价值。前者会使我们适应快乐的生活,后者则给予我们幸福。前者适于初学者,后者则适于受过良好教育的人。"

称："我渴望知道上帝和灵魂。"① 奥古斯丁认识到这两者密切相关，因而他试图通过认识灵魂的本性去寻求和接近上帝的本性。于是，在其受洗前后，从386年秋到388年秋，奥古斯丁撰写了三篇对话录来直接讨论灵魂问题：《独语录》《论灵魂不朽》（De immortalitate animae）和《论灵魂的伟大》（De quantitate animae）。

在《独语录》中，奥古斯丁认识到知道灵魂在很大程度上也就知道上帝。它采用奥古斯丁与理性对话的方式，通过论证理性的不朽，从而证明作为理性居所的灵魂的不朽。完成《独语录》之后，387年初他从加西齐亚根回到米兰，接着写就了《论灵魂不朽》。按照他自己的说法，《论灵魂不朽》原是作为继续完成《独语录》的草稿。② 在《独语录》第二卷结束部分，奥古斯丁提出一个问题："学问与真是怎样被认为存在于一个无知者的灵魂中的（因为我们不能叫这灵魂为不朽）？"他得到的回答是，"如果你想这问题得到彻底讨论，那就需要另一卷书了。"③ 而在《论灵魂不朽》中，奥古斯丁回应了这一问题：灵魂中深藏着学习能力，因此，即使无知的灵魂也潜在地拥有真理，因此，与真理一样，灵魂也是不朽的（4.6）。与《独语录》等其他早期著作中那种具有戏剧性的对话录形式不同，《论灵魂不朽》是纯粹的论证。因此，奥古斯丁的原意是想基于《论灵魂不朽》中的论证，撰写《独语录》第三卷，从而完成它。但后来《论灵魂不朽》未经他的同意已经在坊间传阅开来。④ 由此可见，这两部著作都是未完成的作品，且两者讨论同样的主题——论证灵魂不朽。

相比于《独语录》的迂回辗转，《论灵魂不朽》要短小精悍得多，在其中奥古斯丁还提供多个论证。例如，第一个论证，奥古斯丁再一次

---

① 奥古斯丁：《独语录》，收入成官泯译《论自由意志——奥古斯丁对话录二篇》，上海世纪出版集团2010年，第8页。

② Augustine，Retractationes（《订正录》）1.5。

③ 奥古斯丁：《独语录》2.33，第61页。译文略有改动。

④ 同上。

阐述了《独语录》中开始的观点：学问或者说科学知识是永存的，并且只能存在于永存之中，因此在其中存在着学问的灵魂同样永存（1.1）。与前一论点相似，奥古斯丁又提供了另一个论证：理性也是不变和不朽的，而灵魂不能与理性相分离，因而灵魂同样是不变和不朽的（6.11）。在9.16，奥古斯丁则论证灵魂即生命，因而不能死亡，因为无物可以丧失自身。死亡即丧失生命，灵魂作为生命不能丧失自身，因而灵魂不灭。奥古斯丁的另一个论点基于这样一个事实，即单一的灵魂能同时意识到身体各部分的感觉，并得出结论：灵魂不仅同时存在于整个身体中，而且同时存在于身体的各个部分，因此，灵魂不是身体（16.25）。

虽然，奥古斯丁在《订正录》中认为这篇"草稿"晦涩难懂、未经润饰，甚至他自己都难以理解，[①] 但是这一短篇不仅在当时广为流传，而且在随着时间的推移，它的独特价值和魅力丝毫未减。中世纪的思想家被其中的各种思想所吸引，现代学者如吉尔松（E. Gilson）等，也将其视为珍贵的思想资源，即便是未受过学术训练的普通读者，如果对辩证法和灵魂论感兴趣，仔细研读文本也会大有裨益。[②]

387年复活节，奥古斯丁接受了米兰主教安布罗斯（Ambrose）的施洗，成为真正的基督徒。受洗之后，奥古斯丁携家人返回家乡，途径奥斯蒂亚，母亲莫妮卡在此病逝，临死前与奥古斯丁深夜促膝长谈，于是有了"奥斯蒂亚异象"（vision Ostia）[③]。《论灵魂的伟大》就写作于奥古斯丁回到罗马料理母亲后事和顺利返回非洲期间。

《论灵魂的伟大》的谈话对象埃沃迪乌斯（Evodius）是奥古斯丁的同乡，同样生于非洲的塔加斯特（今阿尔及利亚的苏克·阿赫拉斯），也是其最亲密的朋友之一；他青年时期从过军，后来曾做过文官。在奥

---

① Augustine, *Retractationes*, 1.5。

② Ludwig Schopp, "Introduction", in *The Immortality of The Soul*, translated by Ludwig Schopp, The Fathers of The Church, vol 4, New York, 1947. p. 4.

③ 参见《忏悔录》9.10–13。

古斯丁受洗之后，埃沃迪乌斯也成为一名大公教徒，而且他的皈依对他的精神生活所产生的影响，同他在世俗事务上的影响同样强烈。奥古斯丁在米兰附近的加西齐亚根时，有一个由朋友和亲人组成的小团体，埃沃迪乌斯即是其中一员；①当莫妮卡在奥斯蒂亚去世之后，他是奥古斯丁及其儿子 Adeodatus（即 datus a Deo，"天赐"）的安慰者；②他还跟随奥古斯丁一起回到非洲。在非洲，他成为奥古斯丁在塔加斯特的修道团体的第一个成员，分享着这位领导者在宗教生活和理性讨论上的热情。他不仅是《论灵魂的伟大》的对话者，还是《论自由意志》中的讨论者。埃沃迪乌斯陪同奥古斯丁从塔加斯特到希波，并成为奥古斯丁在此成立的修道会的一员。公元396年，他被任命为乌提卡附近的乌扎利斯（Uzalis）的主教。他与奥古斯丁之间的友谊，通过通信讨论神学问题而延续着。③

在这篇对话录中，埃沃迪乌斯提出关于人类灵魂的六个问题：（1）灵魂来自哪里？（2）灵魂是什么？（3）它的大小（quanta）？（4）为什么它与身体结合在一起？（5）与身体结合它会怎样？（6）与之分离又会怎样？前两个问题，涉及灵魂的起源和灵魂的性质，奥古斯丁只是简略地述及（1.2 – 2.3）；而最后三个问题，关于灵魂与身体结合的原因、结合的结果以及灵魂与身体分离时的情况，实际上被晾在一边，奥古斯丁只在最后一段给出了其观点的一个建议（36.81）。第三个问题——"灵魂有多大（quanta sit anima）？"——是思考的最充分的问题，由此篇对话录的题目就叫："De quantitate animae"。写作这篇对话录的意图，正如奥古斯丁后来所言："尽我们所能地展示：灵魂不具有

①　参见《忏悔录》9.8.17。
②　同上书，9.12.31。
③　关于埃沃迪乌斯（死于公元424年10月16日）的一生概述，参见 P. Godet, 'Evodius' DTC 5.2 (1923) 1731。一部被归于奥古斯丁的简短著作 De fide contra Manichaeos (ML 42.1139–54)，很有可能是埃沃迪乌斯写的，参见 O. Bardenhewer, *Geschichte der altkirchlichen Literarur* 4 (Freiburge i. Br. 1924) 466f。

物质的大小，而是拥有另一种大小。因此之故，整本书只从它所讨论的诸多问题中取了一个问题作为其标题：《论灵魂的伟大》。"①

　　Quantitas，有"大小"和"量"的意思。联系到埃沃迪乌斯提出的其他问题，在这里应该是"大小"的意思。然而，我们不能说灵魂有空间上的大小，这也是奥古斯丁在这本书中首先要证明的，随后他证明了灵魂的大小是力量、能力的大小。Quantitas 在现代西方语言中，翻译成"Greatness""Grandeur""Grasse""Grandezza"，皆有"大小"和"伟大"双重涵义。因此，笔者认为中文译为"伟大"较为合适。②而且，在仔细通观全文之后，我们会发现奥古斯丁在此对话录中是要证明，灵魂拥有伟大的力量能让人类回到其居所和故乡——上帝那里，从而将奥古斯丁最关心的两个问题——灵魂与上帝——联系在一起。

　　科洛兰（Colleran）在其译本的导言里，为我们提供了对话录的结构梗概。奥古斯丁在本篇对话录中以比其他问题更长的篇幅来描绘一些细节，相对于其早期其他著作来说，在这篇对话录中有着更系统和更有序的发展。从对话开始（3.4），他就肯定他的立场认为灵魂是非物质的。他讨论这一问题的全部意图，在于为他的信条辩护而反对埃沃迪乌斯的异议。因此，这篇对话录的次序，就取决于反对意见所提出的论据出现的次序。这本书的结构，或许可以合宜地概括为：

　　第一个问题：灵魂的起源（1.2）。

　　第二个问题：灵魂的特质（2.3）。

　　第三个问题：灵魂的大小（3.4 – 36.80）：

　　1，　维度与虚拟的量之间的区别（3.4）；

　　2，　论题陈述：灵魂没有物质上的大小（同上）；

　　3，　消极论证：灵魂没有物理度量并不意味着它就不是一个实存；例如：正义（3.4 – 4.5）；

---

① 参见 *Retractatione* I.8.1。

② 中文相关译名，周伟驰译为《论灵魂的宏量》，刘俊余则译为《论灵魂的大小》。

4，　积极论证：灵魂必然是精神的，以保留它在不同身体里的记忆图像，以及抽象化度量（4.6－15.25）；

5，　回答异议：

1），只有在隐喻性的意义上，道德、知识和技艺的增长才能象征灵魂的成长（15.26－20.34）；

2），身体力量的增长并不表明灵魂在物理上的成长（21.35－22.40）；

3），身体各个部位的感觉不能证明灵魂有广延（23.41－30.61）；

4），生物的分割不能证明灵魂有广延（31.62－32.69）

6，　结论：灵魂伟大的等级（33.70－36.80）；

第四个问题：灵魂与身体结合的原因；

第五个问题：结合的结果；

第六个问题：分离的结果：这三个问题并未展开，但实际上在之前的思考中有含蓄的回答（36.81）。[1]

正如科洛兰所言，在证明人类灵魂是非物质的过程中，奥古斯丁表现出对他那个时代的物理概念相当熟捻（21.35－22.30；以及31.63），以及他对数字和几何学图解的兴趣（7.11－14.24）。他以最佳的状态描述了人类灵魂的能力和成就：他对灵魂能力的等级或水平的描绘在修辞学上给人最深的印象，而且是整篇文章中最强烈和最能给人启发的部分。第一个等级，也是最低的等级，是植物生命（vegetative life），人类与植物共同拥有；第二等级是感性生命（sensitive life），同其他动物共有。作为人类特殊的功能，人类的在各种技艺上的成就构成第三等级；奥古斯丁认为这些的确很好，但仍然在世俗的范围之内，而且在人类身上发现它们并不值得真正的认可。道德完善，自然秩序的寂静，构成第四等级，它有将灵魂向上帝提升的力量，同时它也有害怕死亡和再

---

[1]　Augustine, *The Greatness of the Soul*, J. Colleran tra. & ann. "Introduction", Mahwah, The Newman Press, 1950.

度堕落的危险的缺陷。在下一个等级——第五等级——中灵魂将自身稳固在道德之中，并且随安宁一起发展成为对真理的沉思，进入下一步净化的真正入口是灵魂力量的第六等级。最后，灵魂真正的住所在于在沉思中达到灵魂与上帝的结合。奥古斯丁让他的热情自由发挥，如同他对天主赐予能力的细节所作的概括，并且一再重温它们。这段非同凡响的段落被学者们认为是其神秘主义理论的重要来源，如同他的《忏悔录》包含了他的神秘经验，如《奥斯蒂亚异象》的主要描述。①

结合《独语录》《论灵魂不朽》和《论灵魂的伟大》三篇对话录，我们可以看到很多新柏拉图主义思想，尤其是普罗提诺的《九章集》，的各种印迹，而基督宗教的经典则引述的较少。而且我们能够看到奥古斯丁早期著作中区分的"理性（哲学）之路"和"权威之路"，奥古斯丁明确强调要通过"理性之路"来探寻他所渴望认识的灵魂与上帝。②由此可见，如同他在《论灵魂的伟大》中所描绘的灵魂力量层层上升的等级一样，奥古斯丁早期试图通过从技艺和知识上升到哲学的沉思，从属肉的世界到属灵的世界，从被造物到造物主的上升，最终在沉思中慧观上帝。因而，仔细研读奥古斯丁早期的著作，可以为我们提供第一手的直接证据来了解这位基督宗教圣人和哲人。

本译文依据米涅（Jacques Paul Migne）的《拉丁教父全集》（*Patrologia Latina* 32（1845）中再版的著名的莫尔会版本（Maurist edition）翻译而成，在线版本来源于收有《奥古斯丁全集》意大利文版和拉丁文版的 Sant Agostino 网站：http：//www. augustinus. it/latino/discorsi/index2. htm。奥古斯丁著作的各种现代语言译本层出不穷，笔者选取了法文译本和英文译本来参照。两篇对话录的法文译本皆来自网站 http：//www. abbaye – saint – benoit. ch/saints/augustin/index. htm，由

---

① Augustine, *The Greatness of the Soul*, J. Colleran tra. & ann. "Introduction", Mahwah, The Newman Press, 1950. p. 7 - 8.

② 参见《独语录》13. 23、《论灵魂的伟大》7. 12，而《论灵魂不朽》本身就是纯粹的推理论证。

瑞士瓦莱港的圣本笃会主持的《奥古斯丁全集》。英译本《论灵魂不朽》采用的 Ludwig Schopp 所翻译的 *The Immortality of The Soul*，收在 *Writings of Saint Augustine*, vol 2., *The Fathers of the Church*, vol. 4（New York, 1947）。《论灵魂的伟大》采用的英译本来自 J. Colleran 翻译的 *The Greatness of the Soul*，收在 *Ancient Christian Writers*, No. 9（Westminster, Md.：Newman, 1946 - ）中。科洛兰的译本提供了详细的学术性注释，为了帮助普通读者理解文本，笔者选取翻译了一部分注释。译文中的大小标题乃是莫尔会的修士们在编纂时加上的，奥古斯丁的原文没有标题。这些标题非常简略，而且往往是由一个完整的句子拆开而来，译成中文显得有些拗口。译文中出现［］内的内容，乃笔者根据上下文加入的内容。

中山大学哲学系梅谦立教授和陕西师范大学宗教研究中心齐飞智博士曾阅读译文初稿，对译文多有斧正，在此谨致谢忱。同时，也非常感谢章雪富老师和石敏敏老师愿意将拙译收入他们的《希腊化与中世纪早期经典集成》丛书。翻译奥古斯丁著作，需要有系统的哲学和神学训练及良好的拉丁文功底，笔者不揣浅陋试译两篇，疏漏错谬之处恐在所难免，恳请读者方家批评赐正为幸！

论灵魂不朽

反对一些漫步学派哲学家，［奥古斯丁］
认为灵魂即理性因而不灭（1.1 – 6.11）

反对斯特拉图，① 而认为学问在灵魂内因而灵魂不灭

1.1. 如果学问（disciplina）② 存在于某处，而且仅存在于活着的存在物当中，而且它永存，在其中永存有他物的事物也定能永存；那么，有学问在其中的存在物也定能永存。如果是我们自己在推理（ratiocinari），也就是说我们的灵魂（animus）③，没有学问我们便不能正确地推理（ratiocinari）；④ 而且，如果没有学问，灵魂就不再是其所

---

① Strato of Lampsacus（约公元前335 – 前269年）古希腊哲学家。

② 英译为"science"，法译为"instruction"，中文译为"学问"以便与后文的"知识（scientia）"区分开来。奥古斯丁在《独语录》2.11.19 中说："'学问（disciplina）'一词源自于'学（discere）'。"意味着知识是可以学习的。在本节的最后，奥古斯丁给"disciplina"下定义："学问即是关于一切事物的知识（Est enim disciplina quarumcumque rerum scientia.）"。

③ "Animus"与后文的"anima"在拉丁语中都有"灵魂"之意，相对而言，前者强调"理性""理智""心灵"等"理性灵魂"，后者则表示"生命的原则""生命的气息"等意义，一般为与"身体（corpus）"相对的"灵魂"。故英译本将前者译为"mind"，后者译为"soul"。法译本没有区分两者，皆译为"l'ame"，这里我们也将两者统一译为"灵魂"。在《论灵魂的伟大》13.22 中，奥古斯丁给"animus"下的定义为："［灵魂是］赋有理性的特殊实体，以适应对身体的支配。"

④ 在《论灵魂的伟大》27.53 中奥古斯丁对"理性（ratio）"和"推理（ratiocinatio）"做了区分："'理性'就如同心灵的视线，而'推理'则是理性的探寻，也就是这视线射向可见的对象的运动。"在《独语录》1.6.13 中他同样说："理性是灵魂的视线。"

是；又，只有在其中不存在学问的灵魂才是没有学问的灵魂；那么，学问存在于灵魂中。

此外，因为学问存在，它定存在于某处；又，凡不存在于任何地方的事物不可能存在。其次，学问只能存在于活着的存在物当中；因为，没有生命的事物无法学到任何东西；又，学问不可能存在于什么都学不了的事物当中。① 再次，学问也是永存的，因为存在且不变的事物必定永存。换句话说，没有人否认学问的存在。既然，没有人否认——经过圆心的线段比所有没有经过圆心的线段长——这一表述属于学问，也就没有人能否认学问是不变的。同样，没有什么在其内永存着他物的事物其自身不能永存。因为，一个永存的事物，如果在其内存在的他物一旦失去它就不能永存，那么这个他物不可能被剥夺。

再者，当我们推理时，是灵魂在推理。因为，只有那能理解的才能推理：身体（corpus）不能理解，也不能帮助灵魂理解；因为，当灵魂想要思考时，它需要远离身体。② 被理解之物是永存的，属于身体的则不可能永存③；身体既不能帮助灵魂理解，也不能阻碍灵魂。此外，没有学问也就无人能够正确地推理。因为正确地推理就是一种思考（cognitio），一种从确定的原则出发推进到不确定的［知识的］探索；在无知的灵魂之中没有任何确定的东西。然而，灵魂拥有它所知道的一切，而学问不接受任何与知识（scientia）无关的东西。因为，学问即是关于一切事物的知识。④

因此，人的灵魂永存。

---

① 参见《订正录》1.2.5。
② 【按英注】这里表明奥古斯丁深受柏拉图主义的"mundus intelligibilis"实体思想的影响，在《论幸福生活》2.8 中奥古斯丁列举了实体的特性。在《独语录》2.3.3 中，奥古斯丁同样指出"理解属于灵魂"。这里可以看出奥氏对普罗提诺（《九章集》4.7.8）的依赖。但从《上帝之城》15.12.21 可以看出，奥古斯丁晚年认识到一种理性的实体论。
③ 参见《订正录》1.2.5。
④ 奥古斯丁在《论秩序》2.12.38 中列举了自由七艺（artes liberales）。

反对亚里士托塞努，① 而认为灵魂是理性而非身体的和谐

2.2. 显然，理性（ratio）或者就是灵魂，或者在灵魂中。显然，我们的理性要优于我们的身体。我们的身体是某种实体（sub*stantia*）②，是某种实体总比什么都不是要好。所以，理性并非什么都不是。再者，不管身体的和谐（harmonia corporis）为何物，它必然不可分离地在身体内，就如同在主体（subiectum）内一样；那些并非同样必然在身体内且不能与之分离的事物，不被认为处于和谐中。③

然而，人的身体是易变的，而理性则不变。因为，一切并不总是以同样的方式而存在的事物，即是易变的事物。但是，二加四等于六总是同样正确；同样，四等于二加二也总是正确的；但是，四不等于二；二自然也不等于四。然而，这当中的理性是不变的。因此，理性存在。

既然，随着主体的改变，与之不可分离的事物不可能不变。那么，灵魂就不是身体的和谐。死亡也不能影响不朽之物。因此，不管灵魂就是理性自身，还是理性在其内不能与之分离，灵魂都永存（semper ergo

---

① Aristoxenus of Tarentum（约公元前375–335年），亚里士多德的弟子，漫步学派哲人。

② 【按英注】"Substantia"在这里意指存在的事物，与之相对的是不存在、无。奥古斯丁在《论幸福生活》中多次将"存在"（esse）与"非存在"（non‑esse）相对。在《诗篇阐释》（Enarrationes in Psalmos）68.2.5中，奥古斯丁给出这样一个定义："实体即某物存在……任何非实体的东西根本就是无。"这包含了亚里士多德的定义，后来奥古斯丁给出了更精确的定义："实体是这样一种存在的术语，这存在在不需要其存在主体的情况下因其自身而存在。（substance is the term for a being that can exist in and by itself without being in need of a subject of its being.）"《论三位一体》3.5.10【查无此句——译者按】。虽然，在《论三位一体》7.6.11中，奥古斯丁似乎调整了"substantia" "essentia" "natura"等术语，然而他并没有总是界定它们。当谈论上帝时，奥古斯丁通常使用"essentia"，例如《论灵魂不朽》12.19、《论三位一体》7.1.2等处。在《上帝之城》12.2中，"essentia"源自"esse"，与希腊语 οὐσία 相对应。

③ 在这一部分，奥古斯丁使用"灵魂"代表人类的生命原则，即人的物理统一的来源，它有阻止身体分解，调节营养、生长和生殖等功能。在《论上帝之城》5.11中，奥古斯丁如同亚里士多德一样分了：繁衍的生命（vita seminalis）、感性生命（vita sensualis）、理智生命（vita intellectualis）。

animus vivit）。

反对亚历山大努斯：（1） 灵魂乃某种美德和实体

3.3. 恒久（constantia）是某种力量（virtus），所有的恒久都是不变的，每一种力量都能完成某项行为，而且并非当它完成某项行为时它就不再是力量。此外，所有的行动（actio）或者被推动，或者推动其他的行动。因此，并非所有被推动者，或者显然并非所有推动者，皆是可变的。① 但是，所有被他者推动而不能推动自身的事物，皆是可朽的。此外，可朽的事物并非不变的事物。因此，我们可以确定无疑地下结论，并非所有推动者都是可变的。

然而，没有实体，就没有运动（motus）。所有的实体，或者是活的，或者没有生命。所有没有生命的，都没有灵魂（exanimus）②；而没有灵魂的也就没有行动。因此，任何能推动他物而不被推动的事物，只能是活的实体。然而，作为一个整体，它能逐步地推动身体。因此，并非所有推动身体的都是可变的。但是，身体只在时间中被推动，正因此，它或者被推动的很快，或者被推动的很慢。因此，有些事物虽然能引起时间中的运动，但其自身并没有被推动。③

但是，所有能在时间中推动身体的事物，总会朝向一个终点（finis），它不可能同时完成所有事情，然而可以一次做多件事情。无论受什么东西的推动，身体都不可能是完整的一，④ 因为它可以被分成几

① 参见柏拉图《斐多》245C－E，普罗提诺《九章集》4.7.9。

② 人类灵魂不仅是一活的实体，而且是赋予生机的原则。奥古斯丁在《论灵魂的伟大》33.70 中确认了这一点。从《论灵魂的伟大》1.2 和 13.22 中奥古斯丁承认自己无法详细解释灵魂的本质是什么。

③ 从这里的文本看，要区别时间和运动是不可能的。用时间来测量的运动不同于测量的时间。时间和运动并不相同。

④ 【按英注】"合一"是奥古斯丁哲学所有存在中三个超验的特性之一。《论真宗教》55.133："万物皆由一而造，万物又要回到一。"《论真宗教》34："虽然每个身体都是真实的身体，但它是假的合一，因为它不是最高意义上的合一。"

个部分。没有不是由部分构成的身体，也没有不是由瞬间组成的时间［一个音节，］。如果当你听到它结束的时候还能听到它的开头，哪怕是最短的音节也不能被发出音来。此外，为了能发出那音节，需要凭借期待（exspectatio）才能完成，并且需要凭借记忆（memoria）才能理解其能力多大；期待与未来事物相关，记忆则与过去事物相连。[①] 然而，行动的意图（intentio）则在于现在，通过它将来的事物转变成过去的事物，没有记忆，身体运动即便开始了也不能完成。因为，如果一事物的运动并没有开始，或者其自身根本不能被推动，那怎么能停止这一事物呢？另一方面，倘若没有对于未来终点的期待，要完成现在的事物的意图也就不能实现；再者，那已经不存在的，或者还没有存在的，都不存在（nec est quidquam quod aut nondum est, aut iam non est）。因此，从某一行动当中存在一些现在尚未发生的事情。因为，在一个行动者内可以同时存在多个事物，虽然这多个事物并不能同时完成。[②] 因此，能够引起运动的事物中存在其他事物，被推动的事物中则没有其他事物。但是无论如何，多个事物不可能同时在时间中存在，它们都要从未来而进入过去，因此它们必然是可变的。

因而不变也不会毁灭

3.4. 由此，现在我们得出结论，存在某种事物它可以推动可变的事物，但其自身是不变的。当推动者为了使运动的身体到达其终点的意图不变，且被这一运动推动的身体每时每刻都在改变，当这要实现的意图显然不变时，它不仅会推动工匠（artifex）的四肢，而且也推动工匠所劳作的木头或者石头，那么，谁还会怀疑我们刚刚所说的结论呢？

因此，倘若身体的变化是因为灵魂的推动，即便是灵魂促成这变

---

① 参见奥古斯丁《忏悔录》第十一卷。

② 过去、现在和将来三个维度，在这里被缩减为借助于记忆的现在。奥古斯丁在《忏悔录》第十卷中对记忆做了更详细的分析。

化，也不可得出结论认为灵魂必然是可变和可朽的。因为，在这意图当中可以同时保有对于过去的记忆和对于未来的期待，所有这一切都不能没有生命（vita）。[①]

尽管没有变化就不会有毁灭（interire），而没有运动也就没有变化，但是并非所有的变化都会带来毁灭，也非所有的运动都会造成变化。既然人们可以正确地说虽然我们的身体能以多种方式运动，能做各种各样的动作，显然也会随着岁月而变化，但是它并不会毁灭，它仍拥有生命。那么，为何人们不能认为即便因为运动灵魂或许发生了一些变化，但它并不会被剥夺生命呢？

（2）因为知识和理性在灵魂内

4. 5. 因此，如果在灵魂中有某种不变且没有生命就不能存在的事物，那么在灵魂中必然有永恒的生命。因为，如果第一个命题正确，那么第二个命题必然也正确。而第一个命题是正确的。

事实上，谁能无视这样一些例子呢？要么数的原则（ratio numerorum）是可变的，要么没有哪种知识（ars）[②]是基于这一原则之上；要么当某种知识没有被运用时，那工匠就不拥有这知识；要么他拥有这知识但它不在［工匠的］灵魂中；要么这知识存在于没有生命的地方；要么不变的事物在任何时候都不可能存在；要么知识是一回事，而其原则是另一回事？因为，即便知识作为一个整体或许可以被称为一些原则的集合（coetus rationum），但知识还是可以正确地被称为一个原则，并且可以被理解。但是，不管是前者还是后者，事实上，并不意味

---

① 【按英注】这是人类灵魂的"智性生活"（vita intellectualis），包括其三大主要能力：记忆、理解和意志。这些并非分离的本质，参与了灵魂的实体。这一思想后来在《论三位一体》10. 11. 18 中得到更清晰的表达："记忆、理解、意志，这三样东西不是三个生命而是一个生命，不是三个灵魂，而是一个灵魂。所以，当然也不是三个实体，而是一个实体。"

② "Ars"英译、法译译为"art"／"L'art"，中译按不同语境或译为"技艺"，或译为"知识"。

着知识是一成不变的。然而，显然知识不仅存在于工匠的灵魂当中，而且它只能存在于工匠的灵魂当中，且不能与之分离。因为，一旦知识与灵魂分离，要么它存在于灵魂之外，要么它不存在于任何地方，要么它从一个灵魂转移到另一个灵魂中去。

但是，没有生命知识就无处可以栖居，因此拥有理性（ratio）的生命只能存在于灵魂之中。再者，存在之物不可能一无所在，或者不变之物也不可能任何时候都不存在。然而，如果知识可以从一个灵魂转移到另一个灵魂之中，为了进入后者它就要弃绝（deserere）前者，那就没有人能在不失去知识的情况下教授知识，或者甚至倘若教师不忘记知识或者不死去，那就无人能受到教育。如果这些结论无比荒诞和错谬，而且它们确实如此，那么人的灵魂就是不朽的。

即便由于我们的无知或者遗忘

4. 6. 但是，如果知识有时在灵魂中，有时又不在灵魂中，无论我们是因为遗忘还是因为无知得出这样的结论，这一论证的结果都不会影响灵魂的不朽，除非它以这样的方式被反驳：要么在灵魂中存在某物，但不存在于当下的思考中；要么当灵魂只考虑几何学［问题］时，音乐知识就不存在于博学的灵魂中。但是这些命题都是假的，故前述结论①为真。然而，除非那进入到思考之中的事物，灵魂并没有意识到它自己拥有什么。因此，某物②存在于灵魂中，灵魂自身却并未意识到它的存在。但是，这知识存在了多久并不重要。因为，如果灵魂很长时间忙于其他知识或事物，以致不能轻易回想起它之前所思考的知识，这就叫做遗忘或者无知（imperitia）。

但是，当我们或者在做推理时，或者他人就某类人文知识（liberalis ars）询问我们时，我们就会发现（invenire）那些知识不在别

---

① 即"灵魂不朽"。
② 即知识。

处，只存在于我们的灵魂中。发现不能等同于创造（facere）或者生成（gignere），否则灵魂就可以凭借暂时的发现而产生永恒的（aeterna）事物了，因为灵魂总能发现永恒之物。还有什么能比圆的原理（circuli ratio）或者其他这一类的知识更永恒的呢？这不是可以理解为它们过去存在且将来也会一直存在吗？因此，显而易见，人的灵魂不朽，并且所有真正的原理都存在于灵魂的深处，虽然看起来，或者由于无知或者由于遗忘，灵魂或者不再掌握它们，或者失去了它们。

（3） 灵魂的变化

5.7. 现在，让我们看看在多大程度上我们可以接受灵魂是变化的。如果灵魂是主体，知识在主体之内，且除非在主体内的事物改变，否则这主体不会改变；如果知识和原理在其内的灵魂被认为是可变的，那么我们当中谁能坚信知识和原理是不变的呢？再次，还有什么变化比转变成相反的事物更大的呢？况且，谁能否认——且不说其他的变化了——灵魂有时愚蠢有时明智呢？

因此，让我们先来看看通过哪些方式我们可以接受那被称为灵魂的变化。在我看来，对我们来说这些方式中最清楚明白和最显而易见的是，只有两个种（genus）但可以分成多个属（species）。因为，灵魂或者根据身体的遭受（passio）① 或者根据自身的遭受，而发生变化。身体的遭受，来自年龄、疾病、痛苦、劳作、伤害和快感；灵魂自身的遭受，则因为渴望（cupere）、喜悦（laetare）、恐惧（metuere）、忧虑（aegrescere）、专注（studere）和学习（discere）。

不会剥夺在其内的理性

5.8. 如果所有这些变化都不是灵魂可朽的决定性的证据，那就没

---

① "Passio" 英译为 "passion"，法译为 "L'impression"（印记，感受）。【按英注】奥古斯丁对于灵魂的遭受的细分，首先提到传统秩序下灵魂的四种感官冲动，后两者则属于意志和知识的秩序。

有必要害怕它们当中任何一种变化了。然而，我们必须看看它们是否与我们之前的结论——主体若发生变化，那么主体内的一切必然会随之改变——相互矛盾。但是，两者并不矛盾。因为，随着主体［本质］的改变，主体就得完全改变它的名称。例如，如果一块蜡从白色变成了黑色，它还是蜡块且不会减少；如果它从方形变成了圆形，或者从软的变成硬的，或者从暖的变成冷的，它还是那个主体，还是一块蜡。即便它发生了这样一些变化，蜡仍然是那块蜡，不多也不少。因此，这一类［偶性］的变化可以发生在主体内，而主体的本质和名称都不会改变。

然而，如果这些发生在主体内的［偶性的］变化足够大，以致不能再用之前的名称来称呼主体了：就好比，当蜡块在火的炙烤下蒸发到空气中，在遭受了这样的变化后，就可以正确地认为主体改变了，因为之前它是蜡，现在它已经不再是蜡了。在这种情况下，没有人可以合乎理性地认为曾经在这主体内的那些性质仍然存在于主体内。

因此灵魂不灭

6.9. 如果如前文所言，灵魂是理性不可分离地存在于其内的主体，那么理性必然存在于主体之内就获得了证明；又因为灵魂只能是活着的灵魂，理性只能存在于灵魂中，而理性又是不朽的；所以，灵魂不朽。实际上，如果理性所栖居的主体不复存在，理性也就不能保持其不朽了。如果主体发生了巨大的变化以致它不再是灵魂（facere non anima），也就是说灵魂被毁灭了，灵魂不复存在也就确实会发生。

但是，这些变化都不是由身体或者灵魂自身而造成的（尽管其中一些变化是否因为灵魂自身引起——换言之，灵魂自身是否就是这些变化的原因，这一点并非一个不重要的问题），也不会使得灵魂不再是灵魂。因此，不论对于这些变化自身，还是对于我们的理性来说，我们都不必害怕这些变化。

（4）因为理性在灵魂内或者灵魂在理性内

6.10. 因此，我认为我们必须利用推理（ratiocinari）的所有力量来弄清楚理性是什么，以及了解有多少种方式可以给它下定义，从而可以通过所有这些方式来证明灵魂的不朽。[1] 理性是灵魂（心灵）的视线（aspectus）①，它经由自身而不是借助身体来凝视（intueri）真理；或者，[2] 理性是不借助身体对真理的沉思（contemplatio）；或者，[3] 理性是被沉思的真理自身。

就第一个定义来说，没有人会怀疑理性在灵魂中；对于第二和第三个定义来说，可以进行探讨。但是，第二个定义中若没有灵魂也就不能成立。对于第三个定义，存在一个重要的问题，即灵魂在没有身体的帮助下所认识到的这个真理，是否只自身存在而不在于灵魂中，或者它能否在没有灵魂的情况下存在。

但是，无论如何，如果不与真理发生任何关系，灵魂自身就无法沉思真理。因为，所有能被沉思的事物，我们或是通过思考（cogitatio）来把握，或是通过感官（sensus）或者理智（intellectus）来把握。然而，所有我们通过感官来把握的事物，都被我们感知到在我们自身之外，存在于空间中，而那里我们已经承认是我们无法感触到。② 相反，至于那些被理智所把握的事物，并不存在于别的什么地方，只存在于把握它的灵魂自身当中，也就是说不在空间中。

或者灵魂即理性自身

6.11. 因此，那凝视真理的灵魂与被其凝视的真理的结合会以如下的方式存在：或者，灵魂是主体（subiectum）而真理内在于灵魂；或者恰恰相反，真理是主体，而灵魂内在于真理；再或者，两者都是实体

---

① 在《论灵魂的伟大》27.53 中，奥古斯丁同样提及这一定义。
② 比较《论灵魂的伟大》23-25。

（substantia）。然而，如果我们承认这三种当中的第一个，那么灵魂就跟理性一样不朽，因为依据我们前面的论证，理性只能存在于一个活的主体当中。在第二种情况中也同样是必然的。因为，如果被称为理性的真理没有包含任何可变的事物，显然，那以真理为主体而内在于其中的任何事物也都不可能会改变。因此，所有争议仅限于第三种情况。

因而，如果灵魂是一实体，且与之相联的理性也是一实体，那么设想灵魂有可能继续存在而理性不复存在就并不荒谬了。但是，显而易见，只要灵魂不与理性分离而是与之相联，灵魂就必然会留存并且活着。

那么，有什么力量能将它们分开呢？是身体的力量吗？它的力量要比灵魂的更小，它的起源比灵魂的更低，它的等级（ordo）也与灵魂的不同。绝不可能［是身体的力量］。那会是动物的力量吗？但是，这动物的力量又是怎么做到呢？难道一个更强大的灵魂必须要有另一个与之分离的灵魂才能沉思真理（ratio）吗？然而，即便所有人都想要沉思理性，他们每一个人都可以拥有理性。由于没有什么比理性自身更有力量了，没有什么比这更不可改变的了；一个没有与理性相结合的灵魂定然不会比与理性相结合的灵魂更有力量。

问题仍然在于，要么理性自身要离开灵魂，要么灵魂自愿离开理性。但是，在理性的本性（natura）中没有任何嫉妒（invidentia），从而不会剥夺灵魂的快乐。然后，任何事物，越是更高的存在，越是与之相关联的事物存在的原因，这正与毁灭相反。但是，如果说非空间的事物之间存在任何分离，那么说灵魂是自愿从理性中分离出来的也就不会那么荒谬了。① 这一说法的确可以针对前述所有观点，也与我们已经提到的其他意见相对立。

然后呢？我们是否已经得到灵魂不朽的结论了呢？或者，尽管它不能与理性相分离但它还是可以被毁灭（exstinguere）吗？然而，如果理

---

① 参考《订正录》1.5.2。

性的这种力量，通过理性与灵魂的关联而影响灵魂——它不可能不影响灵魂，那么显然它是以给予灵魂存在的方式而对其产生影响。事实上，理性自身是最高等级的存在，在那里孕育着最高程度的不变。① 因此，理性迫使灵魂以某种方式存在，而灵魂也受其存在的影响。因此，只要不与理性分离，灵魂就不会被毁灭。再者，正如我们上面证明的那样，灵魂与理性分离是不可能的。因此，灵魂不会毁灭。

反对斯多亚学派和伊壁鸠鲁学派，他们认为灵魂

或者是身体或者可以变成身体（7.12 – 16.25）

反对持有这样观点的人：（1）身体因为分割而缺乏，愚蠢的灵魂并不缺乏

7.12. 但是，另一方面，灵魂不可能在没有缺陷的情况下脱离理性的——这样的话它就会变得疯狂。事实上，如果灵魂转向理性并坚持理性，它就成为更高的（magus）存在，那么它就与不变的真理②——那至高而原初的存在——在一起。所以，当它远离理性时，它就成为更低（minus）的存在，这也就意味着缺乏（deficere）。但是，所有缺乏（defectus）都趋向于无（nihilium），倘若已经存在的事物变成了无，没有什么比这更恰当地说明毁灭的了。因此，趋向于无就是趋向于毁灭。尽管灵魂有缺陷，为何能说这样的毁灭不会降临于灵魂呢？这很难解释。

虽然，我们承认前面的前提，但我们否认这样的结论：趋向于无的

---

① 【按英注】按奥古斯丁的观点，任何不改变的东西都是永恒和真实的。因为真理之存在于理性中，所以他的结论是，只有在最高的不变即上帝那里才能找到最高的理性。

② 【按英注】唯有上帝是永恒的存在，真理本身；因此他是至高而原初的存在。上帝也是最高的理性，人只有转向这理性才能避免愚蠢从而认识真理。这一观点贯穿了奥古斯丁的整个哲学，因此，是其真理观念的基础，并在此基础之上他建构了其形而上学 – 理智的意志论思想。

它不在空间中运动，也不能与占据空间的事物分离；这实体产生作用的力量也不可能消失，以致不能与其受造之物保持在一起，也不会让它缺乏形式，正是这形式使其成为其所是。① 因为，如果被那决定其存在者所弃绝，那不能因自身而存在的事物必然不能存在。然而，当身体被造出来时，一旦被它的创造者弃绝了，我们不能说它还能够获得自足的存在。

灵魂凭借自身而存在

8.15. 然而，倘若如此的话，显然比身体更优秀的灵魂拥有更大的能力。如果灵魂能凭自身而存在，那么灵魂的不朽也就得以证明；这种凭自身而存在的事物必然不会腐败，因此也不会朽坏，因为无物能弃绝自身。但是，身体的变化显而易见，因为整个身体无处不在的运动充分说明了这一点。因此，在尽可能对这一本性进行仔细研究之后，会发现通过有规律地变化可以模仿不变。然而，凭自身而存在（per se est）的事物不需要任何运动，在其自身之内有其所需要的一切；因为任何运动都指向另一事物，它拥有那被运动者所缺乏的。

因此，每一个身体中都有一形式，它以更优秀的本性来支持和保存它所创造的事物。因此，这样的变化自然不会剥夺身体作为身体而存在，而是通过有规律的运动将身体从一种形式转变成另一种形式。因为，身体的任何部分都不会减小以致化为乌有，因为那产生作用的力量充满整个身体，这力量既不会疲劳也不会休息，赋予通过它而存在的一切事物以存在。

因此，任何人都不应该如此偏离理性，以至于不能确定灵魂要优于身体，或者——如果承认这一点的话——相信身体永远不可能不是身体，而灵魂则有可能不是灵魂。因为，这不可能发生在灵魂上，灵魂没

---

① 与伊壁鸠鲁学派和斯多亚学派相反，奥古斯丁再次否认灵魂在空间中有广延。

有生命就不能存在，所以灵魂肯定不灭。

（3）灵魂即生命自身，它能弃绝自身

9.16. 如果有人宣称灵魂不应该害怕毁灭，毁灭会使那曾经存在的事物化为乌有，这样的毁灭我们称为死亡，即丧失了生命，那么他应该意识到无物能够丧失它自身。然而，灵魂是生命的某种原则。因此，一切被赋予了灵魂（animare）的事物都拥有生命（vivere），一切可以被赋予灵魂但却丧失了灵魂（inanimus）的事物都死亡了，即丧失了生命。因此，灵魂不会死亡。因为如果灵魂在生命弃绝它时死亡，最好将那消逝的生命理解为灵魂，这样灵魂就不是被生命弃绝了，而是生命自身消逝了。因为凡被生命弃绝、被称为死亡的东西，可以理解为是被灵魂弃绝了。所以那弃绝死亡之物的生命自身正是灵魂，而灵魂不会弃绝自身。因此，灵魂不灭。

（4）生命乃身体的和谐

10.17. 或许，正如一些人所认为的那样，我们应该相信生命是身体的和谐（temperatio corporis）[①]。当然，如果他们通过那同一个——戒除了身体的习惯且得以净化的——灵魂，能够看到那真正的、不变的事物，他们就不会有这样的想法。的确，在寻求彻底的自我反省时谁没有过这样的经历呢？即倘若他能非常纯粹地去思考，就能将心灵的注意力（intentio mentis）从对身体感官的关注中分离和转移。如果灵魂是身体的和谐，这些就不会发生了。

因为，一事物既没有自身的本性（natura propria）也非实体，但是它可以如同颜色和形状一样不可分离地存在于一身体中，在任何情况下

---

① "Temperatio" 英译为 "organization"，法译为 "harmonie"，这里从法译本。前文 2.2 有 "harmonia corporis"。 "一些人" 或许指塔伦特姆的亚里士多塞诺斯（Aristoxenus of Tarentum），参见西塞罗 *Tusculunae disputationes*，1. 10. 19。

它都不会试图从身体转向对理智之物（intellegibilis）的感知，并将尽可能地凝视它们，并通过所见的景象（visio）变得更好和更卓越（praestans）。① 事实上，形状、颜色或身体的和谐——这身体由四种元素②混合而成——以任何方式都不能使自己离开身体，因为在那身体里就如同在不可分割的内在主体中一样。

此外，当灵魂离开身体时，灵魂所理解的这些事物肯定不是物质的（corporeus）；但是，因为它们总是保持自己不变，所以它们仍然存在而且以最高的等级存在。认为我们眼睛所看到的事物存在（esse），而我们用理智去辨别的事物却不存在（non esse）——没有比这更荒谬的了。③ 因为，只有傻瓜才会怀疑理智的地位比我们的眼睛高得多。

然而，当灵魂看到那些它认为保持其自身不变的事物时，这就充分表明灵魂与它们以一种奇妙的方式——非物质的方式——联系在一起。因为，要么这些事物在灵魂中，要么灵魂自身在这些事物中。不管下面这两种说法哪一种正确，[1] 要么一个在另一个内就像在主体内一样，[2] 要么两者都是实体。但是，如果第一条是对的，那么灵魂并非如颜色和形状（forma）在其主体那样在身体中；因为，要么灵魂自身即是实体，要么它内在于另一实体的主体中，而这一实体并非身体。但是，如果第二条是对的，灵魂就不像在其主体中那样——如同颜色那样——在身体之中，因为灵魂是实体。但是，身体的和谐如同在其主体中一样内在于身体中，就像颜色一样。因此，灵魂不是身体的和谐，而是生命。再次，没有事物会弃绝自身，只有死亡的事物才会被生命所弃绝。因此，灵魂不灭。

（5）灵魂可以被自身剥夺

11.18. 再一次，唯一值得害怕的在于灵魂因为缺乏而毁灭，也即

---

① 【按英注】"理解"和"变得更好"，真理和美德是奥古斯丁哲学坚实而不可动摇的支柱。
② 即"水、土、火、气"四元素。
③ 这里奥古斯丁对伊壁鸠鲁学派和斯多亚学派的唯物主义灵魂观提出批评。

它可能被剥夺了赋予其存在的形式（existendi species）。① 尽管我认为这个问题已经说得够多的了，尽管已经有确凿的理由证明这是不可能的，然而，应该注意到，这一担忧（formido）的唯一原因在于一个不可否认的事实，即一个愚蠢的灵魂处于某种缺乏状态中，而明智的（sapiens）灵魂则享有更稳定、更充实的存在（essentia）②。

但是如果，毫无疑问，灵魂是最明智的，因为它能凝视那永恒不变的真理，并且通过神圣之爱（amor divinus）的纽带总是与之结合在一起；另一方面，如果所有以任何方式存在的事物都来自于至高无上的存在（summe maximeque est），那么灵魂，就其存在而言，要么来自那至高无上的存在，要么因其自身而存在。但是，如果它因其自身而存在，它永远不会弃绝自己，因为它就是它自身存在的原因；而且正如我们上面所指出的那样，它永远不会毁灭。如果，灵魂源自那至高无上的存在，那就必须去认真研究那与灵魂如此相反的事物，以致它能从灵魂中夺走那由至高无上的存在赋予灵魂的存在。

那么，这与灵魂相反的事物是什么呢？或许是谎言（falsitas），因为那至高无上的存在是真理（veritas）？显而易见，难道我们不知道谎言对灵魂造成的伤害有多大吗？除了欺骗（fallere）还能有什么？但是，只有活着的人才会被欺骗。因此，谎言不能摧毁（interimere）灵魂。如果与真理相对的谎言不能剥夺灵魂作为灵魂而存在（animus esse）——这是真理的馈赠（因为那是不可战胜的真理），那还有什么能从灵魂存在中拿走灵魂呢？显然没有。因为没有什么能比这相对物③更强大从而能剥夺那源自于它的事物的存在。

---

① 【按英注】由于奥古斯丁的哲学建立于形而上学基础之上，他喜欢将形而上学的概念运用于认识论和伦理学领域。在其早期，这种倾向有时会给他带来困难，例如前文 7.12。
② "Essentia" 法译为 "nature"，英译为 "being"。
③ 即真理。

或者被他者剥夺

12. 19. 如果我们寻找与真理相对的事物，不是因为它是真理，而是因为它是至高无上的存在——这两者是同一回事，因为我们称之为真理的，正是因为它，所有存在的事物都是真的（verus），所有真的事物都存在——那么，我绝不会忽略这一新的观点，显然它支持我的立场。

事实上，没有一存在（essentia）就其是存在而言有与之相反的事物，那么对于被称为真理的第一存在（essentia prima），与之相反的事物还能有多少呢？

第一种说法是正确的（Primum autem verum est）。因为，所有的存在只有存在才能成其为存在（Omnis enim essentia non ob aliud essentia est, nisi quia est）。然而，存在的唯一相对物只能是非存在（Esse autem non habet contrarium, nisi non esse）。因此，虚无（nihil）是存在的对立面。无论如何，任何事物都不可能与最初、最高的实体（subs*tan*tia）相反。因此，如果灵魂从那存在中获得自身的存在——灵魂必须从别处获得存在，因为它不能从自身获得，因此只能从那比它更卓越的存在获得——那么，就没有什么可以让灵魂失去存在了，因为没有任何事物可以与灵魂赖以存在的事物相对。因此，灵魂的存在不会终止（de*sin*ere）。

显然，灵魂可以在转向它的存在之源时拥有智慧，也可以在背离它时失去智慧。此外，转向与背离是相反的。但是，灵魂从那没有反对物的起源获得的一切，它都不会失去。因此，灵魂不灭。

（6）灵魂可以转变成更低等级的存在或者它是出于自愿

13. 20. 或许这里会出现这样一个重要的问题：虽然灵魂不灭，但是，它是否可以转化为较低等级的存在（essentia）呢？有些人或许会有这样的想法，这也并非没有理由，它受到下面这样的推理的影响：灵魂永远不可能化为虚无，但它或许可以变成身体。因为，如果一开始是灵魂然后变成了身体，那它就不会完全不存在。但是，除非要么灵魂出于自身意愿，要么它被他者所迫，这种转变才有可能，否则是不可能的；然而，无论是出于它自己的意愿，还是出于强迫，灵魂永远都不可能成为身体。这一陈述意味着，如果灵魂变成了身体，要么是出于它自己的意愿，要么出于被迫；但并不是意味着，灵魂或者出于自己的意愿，或者因为被迫，就能变成身体。

因为，灵魂对身体的所有欲望（appetitus），要么是占有它，要么是赋予它生命，要么以某种方式塑造（fabricare）它，要么以某种方式劝告（consulere）它。倘若灵魂不是比身体更好，所有这些都不可能。当然，如果灵魂变成了身体，它就不会比身体更好。因此，灵魂不会渴望变成身体。当灵魂就这一点来研究自身的时候，没有更好的证据能证明这一结论了。以这种方式，灵魂很容易意识到，只要它是身体的力量，除了行动、求知、感受或者仅仅活着之外，它别无所求。

或者是出于被迫

13.21. 但是，如果灵魂被迫成为身体，那到底是受什么所强迫呢？无论如何，显然是来自于一个更强大者。因此，身体自身不能强迫灵魂。因为，任何身体都不会比任何灵魂更强大。但是一个更强大的灵魂只能对一个在力量上顺从于它的事物行使强力。灵魂除非出于自身的意愿（cupiditas），绝不可能受另一灵魂的强迫。① 因此，灵魂只能在其意愿获得另一灵魂允许的情况下，才能对后者行使强力。

然而，我们已经说过，灵魂并不想成为身体。显而易见，如果灵魂失去所有意愿，它也就不能充分享受这些意愿，但当它成为身体时，便

---

① 法译为"passion"，英译为"desire"。

身体占据空间——灵魂比身体更早（prior），不仅更早而且在更大程度上，受到那些最高的永恒原则（ratio）的影响①，这些原则不变，且不占据空间。这些原则对灵魂产生的影响有多早，灵魂也就与其有多接近（propinquitas）；同样这影响有多大，灵魂就比身体有多优秀。这种接近并非空间上的，而是自然秩序（naturae ordo）上的。因此，按照这秩序，就可以理解形式（species）是由至高的存在（summa essentia）通过灵魂而赋予身体的——只要身体存在，它就是以这种形式存在。

因此，身体通过灵魂而存在，并通过它被赋予生命而存在，无论是普遍的例如世界，还是个别的例如世界上每一个拥有生命的物体。② 所以可以得出结论：灵魂唯有通过灵魂才能变成身体，其他任何方法都不可能。然而，这是不可能发生的，因为灵魂通过使其成其为灵魂的东西而得以保持，身体通过灵魂而得以存在；灵魂给予身体以形式，而不是剥夺它。因此灵魂不能转变成身体。

因为，如果灵魂不给予它从至善那里获得的形式，身体就不能由其而形成：它要么根本不能被形成，要么得到一个与灵魂一样接近［至善］的形式。但是，身体形成了，而且，如果它所获得的形式［像灵魂一样］非常接近［至善］，那么这形式就如同灵魂一样。但是有一点很重要：就身体所接受的更接近［至善］的形式来说，灵魂更优秀。但是，如果身体没有通过灵魂而获得形式，它还是能获得接近至善的形式。因为，如果没有中介，身体同样能获得像灵魂一样接近至善的形式。在至上的生命（summa vita）即永恒的智慧和真理，与最后被赋予生命的事物即身体之间，除了充满活力的灵魂，没有任何别的东西。③ 如果灵魂赋予身体以形式，从而后者就其存在而言可以成为身体；显

---

① 【按英注】奥古斯丁在这里谈及灵魂受到永恒原则的影响，他将柏拉图《泰阿泰德篇》151E、163A 中关于感官知觉的概念转移到纯粹的理智知识领域。
② 在《订正录》1.5.3 中，奥古斯丁引述了这句话，并总结说："这是最轻率的表达。"
③ 这里可比较《论真宗教》53.113。

然，它不会因为这转变而失去其形式。然而，由于灵魂转变进入身体，它就失去了它的形式。

所以，灵魂不能成为身体：既不能通过其自身成为身体，因为只有灵魂保持为灵魂时，身体才由灵魂产生；也不能通过其他灵魂而成为身体，因为身体是由灵魂转让形式而形成的，而且如果灵魂被转变了，也只有通过失去其形式，灵魂才能被转变成身体。

灵魂在身体内并非被分割成不同部分

16.25. 也可以这样说，理性的灵魂不可能转变成非理性的灵魂或生命。如果非理性的灵魂自身不是因为其较低等级（inferiore ordo）而服从理性，它就会以同样的方式夺取这一形式，并且与后者相似。在自然秩序中，更强大的存在将它们从至高的美（summa pulchritudo）那里所获得的形式传递给较低的存在。而且显然，当它们传递时，它们不是在剥夺。较低等级的事物，就起本身而言，正是因为更强大的存在将其形式传递给了它们，这是因为那些更强大的存在拥有更卓越的力量。就这些被给予的本性而言，它们拥有更大的力量，不是因为它们比那些较轻的事物更重，而是因为它们在空间上没有大的广延却更强大，因为正是这形式令它们更优秀。因此就起源上来说，灵魂比身体更优秀、更强大。因此，正如前文所言，既然身体的存在是因为灵魂，那么灵魂本身就不可能转化成身体。因为，如果不从灵魂那里获得形式，身体就不可能被造出来。再次，灵魂唯有失去而不是接受形式才可能转变成身体。这就是这一转变不可能发生的原因，因为灵魂不在空间中，也不在空间中与身体结合。倘若果真如此，那么或许一团更大的物体（moles）可以通过形式将灵魂变成更低等级的事物，尽管灵魂是更高等级的事物——就如同更大的气能变成一小团火一样（ut aer maior ignem minorem）。① 但是，事实并非如此。每一个占据空间的物体并非在每个单独的部分中都是完整的，而是要将全部加在一起。因此，一部分在这里，另一部分在那里。

然而，灵魂作为整体而同时存在，它不仅在整个身体当中，而且也在其每个单独的部分当中。② 例如，当脚痛的时候，眼睛会看着它，嘴巴会说它，手则摸着它。如果在身体这些部分中灵魂并没有感受到脚上的感觉，刚刚说的这些都不可能；如果灵魂不在那里，它也就无法感受到那里发生了什么。因为，如果一个信使（nuntius）宣告（nuntiare）一件他不曾经历过的事情，那是令人难以置信的。因为，所产生的痛苦（passio）并非延伸到整个身体，从而被在别处的灵魂其他部分觉察到，而是整个灵魂感受到脚上特定部位发生了什么，而且只能在它发生的地方才能感受到。因此，灵魂作为整体、单一而同时地出现在［身体的］各个部分，它在各部分所感受到的感觉也是作为整体、单一而同时地被感受到的。

然而，它并非如同呈现在身体各个部分中、作为整体的白色或者其他同类的性质那样，作为一个整体而呈现。因为，在身体某个部分所经历的白色变化，并不能适用于另外部分的白色。因此，结果是，物体的各部分在空间上彼此相距甚远，物体本身也就相距甚远。然而，从上文提及的感觉经验可以证明，灵魂并非如此。

---

① 原文省略了"vertere"。

② 【按英注】根据柏拉图和亚里士多德的观点，灵魂的思维能力在大脑中。普罗提诺在《九章集》4.3.3 中则认为整个灵魂在身体的每个部位。这一学说后来也出现在波埃修斯（Boethius）的著作（*De persona et duabus naturis Christi* 4.6）中。至于波埃修斯是否受奥古斯丁的影响，或者两者皆来自于普罗提诺，或三者来自于另外一个共同的来源，尚无定论。

论灵魂的伟大

灵魂来自哪里？（1.1 – 2.3）

提出问题

1.1. 埃沃迪乌斯（Evodius，以下简称"埃"）：我看你有大量的闲暇，就请你回答一些困扰着我的问题吧，我想它们不是不合时宜和不恰当的。通常，当我向你提出一大堆问题时，我不知道为什么你认为应该用那句希腊谚语——它禁止我们研究那些超越于我们的东西——来阻止我；然而今天我不认为我们超越我们自身。因此，当我向你询问关于灵魂的问题时，我不应该听到："我们为什么要做超越我们的事情？"① 相反，或许我应该听到的是：什么是我们所是。

奥古斯丁（以下简称"奥"）：简要地说说，关于灵魂你想知道什么。

埃：我这就说。因为长久以来，它们早就在我的脑海里了。我要问的是：

灵魂来自哪里？

它是什么？

---

① "Quod supra nos, quid ad nos？"出自色诺芬《回忆苏格拉底》中苏格拉底的一句格言（参见色诺芬《回忆苏格拉底》I. I. II，4. 7. 6）：Α υπερ ημᾱζ τι πρὸζ ἡ μαᾱζ；这一谚语同样出现在 Minucius Felix 作品中，Oct. 13. I；Lactantius, inst. div. 3. 20. 10；等等。

它的大小？

为什么它与身体（corpus）结合在一起？

与身体结合它会怎样？

与之分离又会怎样？

灵魂来自上帝

2.2. 奥：当你问我灵魂来自哪里，我必须从两个方面来理解这个问题。因为当我们询问某人来自哪里时，是想要知道他的故乡是哪儿，此其一；当我们问某物源自何处时，我们是询问它由什么构成的，也就是说，它是由哪些元素或部分构成的，此其二。当你询问灵魂来自哪里时，你想问的是这两个当中的哪一种呢？你问的是它的故乡——或者说它从哪里来到的，还是问它的本质是什么呢？

埃：事实上，我都想知道，至于应该先知道哪一个，我宁愿由你来决定。

奥：我相信，灵魂确切的居所和故乡是创造了它的上帝自己。①但是，我不能恰当地说出它的本质（substantia）。因为我不认为它出自一些通常众人皆知的、与身体的感官相联系的性质。我认为灵魂不是由土、水、气、火构成的，也不是由所有这些元素或者它们的任何组合构成的。如果你问我，这棵树是由什么构成的，我会说出那最有名的四个元素，应该相信所有类似的事物都是由它们构成的。然而，如果你要继续追问这土——或水或气或火——又是由什么构成的，我发现我就什么

---

① " PropriamquamdamhabitationemanimaeacpatriamDeumipsumcredoesseaquocretataest. " 提 到
"patria" 使人联想到普罗提诺的《九章集》："我们的故土就是我们所来的地方，就是我们的父所在的地方。"（《九章集》I. 6. 8. ，译文出自石敏敏译《九章集》，中国社会科学出版社 2009 年版，下同——译按）不过此时奥古斯丁已经皈依了基督教，这里他明确承认灵魂来自创造万有的上帝。此时，他与皈依基督教之前的自己以及柏拉图学派哲学家的最重要区别就在于接受了创造的观念。

也回答不了了。①同样，当被问及人是由什么构成时，我可以回答说：由灵魂和身体。再次，你要询问身体的构成时，我就再一次求助于那四大元素。然而，至于你提出的关于灵魂——因为它似乎是某种单纯的东西而且有其自身的本质（substantia）②——的问题，同你提出"土是从哪里来的"一样令我尴尬。

埃：我不能理解：既然你说它是由上帝创造的，它又如何拥有自己的固有本质呢？

奥：就像我不能否认土本身是由上帝创造的，我也不能说出土是由哪些其他的元素构成的。土是一种单纯的物体（corpus），自身由土元素构成，因此人们称之为构成所有那些物体的四个元素之一。所以，说灵魂是由上帝创造的和它拥有自身的固有本性并非相互矛盾。上帝创造了火、气、水、土四个元素以及它们固有的本质，从而其他物体就可以由所有这些元素构成。

灵魂与上帝相似而且不朽

2.3. 埃：现在我知道灵魂从哪里来的了，那就是上帝。我自己将会仔细地思考这一点，如果我遇到什么困难，稍后我再来问你。现在，

---

① 古希腊四元素论哲学思想，奥古斯丁在这方面受到亚里士多德的影响。四元素论认为万物皆由火、气、水、土四种最基本的物质元素按不同的比例组合而成，四元素之间可以相互转化，但它们是不能再分割的最基本的元素了。四元素论哲学经由中世纪一直延续到文艺复兴时期。

② "Cumsimplexquiddametpropriae substantia evideaturesse." 作者在上下文中的意图是坚持认为灵魂不是由物质的元素构成，因此，它是某种与任何物质的东西都不同的存在。"Substantia"在这里主要强调"本质""实质"，并不必然意味着灵魂拥有某种完整的本性，与身体没有任何内在的关系。同样在《论灵魂不朽》2.2 中，他说："我们的身体是某种实体（substantia），是某种实体总比什么都不是要好"，将"substantia"理解成"实体"或者"积极的现实"。后来在《诗篇阐释》68.1.5 中他说："凡不是实体的东西就什么都不是（quod nulla substantia est, nihil omino est）。"然而，根据他对灵魂的定义（参见本篇13.22），此处的表达也含糊地反映了他那柏拉图式的思想，认为灵魂是一完整的本性。尽管如此，在两句之前，他仍然将灵魂作为构成人的要素之一，并且在下文33.70 中他再次说明："灵魂的存在给予这地上的、有死的身体以生命。"显然，通观奥古斯丁现存的作品，终其一生他都难以清晰地阐述灵魂与身体相结合的本性问题。

请你解释一下它的本质（它是什么）。

奥：对我来说，灵魂似乎与上帝相似。因为，如果我没有弄错的话，你所问的是关于人的灵魂。

埃：这正是我希望你要说明的。灵魂如何与上帝相似？因为我们相信上帝不是由任何人创造的；然而灵魂，你刚刚说过，是由上帝自己创造的。

奥：所以，你还是认为上帝很难创造出与他相似的东西，即便有如此多的形象（imago）同我们自己一样？

埃：但是我们是被造成有朽的，然而上帝却创造了不朽的灵魂。我是这样认为的，或许你并不这样想。

奥：所以，你希望人们能创造出与上帝所创造的同样出色的东西来？

埃：这显然不是我要说的。但是，如同上帝自身的不朽创造出了不朽的相似物一样，因为我们身上有上帝所创造的不朽，我们所创造出的我们的相似物，也应该是不朽的。

奥：如果你能画一幅画来表达你所谓你身上不朽的相似物，那么你说的或许是对的。事实上，你在画中只能表达出身体的相似物，而显然身体是有朽的。

埃：既然我不能像他一样创造不朽之物，那么我如何与上帝相似呢？

奥：就像你身体的肖像（imago）不能等同于你的身体一样，如果灵魂不具有那创造它的相似物①所拥有的能力，也不要感到惊讶。

灵魂没有物质的大小（3.4－14.24）

灵魂的大小不是物质的

3.4. 埃：这些已经足够了，现在你来说说灵魂的大小吧。

奥：你问的是什么意义上的大小？我不知道你想知道的是空间

---

① 指上帝——译按

（spatium）上的大小——比如宽度或者高度或者强度（robur）或者所有这些，还是问它有多伟大？通常当我们问赫拉克勒斯有多大，实际上问的是他有多高。而当我们问一个人有多伟大时，我们问的是他权力和威力有多大。

埃：灵魂的这两个方面我都想知道。

奥：但是，我们不可能谈论也不能完全知道灵魂的大小。因为，不能以任何方式推测灵魂的高度、宽度或者强度；在我看来，它们是属于物质的（corporeus）。① 通常我们讨论灵魂时，谈论的却是属于物质的性质。所以，正如在圣事（mystrium）② 中要求的那样，谁若想要使自己回复到上主所创造的样子——与上主相似的样子，他就要藐视所有物质的东西，并且抛弃这个世界——因为正如我们所见它是物质的；他只有拯救或者更新灵魂，或者使它与其缔造者一致。至于"灵魂的大小"，我无可奉告。但我可以肯定，灵魂没有高度、宽度、强度或者任何那些用于测量物质的属性。③如果你乐意，我将解释我这样想的理由。

埃：当然乐意，而且我满怀期待：因为在我看来，如果灵魂不是这些当中的任何一个，那它就什么也不是。④

奥：那么首先，如果你愿意，我要让你知道：许多东西你不能说它什么都不是，然而你也不能从它们当中发现任何广延（spatia）——就

---

① 英译"corporeal"、法译"corporel"，皆有"有形的、物质的"和"肉体的、身体"意，中文没有与之对应的一个词，根据上下文有时译为"物质的"；相应的"incorporeus"译为"非物质的"，有时译为"身体的"或"肉体的"。——译按

② "In mysteries"即洗礼圣事、坚振圣事和圣餐圣事，在这方面奥古斯丁于387四旬期受到米兰主教安波罗修的教导，并在复活节的晚上接受了这些圣事。

③ 奥古斯丁在这一点上的确定，表达的如此迅速和明确，表明他讨论的目的不在于为了他自己发现真理，而在于解决埃沃迪乌斯的问题，并证明理性可以像信仰一样实现这一目的。在他熟悉新柏拉图主义的著作之前他就已经接受了这一真理。后来在奥古斯丁宣称灵魂的非物质性时，他更是强调："灵魂是非物体的，我公开声明我不仅相信，而且清楚地知道并且肯定这一点。"（《〈创世纪〉字疏》上12.33.62）

④ 埃沃迪乌斯在这里表达的是斯多亚学派的观点，奥古斯丁自己在早年曾持有这一观点。参见《忏悔录》4.15.24、5.10.19。

像你从灵魂中找不到一样。不仅不要以为，从灵魂中找不到高度或者其他类似的属性，对你来说灵魂就什么都不是；而且，那些没有这些属性的东西，其实更为珍贵、更值得尊敬。接下来，我们将看看它是否真的什么都不是。

埃：你就依照你的次序和方法来吧，我已经做好倾听和学习的准备了。

而是如同正义一样

4.5. 奥：很好！但是我希望你能回答我的问题，或许你已经知道了我试图要教给你的东西。我相信你不会怀疑这棵树什么都不是。

埃：谁会怀疑呢？

奥：那么，你会怀疑正义比这棵树要高贵很多么？

埃：做这样的比较是很荒谬的。

奥：很高兴你赞同我的观点。但请注意这一点：显然一棵树比正义要低等，以至于对你来说它们似乎没有可比性，而且你还认为这木头是某种东西；那么，你会乐于相信正义本身什么都不是么？

埃：谁会相信如此荒诞的事呢？

奥：非常好！但是，或许对你来说这棵树是某种东西，是因为它有自己的高度、宽度和强度；如果抛弃这些，它就什么都不是了。

埃：看起来是这样的。

奥：那么，正义——你承认它是什么东西，而且比这棵树更神圣更优越——在你看来有高度么？

埃：我不认为灵魂拥有诸如高度、宽度或者其他类似的属性。

奥：因此，如果灵魂不是它们当中的任何一个，而且它自身又不是虚无（nihil），那么为什么你认为除非灵魂具有高度之类，否则它就什么都不是？

埃：得啦。现在我不认为没有高度、宽度和强度，灵魂就什么都不是，但是你知道，你还没有说清楚是否真的是这样。因为可能有许多值得尊敬的东西并没有那些属性，然而我不认为灵魂可以看作是属于这一类的事物。

灵魂不是风或者空气

4.6. 奥：我知道问题还有待解决，我保证接下来我将对此做出解释。然而，因为它是最微妙的事物，而且它需要寻求与人类在日常生活行为中所使用的远为不同的心灵之眼（mentis oculos）；因此，我向你建议：我认为你应该被心灵之眼引导，应该乐于前进，不要因我们必要的曲折而失望，因为你要慢慢地达到你所期望的目标。此前我问过你，你认为身体是否是某种不具有长、宽、第三维度①的东西呢？

埃：我不理解你说的是怎样的第三维度。

奥：我的意思是，凭借它可以设想身体的内部，甚至就像看透玻璃一样看到它们。如果你将这第三维度从身体中移去，依我看来，身体就不可能被感受，也完全不能被认为是身体。所以，我希望你能告诉我你对此的看法。

埃：我决不会怀疑它们对于所有的身体来说是不可或缺的。

奥：那么你认为只有身体才有这三种属性么？

埃：我不能理解它们在其他事物中是如何存在的。

奥：因此你也不认为灵魂是某种与身体不同的东西？

埃：如果我们承认身体是风，那么不可否认灵魂在我看来是身体的：因为我认为它就是某种类似于这样的东西。

奥：倘若你所说的是气流，那么我承认风是类似于身体的东西。在

---

① 奥古斯丁的用词为"altitudo"，有"高度""深度"甚至"厚度"的意思。很明显，奥古斯丁在这里的用法，用"第三维度"更适合。这一含糊证明了在目前语境下埃沃迪乌斯的犹豫："我不理解你说的是怎样的第三维度。"奥古斯丁则在其回答中将之描述为赋予身体内在坚固性的东西。从12.21可以看出，奥古斯丁认为长度和宽度是在横向水平面上来描述的，"altitudo"则是从水平面上纵向升起的。

我们看来风与轻快而流动的空气没有什么不同。在最宁静的地方，没有一丝风，甚至小小的折扇也能带来风；或者驱赶在空中飞行的蚊虫，我们也能感受到微风。当某种天上或地上的物体在宇宙的巨大空间中神秘地运动时，就招来风——来自天空的不同方向就被赋予不同的名字。或者，你有其他的看法？

埃：当然没有，很可能就如你所说的。但是我说过身体不是风，而是其他的某种东西。

奥：首先，告诉我，你所提到的风在你看来有没有长、宽、高；然后，我们要看看灵魂是否也一样。用这样的方法，我们可以研究它到底有多大。

埃：你认为很容易找到某种比空气更长、更宽、更高的东西，当它运动时——就像你刚才说服我的那样——会变成风吗？

探寻灵魂真正的大小是什么

5.7. 奥：你说的对。但你是否认为你的灵魂在你的身体里呢？

埃：我是这么想的。

奥：那你认为它像血肉一样在身体里面，还是像外套一样罩在身体表面，或者既在身体里又在身体表面呢？

埃：我认为是最后一种情况。因为，倘若它不在身体里面，在我们身体的最深处就什么也没有了；倘若它不在身体表面，那么在皮肤上就不能感受到刺痛。

奥：所以，当你看到身体所占的空间那么大的时候，你还要问灵魂有多大么？

埃：如果这就是理性所教导的（ratio docet），我就不再追问什么了。

奥：你说的对，除了理性所教导的什么也不要追寻。但是这理性的教导在你看来是不是最有效的（firmissima）呢？

埃：看起来是这样，因为我还没有发现其他的。但是，正是在这一点上我要问那很困扰我的问题——当灵魂离开身体之后，它的形状是不是还保持一样？因为我记得这是我们要解决的问题中的最后一个。因为探索灵魂的数目问题在我看来是属于量（quantitas）的问题，我认为这一点不可以忽视。

奥：你说的不无道理。但首先，如果你愿意，让我们来解释迄今为止困扰着我的问题——灵魂的大小，以便在你满意的同时我也能学到一些东西。

埃：就按你所意愿的来询问吧。因为你假装出来的疑惑，使我对我曾认为已经解决的问题又产生疑问了。

记忆不在空间中

5.8. 奥：我请求你告诉我，那被称为"记忆（memoria）"的在你看来是否是个毫无意义的词语？

埃：谁会这么看呢？

奥：你认为它是属于灵魂还是属于身体呢？

埃：对此产生怀疑是可笑的。谁会相信或者认为，一具没有生命的尸体能够记住什么东西呢？①

奥：那么你还记得米兰城么？

埃：我记得很清楚。

奥：那么现在，当我们提及它时，你能想起它的大小和特征么？

埃：我当然能想起，而且没有［比我想到的］更新近、更完整的了。

奥：然而现在你不能用你的眼睛看到它，你用灵魂（anima）看。

埃：是的。

---

① 虽然无生命的身体不能运用记忆是完全正确的，但同样正确的是，"感觉记忆"或者再造和辨别物质事物的图像的能力不是灵魂单独的功能，而是身体与灵魂相结合的功能。

奥：我相信你也能想到它与我们之间的距离有多远。

埃：是的，我能想到。

奥：所以，通过灵魂（anima）你能看到两地间的距离。

埃：是的。

奥：那么，既然你的灵魂就在身体所在的地方，它不会超越到身体空间之外——就像刚刚证明过的那样，那么它是如何看到这一切的呢？

埃：我想，它是通过记忆做到这一点的，而不是因为灵魂在那地方。

奥：因此，这些地方的印象保留在记忆里。

埃：我想是这样。因为我不知道此时在那里会怎样，但是，如果我的灵魂（animus）延伸到那些地方并看到它们在场，显然我会知道它。

奥：你说的对。但是显然，这些形象属于物体。

埃：必然是这样。因为城市和大地只能是物体。

灵魂也是如此

5.9. 奥：你有没有从小镜子中看过自己，或者你有没有从别人的瞳孔中看过自己的脸？

埃：我经常这样做。

奥：为什么它［比实际上的］显得小很多呢？

埃：你想要从这样尺寸的镜子中看到别的什么呢？

奥：如果那些显示物体的东西很小，那么物体的影像（imago）必然也会显的很小。

埃：必然是这样。

奥：那么，为什么灵魂与身体在同样狭小的空间内，它表现出的影像却那么庞大，以至于城市、大地的疆域和任何其他巨大的事物都可以通过它表现出来呢？我希望你再稍微仔细地想一想，我们的记忆所包含的如此伟大和如此多的事物，显然都包含在灵魂里。因此，灵魂是深奥而广阔的、非常无限以致能容纳这些事物，还是看起来像刚才我说的那样其大小与身体一样？

埃：我发现我回答不了这个问题，也不能解释清楚它多么令我困惑。我觉得自己很可笑，我就那么仓促地同意了刚才的讨论，以致把伟大的灵魂限定在身体的尺寸之内。

奥：那么现在，你不再认为灵魂是某种像风一样的东西了？

埃：完全不是。因为即使空气——它的流动或许被认为是风——可以充盈整个世界，灵魂却可以自己构想无数同样众多、同样伟大的世界；我想不出它在怎样的空间中包含这些影像。

奥：让我们看看是否像我刚才说的那样，最好认为灵魂没有长、宽、高，就像你向我承认过的正义一样。

埃：如果我对下面这个问题不感到很困惑的话，我就会赞同了：那就是，没有长、宽、高的灵魂又是如何获得那么众多、那么伟大的影像的呢？

什么是单纯的量

6.10. 奥：如果我们首先仔细研究这三者——即长宽高，或许我们可以发现这种伟大。因此，你试着设想一种没有宽度的长度。

埃：我不可能设想出这样的长度。因为，如果我在心里设想一条蜘蛛丝——我们通常所见的没有什么比它更细的了，浮现出来的［蜘蛛丝］仍然有其固有的长宽高。无论它们（长宽高）多么细小，但不能忽略它们的存在。

奥：你的回答并非那么荒谬，然而，当你认识到蜘蛛丝里的这三种属性时，你能分别它们，并且知道它们之间的区别么？

埃：我怎么会不知道如何区分它们呢？难道我能够从蜘蛛丝里看出其他不是它们的东西么？

奥：现在，凭借那区分三者的同样的理性，你也可以设想与另外两个分离的单独的长度，这表明你所设想的并非任何物体的东西，因为不管你所设想的是什么，物体都不会缺少所有这些属性。现在，我希望你能设想的是非物质的（incorporeus）。①因为，单单一个长度只能通过心灵去理解，在物体中不可能找到。

埃：这我理解。

奥：这种只有一种属性的长度，你不能垂直地分割它；因为如果可以分割，那它就有宽度了。

埃：显然是这样。

奥：那么，如果你愿意，我们叫那单纯的长度为"线（linea）"——许多有学问的人通常都这样称呼。

埃：你想怎么叫就怎么叫吧。当事情有目共睹的时候，就不用为这名称烦恼了。②

由一条或者几条线构成的图形

6.11. 奥：说的对，我不仅赞同你而且要提醒你，你要一直关心的是事实而不是话语。但是现在，我想你已充分理解了这根线，如果它或者从一端或者同时从两端能延伸多长就延伸多长，你会发现它没有终点。你的心灵足够敏锐从而理解这一点么？

埃：完全可以，没有什么比这更容易的了。

奥：那么你想想，如果只是延长这根线不做其他的，就不可能得到一个图形。

埃：我还不太理解你所说的"图形"是什么。

---

① 三维度，即便是将它们分开单独思考某一个，都不是精神意义上的——如同人的灵魂那样——无形的或非物质的。这三者都与量相关，而量只是物质的一个特性。但奥古斯丁认为，它们可以与物质分离开来被理智所思考，或者说被抽象地思考。

② 只要被指定的实体获得了正确的理解，奥古斯丁经常表达这种对名称的漠视。参见后文11.18以及《论秩序》2.2.4："只要我们实体本身按照你心里的设想来理解，那么我们可以忽略在词语上的分歧。"在《驳克雷斯克里乌斯》（Contre Cresconium）1.13.16亦有："当实体本身得以理解，我们就不应该太在意人们决定如何去称呼它。"

7.11. 奥：当一些空间被一条线或者几条线围住时，例如，如果你画一个圆，或者把四条线从它们的两端相互连接起来，从而任何一端都与另一端连在一起。像这样，我暂且称之为"图形"。

埃：我想我现在能看出你所说的"图形"了。但是，我希望，我能看到你所做的一切将会通往哪里；或者从其中，关于我探索的灵魂我能知道些什么？

应该凭借理性来探求

8.12. 奥：一开始，我就建议你并请你对于我们的迂回曲折要多些耐心，现在我再一次请你这样做。我们讨论的这个问题，并非不重要，也非轻易就能理解。如果可以，对这个问题我们要有全面而持久的掌握。信赖权威是一回事，依赖理性则是另一回事。相信权威是个很好的捷径，不会辛苦。如果你喜欢它，你可以阅读许多书籍——那些伟大和神圣的人们认为在这些问题上重要的著作，它们有利于启发无知者。这些无知者同样希望可以相信这些话，因为他们的心灵过于迟钝或者过于混乱而没有其他的得救方法。如果这样的人——实际上他们数目众多——想要通过理性来理解真理，他们很容易被理性的相似物所欺骗，并且会陷入各种各样有害的意见之中，从而或者永远不能、或者很难逃脱它们。对他们来说，信赖最高的权威是最有用的，并且他们依此而调整自己的生活。如果你认为这是更安全的途径，我不但不会反对，反而会非常赞许。

但是，如果你不能抑制渴望——这渴望说服你用理性来追寻真理，[①] 你将会经历许多漫长的曲折；因为只有那唯一的理性，即真正的理性，可以引领你。这理性不仅是真的，而且是确定的，且与所有错误的假象完全不同；因而，倘若人们无论以什么方式发现了它们，就没有

---

① 奥古斯丁已经意识到自己的渴望："我的天性使我迫切地渴望理解真理，不只是通过信仰，而且也通过理解力。"（《驳学园派》3.20.43）

任何谎言或者似是而非的理由可以使你远离它们了。

埃：今后，我不会操之过急地渴望什么东西了；假如理性引领我，我就跟随它到它想要去的地方。

三条相等的线构成怎样的图形

8.13. 奥：那些或者在这样的单独事情上、或者在所有事情上祈求上帝的人，上帝将会成全［他们］。但是，让我们回到我已经确定的事情上来吧。因为，如果现在你已知道什么是线、什么是图形，那么请你回答：如果无限延长一条线的两端或者任一端，你认为可以构成一个图形么？

埃：我可以肯定，这不可能。

奥：那么我们要怎么做才能得到一个图形呢？

埃：什么？难道不是只要那线并非无限长，而是弯成一个圆弧，从而两端可以相互连接就可以了么？我看不出还有什么其他的方法可以使一条线围住一个空间；按照你的描述，只有这样做才能得到一个图形。

奥：那么，如果我想用直线来画一个图形，我可不可以只用一条就能做到呢？

埃：当然不行。

奥：那用两条呢？

埃：也不行。

奥：那么，三条呢？

埃：我看可以。

奥：你理解得很对，而且你知道少于三条直线不可能构成一个图形。但是，如果有人以某种理由反驳你，你会改变你的看法么？

埃：当然，如果有人向我证明这是错的，我相信那就没有什么是我可以知道的了。

奥：那么，现在你告诉我，你怎样用三条线来构造一个图形？

埃：将它们的两端两两相连。

奥：在它们相交的地方，难道不是形成一个角（angulus）么？

埃：是的

奥：一个图形有多少个角呢？

埃：与直线的数目相同。

奥：这些直线是相等的还是不等的？

埃：相等的。

奥：这些角的角度是一样的呢，还是某一个比另一个更大或者更小？

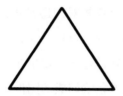

埃：在我看来，它们都相等。

奥：在一个由三条相等的直线构成的图形中，这些角有没有可能不相等呢？

埃：绝对不可能。

奥：那么，如果有三条不相等的直线构成一个图形，这样一个图形的角会不会相等呢？

埃：当然不会。

奥：你说的对。但是请告诉我，哪一个图形在你看来更好更美？是相等的那一个，还是不相等的线构成的那一个？

埃：谁会怀疑那由相等的线构成的图形更完美呢？

四条线 [构成怎样的图形]

9.14. 奥：所以，与不相等的相比较，你更喜欢相等的？

埃：我不知道谁会不这样认为。

奥：现在，你看看，在由三个等角构成的图形中，与角相对的是什么？也就是说，在它对面的是什么？是一条线还是一个角？

埃：我看到的是一条线。

奥：那么，如果与一个角相对的还是角，与一条线相对的还是线，你不承认在这样构成的图形中，对称（aequalitatem）不是更好么？

埃：当然，但是我不知道这如何发生在由三条线构成的图形中。

奥：那它可能发生在四条线构成的图形中么？

埃：完全可能。

奥：所以，由四条相等的直线构成的图形比三条相等的直线构成的图形更完美。

埃：当然更完美。因为在这样的图形中要更对称（aequalitas）。

奥：现在，那由四条相等的直线构成的图形，你认为有没有可能它所有的角并非都相等？

埃：有可能。

奥：如何可能呢？

埃：如果有两个更收缩一些（锐角），有两个更张开一些（钝角）。

奥：此外，你是否认为那两个锐角和两个钝角是彼此相对的？

埃：这是最真实的也是最明显的。

奥：在此，你看到相等尽可能地得以保留。显然，你看到：在由四条相等的直线构成的图形中，并非所有的角，但至少每两个角是相等的；那相等的角，是两两相对的。

埃：我看到了，而且我非常肯定。

 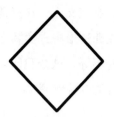

正义与平等

9.15. 奥：在这些事物中难道没有什么令你感受到，有某种非常伟大而不可动摇的正义么？

埃：这话怎样说？

奥：因为，在我看来，没有平等（aequitatas）我们就不能称为正义；而公平（aequitas）被认为来自某种所谓的相等（aequalitate）。①但是，在这一美德中的公平，除了各得其所（sua cuique tribuantur）之外还能是什么呢？另外，没有区分彼此的差别，各得其所也是不可能的。对此，你有其他的想法么？

埃：显然是那样，我完全赞同。

奥：如果一切都是相等的，根本没有什么可以区分它们，你认为还有任何差别么？

埃：没有。

奥：因此，除非在这些事物中有某种属性——即不同和差异——得以保留（servari），否则，正义不可能得以保留。

埃：我理解。

奥：因此，我们承认，我们谈论的那些图形彼此不同。显然，那个有三个角，而这个有四个角，然而它们都是由相等的线构成：这在你看

---

① 这里让人想起亚里士多德，《尼克马可伦理学》5.3"正义即平等"。亚里士多德继而用几何学的比例为例证来解释和说明正义。奥古斯丁用数学的图形来讨论平等，其特点令人想起道德观念。

来难道不具有正义么？在三角形中不可能有相等的对边，但它有总是相等的角；在四边形中，实际上它有着完全一致的对边，那角的规则允许一定程度的不等。这令我印象深刻。我要问，在你看来，这真理、这公平、这平等能令你满意么？

埃：现在我知道你所说的了，而且非常钦佩。

奥：现在，由于你正确地将平等置于不平等之前，因而在我看来，绝对没有任何被赋予了理智（sensus）的人不会这样认为。如果你乐意，让我们来探究这样一个图形，从中可以发现最高的相平等（aequalitas）。

埃：当然乐意，而且我渴望知道它是怎样的一个图形。

四边形与三角形中的平等并不相同

10.16. 奥：那么首先告诉我，对你来说，这两个得到充分讨论的图形中，哪一个要优胜于由四条相等的边（linea）和相等的角构成的图形呢？正如你所见，它的边相等，角相等。另外，从由三条相等的边构成的图形中，我们找不到这样的对立平等：即你所看到的边边相对，角角相对。

埃：你说的对。

奥：另一个（指三角形）在你看来有没有最高的平等呢？如果它有，那么我们已经开始着手对四边形的研究就是徒劳了；如果它没有，我希望你能证明给我看看。

埃：在我看来它是有的：因为，当边和角都是相等的时候，我认为不可能找到不平等。

奥：我看未必。因为，直线拥有完美的平等，直到它构成角；但是，当另一条分开的边与它相交时，就构成一个角，你难道不觉得这是不平等的么？对你来说，图形中由边围成的部分，看起来是否与那由角构成的部分相似或者平等呢？

埃：当然不会了。我为我的鲁莽感到羞愧；我被它引导，来区分角之间和边之间的平等。但是谁会看不出边与角之间的巨大差异呢？

奥：再看看关于不平等的其他更有力（apertissimum）的证据。显然你知道，等边三角形和正方形都有一个中心。

埃：我当然知道。

奥：那么，我们用线将中心与各个角和各个边的中心（medium）连起来，这些连线在你看来是相等的还是不等的呢？

埃：完全不相等，因为中心与角的连线比中心与边的连线长。

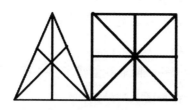

奥：这样的连线，四边形中有几条，三角形中又有几条？

埃：前者有四条，后者有三条。

奥：在所有这些线段当中，哪一条是最短的？在这两个图形中又有多少条？

埃：数目［跟刚才说的］是一样的，显然是到边的中心的连线最短。

奥：你的回答在我看来完全正确，没有必要在这个问题上花费更多的时间了，这对我们的目的来说已经足够了。因为你看，我想现在我们已经得到很大的平等了，然而它并非在所有方面都完美。

埃：我完全可以理解这一点，我急切地想知道那拥有最完美的平等的图形是怎样的。

什么东西在度量上更单纯

11. 17. 奥：一个图形，它的边在任何地方都是相同的，没有角来打破它的平等，而且从它的中心到边上所有点的连线都相等。你认为这个图形是什么？

埃：现在，我想我能理解了：因为你跟我描述的这个图形，是由一条线围成的圆圈。

奥：你理解的对。那么现在你仔细思考一下。不久前，理性向我们显示过一条被理解为只有长度没有宽度的线，因此它不可能从宽度上被分割。在你看来，是否可以找到一个没有宽度的图形呢？

埃：不可能。

奥：那么，会不会有只有宽度而没有长度——就像我们之前讨论的只有长度没有宽度那样——的宽度？[①] 或者，这是不可能的？

埃：在我看来，这是不可能的。

奥：那么在你看来——除非我弄错了——宽度可以在任何部分被分割，而一条线不可能在长度上被分割？

埃：显然是这样。

奥：你认为哪一个更好呢？是可分割的那个，还是不可分割的那个？

埃：当然是不可分割的那个。

奥：所以你认为一条线比宽度更好。如果不可分割的更好，我们就应该喜欢那较少可以被分割的。然而，宽度在任何地方都可以被分割，而长度则只能在横向上被分割，因为它不可能在纵向上被分割。因此，它比宽度更好。或许，你不这么认为？

埃：理性促使我赞同你的观点。

点最单纯

11. 18. 奥：如果你愿意，现在让我们再想想：在这个推理当中，是否有某种完全不能被分割的东西，它会比那条线更加完美？因为，你

---

① 指完全独立地从图形中分离出来的纯粹的宽度。

知道一条线在横向上可以被切割无数次。所以，我交给你来发现这不可分割之物。

埃：我想，我们将其置于圆形中心的那个点——从它可以与圆周连接起来——就是不可分割的。因为，如果它可以被分割，它就不可能没有长度或者甚至没有宽度。如果它只有长度，那就不能从它引出许多线来，它自身就是一条线。相反，如果它还有宽度，那就需要有另一个中心，从那里在纵向上会引出许多线来。然而，理性反对这两种假设。因此，这个点是不可分割的。

奥：你说的对。但是，难道你不认为从其可以引出一条线的点与我们所讨论的中心一样么，虽然我们还不清楚它是什么图形的中心？我是说，它作为一条线的起点，长度从它开始，我希望你把它设想为没有任何长度的。因为，如果你设想为有长度的，你决不可能领会长度从其开始的那个点。

埃：完全一样。

奥：我看到你现在所理解的，是我们所讨论过的所有东西中最重要的。实际上，它不允许被分割，当它在图形的中间时，称为"中点（punctum）"；但是如果当它是一条线或几条线的起点或者终点时，或者当它表示某种被设想为没有部分的东西，而且并非作为某个图形的中心时，就称为"点"。①点是一个没有部分的标记，而中点则表示一个图形的中心。每一个中点可以同时也是点，然而并非每一个点都可以看作一个中点。我希望在我们之间就这两个术语达成共识，这样我们就可以在讨论中尽量避免过于啰唆：[在我们的对话中]大多数情况下，并非所有图形的中心都称为"中点"，只有圆形和球形的中心才称为"中

---

① 奥古斯丁的"signum"只是用来翻译欧几里得的 σημε? ον。"Punctum"与"signum"这两个术语的区别通常没有保留下来。"点（signum）"在通俗术语和数学术语中都用来表示线的端点。"中点"（punctum）这个词表明它自己是点的一种可能形式，但是作为一个数学或几何学术语，它几乎不通用，它只是稍微暗示了"signum"的意思。（因此，中译将"punctum"译为"中点"，"signum"原意"记号"这里译为"点"。——译按）

点"。然而，我们没必要为这些术语而过于担忧。

埃：好，我同意。

能力最大

12.19. 奥：你显然也看到了点有多重要。一条线从它开始，以它结束。我们看到一条直线是不能构成图形的，除非它与一个角在一起。其次，一条线无论在哪里被分割，都是通过它而被分割的，虽然它自身并不能被分割。除非通过它而交汇，否则一条线是不能与另一条相交的。最后，我们已经证明，圆形因其最完美的对称而被认为比其他的平面图形都要完美——至此我们还没有谈到高度，然而还有什么比中点更能决定圆形的完美呢？对于点的功能还有许多可以说的，但我就此打住以便留给你做进一步的思考。

埃：嗯，这主意不错。如果我遇到什么不明白的地方，我会乐于思索的。但我相信，我已清楚了解了这个点的重大能力。

高度是如何构成的

12.20. 奥：你已经了解了什么是点、什么是长度以及什么是宽度，那么现在你想想：在你看来它们当中的哪一个需要其他的任何一个，没有它们它就无法存在？

埃：我知道宽度需要长度，没有长度它就完全无法被理解。另一方面，我承认长度可以没有宽度而存在，但是没有点它就无法存在。然而，很显然，点可以因自身而存在，并不需要其他的。

奥：你说的对。但是，你仔细考虑一下：宽度是可以在任何地方被分割，还是，在某一个地方它不能做任何分割——虽然它比线更容易分割？

埃：我完全不知道它如何不可分割。

奥：我相信你是没有回想起来，因为你实在不可能不知道这一点。

让我这样来提醒你一下吧：显然，你所认为的宽度，并没有考虑到高度。

埃：的确是这样。

奥：那么，将高度加到这个宽度上去吧，然后告诉我这样添加之后，是否可以从任何地方都能分割了呢？

埃：你的提醒真是神奇。现在我可以看到，它不仅可以从上面或者下面被分割，而且还可以从各个侧面被分割，没有什么地方不能被分割。因此，显然，就高度形成的地方来说，宽度是不可能被分割的。

理解力所思考的量是什么

12.21. 奥：因此，如果我没弄错，现在你理解了长、宽、高；那么我问你，如果没有另外两个，高度是否可能？

埃：在我看来，没有长度，高度是不可能存在的，但没有宽度，高度则可能存在。

奥：那么，你回到对宽度的思考上来。如果在你心里认为宽度是平躺着的，那么将其从任意一侧竖立起来，就好像你想要将它从紧闭的门上最狭窄的缝隙里拉出来一样。你还不知道我的意图么？

埃：我知道你所说的，但是或许还不清楚你想要的。

奥：显然，你要回答我的是，在你看来宽度以这样的方式竖起来，是否可以变成高度从而它不再称为宽度，还是尽管它改变了形状仍然还是宽度？

埃：我认为它就变成高度了。

奥：请你回想一下，有没有想起来我们是如何定义第三维度的？

埃：我当然能想起来了，而且现在我为当时的回答感到惭愧。因为，尽管宽度是这样形成的，但是它并不能在纵向上向下做垂直划分。虽然我们可以设想中点和端点（extrema），但是我们并不能设想它们任何一个的内部是什么。然而，你令我想起，按你之前对高度的定义我们同样不可以设想高度的内部是什么。

奥：你说的对，这就是我想要你回想起来的。现在，我想要你回答，你更喜欢谬误还是真理？

埃：对此若有怀疑真是一种难以置信的愚蠢。

奥：那么请告诉我，一条在纵向上可以被分割的直线是真正的直线么？一个可以被任意分割的点是真正的点么？如我们说过的那样——垂直竖起的可以在纵向上向下被垂直分割的宽度是真正的宽度么？

埃：不，恰恰相反。

就问题达成共识

13.22. 奥：那么，你有没有凭借肉体的（corporeus）双眼，看到这样的点、线和宽度呢？

埃：从来没有。事实上，这些都不是肉体的。

奥：但是，如果因为事物之间令人惊叹的联系，肉体的东西可以被肉体的双眼看到。那么，我们因之而看到非物质的（incorporalis）事物的灵魂（animus）①，就应该既不与物质的相似，也不是物质的。② 你说呢？

埃：好啦，现在我承认灵魂既不是物质的也不是任何类似于物质的。你告诉我，那它到底是什么？

———————————

① 在本篇中，奥古斯丁少有地几次使用"animus"代替"anima"，这里即是其中之一。在其各类著作中，奥古斯丁难以找到一个词能恰当地表达人类灵魂的所有功能。"Anima"一词一般既代表理性生命的原则也代表人的营养与感性生命的原则。在本篇对话录中，奥古斯丁只在5.8、13和14章使用了"animus"这一术语，在其中他特别谈到了灵魂特定的理性功能；在对话录的其余部分，甚至在灵魂所有力量的概述当中，他一般使用"anima"。

② 身体的视觉与智性的知识之间的这种平行关心在27.53中被再次提到，奥古斯丁在其他地方也经常提及。虽然他在当前语境中使用的短语——mira quadam rerum cognatione（事物之间令人惊叹的联系）——暗示了一种柏拉图式的观点，但既然灵魂或心灵的知识或"视觉"的对象是非物质的，那么灵魂也必须是非物质的，这一论点与亚里士多德主义者托马斯·阿奎纳所提出的观点相同（参见《神学大全》I. 75. 5. C）。

奥：现在你想想，它是否被创造出来就根本没有我们现在所讨论的大小（quantitas）。至于灵魂到底是什么，我很惊讶你已经忘了在我们之前的讨论中已经解决了。① 你应该想起来你问的第一个问题——灵魂来自哪里？而我想起来我们谈论了两个方面：首先，我们讨论了它所属的领域；其次，它是否由土、火或者什么其他的元素构成，或者是否由所有这些元素构成，或者是否由它们中的几种构成。在这个问题上我们已达成共识：询问灵魂来自哪里并不比询问土或者其他单一元素来自哪里更有意义。虽然上帝创造了灵魂，但是要知道它有着自己特定的本质，它既不是由土，也不是由火、也不是由气、也不是由水构成；除非我们非得认为上帝将土独有的特性给予了土，却没有将灵魂独有的特性给予灵魂。然而，如果你想要给灵魂下定义，并因此询问——灵魂是什么，我的回答很简单。在我看来，它是赋有理性的特殊实体，以适应对身体的支配。②

灵魂没有大小，因为它理解大小

14.23. 现在你要特别注意我们讨论的这个问题：灵魂是否有大小，或者说，是否［占］有一定的空间？另外，显然它不是身体（corpus）——否则，它就不能像我们前面证明过的那样辨别出其他非

———————

① 参见 1.2。
② "Nam mihi videtur esse substantia quaedam rationis particeps, regendo corpori accommodata."这一有名的灵魂定义，特别是它最后三个词，反映出柏拉图关于人类灵魂的观点：人类灵魂是一个完整的实体，只是偶然与人的身体相结合，有点像骑手对于马或者舵手对于船只一样。奥古斯丁主要关注的是显示可见的身体与不可见的灵魂之间的差异，以及后者相对于前者的优越性。柏拉图主义的观念帮助他实现这些目标。但是它所导向的关于人的本性的观点，在基督教立场下是无法成立的，因而奥古斯丁加以拒绝。他没有能力解决精神性的灵魂与物质性的身体这一结合物的本性问题，这妨碍了他就灵魂本身给出一个完全令人满意的定义。托马斯·阿奎纳认为灵魂是实体，但就此而言，灵魂与物质一起构成完整而统一的实体即人，他认为尽管灵魂"在实体的秩序中"是完整或实存的，但是"在物种的秩序中不完整"，只要它能起作用，它就独立于身体而存在。

物质的事物。毫无疑问，它不占有用于测量物体的空间。因此，灵魂的大小不可能被相信为或被认为或被理解为那样。但是，如果你惊讶于虽然灵魂自身没有任何大小，它却通过记忆而拥有天空、大地、海洋的辽阔，［这是因为］它具有一种非凡的力量，从我们之前的结论中，只要使用你的心灵之眼的天赋就可以发现。

事实上，如果正如理性已经指出的那样——没有不具有长、宽、高的身体（corpus），而且如果它们三者中的任何一个没有其他两者就不能存在于身体之中；再者，如果我们的心灵（animus）通过内在之眼——也就是理智（intellegentia）——可以看到单独的一条线，我相信我们就会承认灵魂不是身体，而是比身体更优越。因此，我想毫无疑问，它也比一条线更优越。由于这三个维度在身体之内从而身体成其为身体，因而认为那比身体优越的却不比这三个维度优越，就让人贻笑大方了。然而，线条本身——虽然显然灵魂要比它优越——却比另外两个维度要优越，因为它比另外两者更不容易分割。此外，另外两者比线条更容易分割，因为它们占据的空间要比线条大。事实上，线条只在长度上占据空间，如果取消了长度它就不复存在了。因此，任何比线条优越的，就必须不占据空间而且完全不可以被分割和划分。因此，在我看来，要努力去探寻灵魂的大小——它是不存在的——毫无意义，因为我们认为它比线条更优越。此外，如果所有的平面图形中最完美的是圆形，而且理性告诉我们没有比点更完美更重要的图形了——因为毫无疑问它没有部分，① 那么对于灵魂不是物质的、或者它不能在长度上延伸、或者它不能在宽度上展开、或者它不能在高度上加强，而且它在身体内如此强大有力从而拥有控制身体所有部位的能力，并且作为支配着身体所有运动的支点，还有什么好奇怪的呢？

---

① 尽管点是非广延的，也不能被理解为如同人的灵魂那样是非物质的；因为它属于量，只有一个点可以被标记出来，就可以被认为是广延的东西。

并且理解自身

14.24. 再者，眼睛的中心称为"瞳孔"，是眼睛特定的一个点。它有着如此伟大的能力，以致它可以在任何高度的地方看到并环视天空的一半——而天空自身有着无限的空间。因此，这与下面这一真理并不违背，即灵魂虽然不具有任何由那三个不同的维度构成的物质的大小，然而它却可以设想任何物体的大小。① 但是，只有少数人能够通过灵魂自身认识到灵魂，也就是说灵魂通过自身认识自身。不过，它是通过理智（intellegentia）认识的。事实上，应该说只有它没有体积（tumor）却可以被认识的，在现实的领域中没有什么更有力和更辉煌的事物可以做到这一点。而"体积"用于称呼身体的大小则不会荒谬。② 因为，如果认为身体的大小是难能可贵的，那么大象就要比我们更有智慧了。如果有人持这种想法而认为大象有智慧——我见识过这种令人惊叹的想法，我也见识过很多人经常这样询问——我想他起码会承认小小的蜜蜂要比高大的驴子更有智慧，而比较它们的大小则显然蜜蜂要比驴子小。

或者，回到我们刚才讨论的眼睛问题上来，谁不知道老鹰的眼睛要比我们的小呢？然而，当老鹰在高空中飞翔，以致我们的眼睛在耀眼的阳光下很难发现它，但它却能够看得到躲在灌木后面的小兔子和波浪下的小鱼儿。因此，就它们的感官来说，没有身体的事物它们就无法感知，身体的大小对感知能力毫无助益。我问你，如果人类灵魂——其更卓越和几乎独有的方面即是理性自身，③ 通过它灵魂努力发现自身——并非什么都不是，如果那同一个理性证明灵魂自身没有任何———物体

---

① 托马斯·阿奎纳进一步认为人类理智能够知道所有身体的本性，这一事实本身就证明了理智，因此也证明了灵魂一定是非物质的。他认为这一论点如此有效，以至他在自己成熟期的成果《神学大全》中单独使用了这一论点。

② "Tumor"字面意思"肿胀""膨胀"，奥古斯丁和其他教父喜欢使用这个词表示"骄傲""自负"或"夸夸其谈"。

③ 在27.53中，理性再一次被描述为"灵魂的视线"。

在空间上所占有的——大小，这会不会令人们害怕呢？

相信我，我们必须要想象灵魂具有某种伟大①，但不是通常所认为的物体的伟大。那些或者在这个问题上受过良好教育的人，或者现在从事这些研究的人，很容易接受这些。就前者来说，他们不是追求对虚荣的渴望而是追求对真理的神圣爱慕；就后者而言，尽管他们在将要从事的研究上缺乏训练，如果他们对善好（bonus）充满耐心而且温顺，并且甚至在其一生中被允许远离所有物质；那么，某种神圣的眷顾不会远离那些虔诚、纯洁而坚定地探求关于他们自己和他们的上帝的知识——也就是关于真理的知识——的虔敬的灵魂。

灵魂是否像身体一样增长（15.25–22.40）

我们因为理性而优越

15.25. 但是现在，如果你愿意，让我们放下这个问题——除非它还困扰着你——回到另一个问题上来吧。或许，就我们已讨论过的这些图形来说，我们所讨论的已比你想要的更详细了。如果你承认我们现在的讨论从之前的讨论获得了一些帮助，你将会看到，这对接下来的讨论多么重要。因为，这样的讨论锻炼心灵去感知更加微妙的事物，这样它就不会被它们的光芒弄得昏眩而无法忍受了，高兴地退回到从它想要从中逃出的黑暗里。如果我没错的话，这些讨论还提供了最可靠的论据，以消除任何对我们所发现和确立的事物厚颜无耻的怀疑，甚至允许人们去追寻这一类的事物。【已知有两种方式会引起厚颜无耻的怀疑：一是可以使用理性的人，在追求真理上面变的愚蠢和懒惰，［他］更愿意留在空虚的黑暗（无知）之中，而不愿意辛苦地通过推理去发现和寻找他那隐蔽的造物主、他唯一的自我和他真正的上帝；另外一种怀疑是如此无礼而傲慢，去怀疑那些其他人通过艰苦和真诚的劳动和探寻所发现

---

① 这种灵魂的"伟大"，根据 3.4 所描绘的区别，在 33.70–76 中得以发展和说明。

而确证的事情，若不是因为它们不是自己发现的，那么理性证明这种嫉妒是最为无耻的，除此之外，他们的怀疑没有其他原因了。】① 就我来说，相对于那些我们用眼睛——它们常常受到泪水的阻挠——看到的事物，我更少怀疑这些事物。实际上，既承认我们因为理性而比动物更优越，同时也承认那些我们通过肉眼看到的事物某些动物看得比我们更清楚，但却坚持认为我们直接通过理性而理解的却什么都不是——还有什么比这些更令人难以接受的呢？② 如果认为那些［通过理性理解的］事物与我们的双眼看到的事物完全一样，就没有什么比这更离谱的事情了。

探索灵魂是否随身体而增长

15.26. 埃：我很高兴地接受并且赞同你所说的这些。但是，有一点令我困惑。虽然，对我来说很显然灵魂不是拥有物质的大小的事物，以致我完全不知道如何去面对这样的观点，但也不会放弃它们：首先，由于身体随着年龄而增长，因此灵魂或者随之增长，或者看起来在增长。因为，谁能否认与一些动物相比较，小孩子甚至都没有它们狡猾呢？然而，谁又会怀疑，随着他们的成长，理性在他们身上也一同成长？其次，如果灵魂占据了其身体的所有部位，它怎么可能没有大小呢？如果它没有占据，它又如何感受到身体任何一个地方的刺痛呢？

奥：你所问的也正是常常困扰我的问题，因此，我并非没有准备好答复你，我要给你我给自己的回答。它是不是一个好的回答，就让理性引导你做判断吧。不管它是否有价值，显然我也不能说的更多了，除非碰巧在我们在讨论的时候某种神圣的东西进入了我的心灵。但是，如果你愿意，让我们以我们的方式继续前进，从而使你在理性的引导下自己

---

① 在一些现存的文本中插入了这一段文字。
② 参考《论灵魂不朽》10.17："认为我们眼睛所看到的事物存在，而我们用理智去辨别的事物却不存在——没有比这更荒谬的了。"

做出回答。另外，首先我们要探究是否有确凿的证据足以证明灵魂是随着身体的成长而增长的——的确，随着年龄的增长人们变得更能适应人类的习惯，并且越来越富有经验。

埃：好，就按你说的来吧。我自己很赞同这样的教学方法。我不知道它是怎样的一种方法，当我不知道如何回答我所提出的问题时，去解决它会变得更愉快——不仅因为探究到的事实，而且因为激起的惊奇。

美德是生活的理性

16. 27. 奥：那么告诉我，在你看来"更大的"和"更好的"是两个不同的事物，还是同一个事物所拥有的两个不同的称谓？

埃：我认为我们称为"更大的"是一回事，"更好的"是另一回事。

奥：这两者当中的哪一个令你联想到大小？

埃：当然是我们称之为"更大的"那一个了。

奥：当我们认为两个图形当中圆形比方形更完美时，是因为大小呢还是因为其他的原因？

埃：绝不可能是因为大小，我们认为它更优越的原因在于其完美的平等。

奥：现在你想一想这一点：在你看来，作为生命的某种平等的美德是否与理性相和谐？因为，如果它们当中的一个与另一个不和谐，如果我没有弄错的话，相对于当圆的某些部分比其他部分或多或少离中心更远时，我们会更心烦意乱。或者，你有其他的看法么？

埃：实际上，我赞同你对于美德所说的这些。除了真实的（vera），没有什么可以被称为或者认为是合理的。谁的生命若能在所有方面与真理（veritas）相一致，他若不是唯一的、起码也是很好地过着善好而且可敬的生活的人；只有这样做的人才能被认为拥有美德的人，并且过着有美德的生活。

奥：你说的对！但是，我想你显然也看到，圆形要比任何其他的平面图形与美德更相似。这就是通常我们大加称赞的贺拉斯的诗句所描写的那样，在诗中他这样描述一位智者：

强大而自足，在其自身内皆又圆又滑。①

的确是这样。因为你从灵魂的馈赠中，找不到什么在所有方面能比美德与你自己更谐和的东西了；而且在平面图形中，也找不到比圆形更完美的图形了。因此，如果一个圆形比其他的图形更优越，不是因为它在空间上的大小；它被认为更具有美德，也不是因为它占有多大的空间，而是因为它与理性之间完美而神圣的和谐。

灵魂成长

16. 28. 当一个孩子取得值得称赞的进步时，还有什么比美德上的进步更值得称赞的么？或许你不这样认为？

埃：显然是这样。

奥：因此，你不应该认为灵魂像身体一样是随着年龄的增长而成长，因为灵魂的成长是趋向于美德。我们不能从空间的大小上，而是要从一种强大的和谐力量中发现它的美丽和完善。若是按你刚才所说的那样，"更大的"是一回事，"更好的"是另一回事，那么无论灵魂随年龄的增长有怎样的成长，也无论它变得多么理性，在我看来，它不是变得更大而是变得更好。如果灵魂的伟大取决于肢体的大小（membrorum magnitudo），那么更高或者更强壮的人就会更审慎。我想，你不会否认事实并非如此。

埃：谁会否认呢？然而，你也承认灵魂随着年龄而成长，灵魂没有任何大小，身体的大小对它毫无益处，但它却从时间的延续上获益。我

---

① 贺拉斯《讽刺诗集》2.7.86 中这样说智者："Fortis, et in se ipso totus, teres atque rotundus." 斯多亚学派将完美的灵魂，即智者的灵魂，比作一球体，参见马可·奥勒留《沉思录》8.41，11.12。

很诧异它是如何做到的。

不会随年龄和时间而延伸

17.29. 奥：不要诧异，因为我会在此给你一个相似的理由。

身体的大小对灵魂毫无益处，因为许多身材瘦弱、矮小的人比一些拥有高大身材的人更审慎。同样，我们也看到一些年轻人比许多老人更勤劳、更积极。因此，我不知道为什么人们会认为时间的延续可以像促进身体的增长一样促进灵魂的成长。身体自身——被认为随着时间而增长并占据更大的空间——通常是短暂的，尽管它是慢慢衰老；不仅老人的身体会随时间的流逝而萎缩和变小，而且我们发现有一些孩子，身材上也要比比他们小的孩子矮小。因此，如果身体大小的原因不在于时间的延续，而在于种子（semen）的力量，在于某些神秘的、难以确知的自然因素；那么，仅仅因为我们看到灵魂通过使用事物和习惯学到很多，就认为灵魂会随着时间的延续而增长是多么的不可理喻。

灵魂的大小

17.30. 如果你对于我们通常将希腊语的"μαχροθυμ？α"翻译成"长期忍受"（longanimitas）感到奇怪，那你最好要注意到，许多用于身体的词语被用到描述灵魂上了，就好像许多用于灵魂的词语被用到身体上一样。例如说维吉尔（Virgilius）谈到"邪恶的高山"[1] 和"正义的大地"[2] ——你看，这里的词语就是将用于灵魂的用于身体；相反，尽管只有身体可以说有长度，如果我们说"长期忍受（longanimitas）"又有什么好奇怪的呢？同样，在美德上，我们所说的"灵魂的大小

---

① 维吉尔《埃涅阿斯纪》12.687，描绘一次山崩："Fertur in abruptum mango mons improbus actu."

② 维吉尔《农事诗》2.460："Foundit humo facilem victum iustissima tellus."

（animi magnitudo）"，就不在于空间上而在于某些力量（vis）上，也即在于灵魂的高贵与能力（potestas potentiaque）——一种越是难能可贵它藐视的事物就越多的美德。但是容我们稍后讨论此事①，现在让我们回答灵魂有大这个问题，就像人们通常询问赫拉克勒斯（Hercules）有多大，是指他的事迹多么伟大，而不是说他的块头有多大——我们之前已经讨论了这一点。②

不过现在，你应该回想起关于"点"我们已经充分讨论过的内容：它告诉我们，理性在几何图形中最有力量（potentissimum），并且占据着最高的统治地位。那么，能力（potentia）和统治（dominatus）难道就没有显示某种伟大么？而且我们发现，点并不占据空间。因此，当我们听到或者谈论灵魂的伟大和巨大时，不是指占有空间的大小，而是指力量的大小。因此，如果你的第一个异议——即你认为灵魂随着年龄的增长同身体一样成长——已经得到足够的讨论，那就让我们转向另一个吧。

小孩如何获得语言能力

18.31. 埃：我不知道我们是否仍在追问所有那些困扰我的问题，或许我遗忘了一些问题。但是，现在让我们看看我刚想起的问题：小孩子小的时候不会说话，但随着成长就能掌握这一能力。

奥：这很简单。因为我相信，在你看来每个人都会说他所出生和成长的环境中周围人们所说的话。

埃：没人会否认这一点。

奥：那么你设想一下，某人一生下来就被带到一个地方，那里的人都不说话，而是以点头和手势来表达他们的想法。难道你不认为他也会一样做，不说话，也不会听到别人说话么？

---

① 参考后文 33.70 – 76。
② 参考前文 3.4。

埃：我希望你不要问我不可能发生的事情。我怎么能够设想这样的一个人或者生在这样一些人当中的一个人呢？

奥：难道在米兰你没有看到过一个外表英俊、举止优雅的年轻人么？他既聋又哑，因而除了手势之外什么都不能理解，也不能用其他的方式表达他的想法。此事［在米兰］人人皆知。另外，我认识的一个乡下人曾跟我说——他的妻子也这样对我说：他们大概有四个儿女——或者更多，我记得不是很确切了——生下来就都是聋哑人。他们被认为是哑巴，因为他们不会说话；被认为是聋子，因为除了眼睛他们不能接受任何信息。

埃：是的，我知道你说的第一个人；后者虽然我不知道，我也相信你所说的。但你为什么要谈到这些呢？

奥：因为你说你无法想象会有孩子出生在这样的人当中。

埃：现在我还是这么认为：因为，如果我没有弄错的话，你刚说的这些孩子都出生在会说话的人们当中。

奥：当然，我不会否认这一点。但是现在我们可以设想有这样的人。我请求你设想一下，如果有这样的男人和女人结婚了，恰好住在一个与世隔绝的地方，生活得很好，而且还有了一个儿子。小孩子虽不是聋哑人，但他要如何与他的父母交谈呢？

埃：除了像他的父母一样用手势来表达之外，你觉得还会用什么方式呢？然而，小孩子连这都不会，因此我的反对仍然成立。在他成长过程中，无论他是学会了说话还是打手势，这两者都与灵魂相关，我们拒绝承认其成长的是哪一个呢？

技艺抑或我们成长的本性

18.32. 奥：现在，似乎你相信，那能在钢丝上行走的人拥有的灵魂，要比不会在钢丝上行走的人的灵魂更伟大（amplus）。

埃：这是另一回事：谁看不出来这是一种技艺（ars）呢？①

奥：请问，为什么是一种技艺呢？因为他是学来的么？

埃：是的。

奥：那么，如果有人学习了其他的东西，为什么你不认为这也是一种技艺呢？

埃：我当然不否认，所有习得的都是技艺。

奥：那么，小孩子就不会向他的父母学习打手势么？

埃：他当然可以。

奥：因此，你应该承认这显然不是伟大的灵魂的增长，而是某种模仿的技艺。

埃：我不承认这一点。

奥：那样的话，就并非所有习得的都是技艺——而这是你刚才所承认的。

埃：当然是技艺。

奥：那么，你是承认他没有学习打手势。

埃：他学了，但这不是技艺。

奥：可是，不久前你还说学习是一种技艺。

埃：好吧，我服输：说话和打手势都是技艺，因为两者都是我们学来的。然而，有一些技艺我们是通过观察别人而学到的；另有一些技艺，是由老师们教给我们的。

奥：那么，你认为灵魂获得哪一种技艺后能够变得更大？是两者都可以么？

---

① 依据奥古斯丁的观点，虽然"技艺（ars）"通常需要模仿（动物也有模仿能力），但它首要和本质上是由理性的性质或习惯构成的，因此不存在于非理性的动物中；参考《论音乐》1.4.6、6.12.35，以及《论〈创世纪〉驳摩尼教》1.8.13。在《论灵魂不朽》4.5中奥古斯丁指出，技艺是存在于心灵或灵魂中的一些原则或指示的统一集合。在《论真宗教》30.54以下，他接着说，一般的技艺包括两个方面，一个是精神方面，即对留下印象的已经经历的事物的记忆，另一个是身体方面，即身体活动的才能。而前者包含着永恒不变的原则，其最终原因即上帝。

埃：我认为并非两者都可以，只有第一种可以。

奥：难道你不认为在钢丝上行走不是属于第一种么？因为在我看来，这也是要观察别人怎么做才能获得的。

埃：我也相信是这样。但是这并不是所有人都可以通过观察并且仔细凝视就能获得的，而是要在老师的教导下才能获得。

奥：你说的对，而且这就是关于语言我想要回答你的。许多希腊人以及其他民族的人，听到我们说外语的机会要比他们观看走钢丝的机会更多。但是那些想要学习我们的语言的人，就要像我们学习他们的语言一样要在老师的教导下学习。因此，我很惊讶为什么你想要将人们的语言归功于灵魂的成长，而在钢丝上行走则不归功于灵魂的成长。

埃：我不知道你是怎么混淆了这两者。因为那在老师的教导下学习我们的语言的人，已经掌握了他自己的语言——我想他是通过灵魂的成长而学到的。但是当他学习一门外语时，我将这归于技艺，而不是灵魂的成长。

奥：如果有一个人出生并成长在聋哑人当中，当他成人之后，他来到其他的人群当中并学习说话，而在这之前他没有学过任何语言。你认为他的灵魂是在他开始学习语言时才成长的么？

埃：我永远不敢这样说。现在我向理性屈服。我不再认为灵魂的成长是我们说话的证明，并且我或许被迫得承认所有其他的技艺都是随着灵魂的成长而增长的。如果我这样承认了，就会得到这样一个谬论：灵魂若遗忘了什么，它就会缩小。

三种成长类型

19.33. 奥：你理解得很对。并且，老实说，在某种意义上说灵魂在学习的时候它在成长是对的；相反，当它遗忘的时候就在缩小。但是，正如我们不久前指出的那样，这是一种隐喻（translato verbo）①。

———————————

① 参考前文 17.30。

然而，当人们说成长的时候，要注意不要将它看成是占有庞大的空间；相反，是指受过训练的人比没有受过训练的人在能力上更大些。而且，所学不同就会造成很大的差别，凭借这种方式在某种程度上被视为成长。

事实上，在身体上有三种增长，但是对于达到身体部位的自然和谐来说，只有一种是必要的。第二种是多余的增长。这是一种与身体其他健康部位不协调却也不会带来损伤的增长，有时候它会发生在那些生下来就长了六个指头或者其他东西的人身上，当它们过于反常时，就叫做畸形。第三种是有害的增长，一旦出现就被称为肿瘤（tumor）。在这种情况下，这些部分如果继续增长下去就会侵占更多的空间，但却是以损害健康部位为代价。

因此，在灵魂中也有不同的自然成长，当人们说从正直的知识中的学习会获得成长时，是指过一种善好、幸福的生活。然而当我们学习那些比实用知识更卓越的知识时，虽然它们适用于一些重要情况，然而它仍然属于第二种多余的增长。例如，如同瓦罗①所言，若一个吹笛子的人擅于取悦人民从而当了国王，可是我们不应该就此认为我们的灵魂因这样的艺术（artificium）而成长。就好像，我们不应该因为听说某人有一口比常人大得多的牙齿，而且还用这牙齿咬死了他的敌人，就希望也拥有这样一口大牙。实际上，这是属于有害的那一类，因为它有损灵魂的健康。例如，用嗅觉和味觉来判断一道菜肴，从而说出这条鱼来自哪个湖或者那瓶酒产自哪一年，这些只是一点可怜的经验（peritia）。这些技艺看起来似乎有助于灵魂的成长，却忽略了蕴藏在感觉中的灵魂：这样的判断带来的除了膨胀（tumesco）或者消耗（contabesco）之外就什么都没有了。

---

① 古罗马最博学的学者和最多产的作家马库斯·特伦提乌斯·瓦罗（M. Terentius Varro，前116年–前27年）。奥古斯丁和其他早期教父经常引用他的话。当前引用的这句话在其现存的作品中无法辨认其出处。

学习被认为是记忆

20.34. 埃：我接受也同意你所说的，但是正如我们所见，在新生的婴儿身上，他的灵魂没有任何技艺和理性。如果灵魂是永恒的（aeternus），为什么它不带来技艺呢？

奥：你所提的问题是个重要而且重大的问题，我不知道还有没有什么问题比这个更重要了。我们的看法正好与你所认为的灵魂没有任何技艺相反，在我看来一切技艺都来自于它；我们所说的学习，不是别的什么，正是记忆（reminisci）和回忆（recordari）[1]。

但是，难道你不认为现在还不是询问是否确实如此的时候么？眼下，如果可以的话，我们要做的是证明灵魂被称为伟大或者渺小，不是指空间维度上的。然而就其永恒性来说——如果它是永恒的话，我们将要尽可能去探讨的正是你提出的第四个问题：为什么它要与身体结合在一起。实际上，与灵魂的大小问题相关的在于，它过去是否永远存在或者将来是否会永远存在，或者为什么它时而无知时而有知？而且前面我们已经证明了，时间上的长短甚至并不能成为身体大小的原因；[2] 并且，很显然有些人虽然在成长但却一无所知，然而一位老人却知识渊博。我相信，还有其他更多的因素足以证明，灵魂并不像身体一样随着年龄而增长。

身体力量的成长

21.35. 如果你愿意，现在让我们来看看你的另一个论据是什么：

---

[1] 奥古斯丁不久前也曾强调过同样的观点（《独语录》2.20.35）："那些在人文学科上受过良好训练的人……他们在学习的过程中，无疑会发现一些被遗忘所掩盖的东西，并在某种程度上挖掘它们。"这暗示了柏拉图（在《美诺》《斐多》《斐德诺》中）的学说，即人类灵魂存在于它与肉体结合之前的某个时期。它在这一时期获得知识，并在现世的生活中使它重新回到心灵中。因而知识，至少普遍的原则，是与生俱来的，而所谓的"学习"实际上是一种"回忆"。然而，奥古斯丁在这里关于"回忆"的表述需要被解释，事实上，他晚年明确否认任何柏拉图式的关于人类灵魂先存的观点。

[2] 参见前文 17.29。

虽然我们认为灵魂没有广延，但是它可以感受到整个身体上的感觉①。

埃：我很愿意这样做，不过我想先要讨论讨论力量（vis）。如果灵魂不随年龄增长，身体又是如何随着年龄而增长并且带给灵魂成长的力量呢？事实上，灵魂的美德，通常被认为是身体的力量。

我不会将力量与灵魂分离开来，因为在我看来没有生命的肉体就没有力量。当然，灵魂通过身体来使用力量，就像感觉那样。因为它们是生命物的功能，谁会怀疑它们不属于灵魂呢？因此，我们看到大一点的小孩比婴儿的力气要大；青少年和年轻人的力量与日俱增，直到身体衰老而减小。所以，在我看来，明显的迹象表明灵魂随着身体而成长，并随之而变老。

训练

21. 36. 奥：你所说的并非完全是荒谬的。但是，我一直认为力量并不是来自身体的成长和年龄的增加，而是来自一些训练和身体部位的协调发展。为了向你证明是这样，我要问你：一个人比另一个人步行的时间更久却更少疲惫，你认为这个人的力量更大么？

埃：我想是这样。

奥：如果力量的增长在于年龄的增加和灵魂的成长，那么为什么当我还是小孩子的时候能够追逐在小鸟后面，跑多远都不觉得累；而当我年轻的时候，我全身心地投入到其他需要长久坐下来的工作之中，反而会有些累呢？再次，在身体搏斗中，教练员用他们挑剔的眼光看重的不是重量和大小，而是胳膊上强健的筋肉、鼓起的肌肉以及整个身体的比例，正是因为这些他们才获得对力量的评价。然而，除非力量与技巧、训练相结合，所有这些还不足以让人强壮。此外，我们也常常看到一个身材高大的人，或者在负重运动，或者在举重，或者同样在搏斗中，被

---

① 参见前文 15. 26。

矮小的对手打败。显然，谁不知道，任何一个奥林匹克冠军走在路上会比一些流动商贩更容易疲劳呢？而前者只要用一根手指头就能击倒后者。因此，如果我们不能说所有的力量在这方面和那方面都伟大，如果身体的轮廓和外形比大小更重要，如果功劳主要在于训练，那么理所当然可以认为：一个人每天举起一只小牛犊，等到牛犊长大成一只公牛还是能够将它举起来，而不会感觉到它的体重在一天天地加重——也就是说，随着年龄增长的力量并不能表明灵魂随着身体而成长。

意愿的更大动力

22. 37. 但是如果拥有更大体型的动物，仅仅是因为体型大而拥有力量的话，那是因为在自然法则中弱小者总是向强大者屈服：这不仅是因为它们自身的重量使它们处于恰当的位置，例如潮湿和土质的身体坠落到世界的中心，也就是最低的地方，相反，炙热和气质的身体则向上升起；也有可能它们在外在强力的作用下被投掷或者冲击或者推动到并非它们秉性的地方去。再比如，如果你同时从高处掷出两个大小不同的石头，大石头会更快落到地上。[①] 然而，如果小石头放在大石头下面，绑在一起不能分开，显然它会屈服与大石头同时落到地上。此外，如果大石头是从更高的地方扔下来，而小石头相反从下面抛上去，当它们两个相撞的时候，小石头必然会被弹回并掉下来。你或许认为这是因为当大石头正在以最快的速度寻找自己恰当的位置时，小石头则违背自己的本性被抛向上。为了避免你产生这样的想法，可以这样想象一下：大石头向上抛起，与从上面被扔下来的小石头相撞。你还是会看到同样的情形，小石头还是会弹回掉下来，但是它会掉到与原本没有阻挡而掉下来的地方不同的地方。同样，如果这大小两个石头，不是因为自然运动而是被在运动场上搏斗的两个人，彼此朝对方扔过去，然后在空中相撞，

---

① 奥古斯丁遵循了古老而错误的学说，认为身体下落的"速度与体重成正比"。直到1590年左右伽利略在比萨斜塔上做了著名的实验，这一错误才得以纠正。

谁会怀疑那小石头会给大石头让路，而后者会从它出发的地方到达它本要到达的地方呢？尽管如此，也即如我们所说的那样，虽然小石头屈服于大石头，然而也要考虑到将它们掷出的力量也很重要。因为，如果小石头被强大的动力掷出来——例如被一个动力强大的机器射出来，撞上了被更小的力量掷出来的、或者已是强弩之末的大石头，虽然小石头或许会弹回，然而它也会阻碍大石头，或许甚至会按照冲击力和重量的比例，将大石头击退回相应的距离。

身体的结构与灵魂的意愿的影响

22.38. 我们已经讨论并理解了这一点，到目前为止我们的问题要求我们看看动物的力量是否也是符合这个推理。因为，谁能否认所有动物的身体都有自身的重量呢？而这重量受灵魂的意愿（nutus）的推动，它能承受多少取决于它自身的大小。但是，为了推动身体的重量，灵魂的意愿就像机器使用皮带一样使用神经系统（nervus）。恰当的热度与干燥能激励神经系统让它们更灵活；相反，潮湿、寒冷则会令它们松懈和软弱。因此，在睡梦中身体的某些部分会疲惫，因为——如同医生所言和所证实的那样——它带来了寒冷与潮湿；而从睡梦中惊醒的人确实很虚弱，另外没有哪个人会比昏昏欲睡的人更无力和更疲倦的了。另一方面，一些神志不清的人，例如失眠、醉酒、发高烧的人，也都是因为过多的热度而神经紧张；显然，与他们健康未受损的情况下相比，他们凭借这反常的柔韧性和耐力拥有更大的力量去搏斗，去做更多的事情，虽然他们的身体因为疾病而更瘦弱和疲惫。

所以，如果人们所谓的力量是由灵魂的意愿和神经系统以及体重构成的，那就是意志（voluntas）发出意愿，并且［这意志］因为希望和勇气而加强，但也因为恐惧而削弱，而绝望则带来更大的影响——因为在恐惧中只要有一丝潜在的希望，通常就会激发出精力充沛的力量。身体的结构使其像机器一样相协调，一个健全的身体使其秩序井然，刻苦训练则使其强壮。四肢的大小决定重量，年龄和营养又决定四肢，而营养只取决于食物。一个在所有这些方面都同样优秀的人拥有惊人的力量，而另一个身材高大但缺少这些的人，就会比前者弱。我们常常看到，一个人尽管身材矮小，凭借坚忍不拔的意志（nutus）和结实的肌肉，也能打败身材高大的人。此外，也有时候一个身材高大的人，只要稍稍努力就能战胜矮小的对手，尽管后者付出了不懈的努力。

然而，一个强壮的人被一个瘦弱的人打败，并非因为体重，也不是肌肉导致了失败，而是意志（nutus）本身——它是由灵魂发出的。从而，胆怯的被勇敢的征服，但我不知道这是否归功于力量。如此，有人或许会说灵魂拥有自身的力量，它能激发勇气或信心。然而，当灵魂在一人身上产生作用而在另一人身上不起作用时，就很容易理解灵魂要比自己的身体强壮许多，即便它要借助身体来行动。

在小孩身上也一样

22. 39. 因此，年幼的孩子只能凭借意志来推拉某物，他的肌肉因为他初生的身体和不太完善的体格，还难以操控自如，在那个年纪因为受情绪左右而软弱，因为缺乏训练而迟钝；此外，由于其体重很轻，它不能发挥任何值得一提的作用，因此它会更容易受到伤害而不是造成伤害。这样的人，当他看到几年后所有这些不足得以改善、并且意识到它们带来的力量时，他能正确并且明智地推断，灵魂成长了是因为它使用了这些与日俱增的力量么？的确，如果有这样一个人，看到一个年轻人在看不见的帷幕后面用弓弦松散的弓射出一只又细又小的芦苇，虽然年轻人尽其所能地将弓拉满，他会看到那芦苇射出没多远很快就会掉到地上；又如果不久之后，他看到年轻人使用一支加了铁并用羽毛来使其灵活的箭，从弓弦紧绷的弓上射出，会射到最远的天际。又如果他相信这年轻人在这两次射箭中都尽了同样的力，这个人可能会认为，在这么短的时间里年轻人的力量增长了。还有什么比这样的说法更荒谬的呢？

因此灵魂不随身体而增长

22.40. 另外，如果灵魂确实在成长，你要注意，将它的成长归功于身体的力量，而不是归功于知识的积累，这是多么的无知。因为，后者只听命于意志，只有前者支配其他。更有甚者，如果我们认为灵魂随着力量的增长而成长，那么当力量减少的时候灵魂就会衰弱。事实上，人进入老年力量就会减少，是在努力学习上减少；然而正是在这期间，知识在增长和积累；但没有任何东西可以同时既增长又减少。因此，力量随着年龄而增长并不能证明灵魂的成长。还有很多可以说的，但是如果这已经让你满意了，我们就谈到这里，好让我们继续讨论其他问题。

埃：它令我确信，力量的增长并非因为灵魂的成长。听了你的精辟论述，即便是一个疯子也不会认为，当身体自身在衰退的时候，灵魂会因为精神错乱和身体的疾病而成长；事实上大家都知道，疯子的力量往往比一个正常健康人的力量大很多。因此，在我看来很明显，当我们发现某人有着非凡的力量时，我们所钦佩的只是他的肌肉而已。所以，现在请你开始讨论令我有着浓厚兴趣的问题吧：如果灵魂在空间上没有像身体一样的大小，为什么它能感受到身体各个部位的触觉呢？

灵魂不像身体一样感受影响（23.41－30.61）

什么是感觉

23.41. 奥：好，如你所愿就让我们来处理这个问题；但是，你要给我打起精神，或许要比你所想的更加小心。所以，你要全神贯注回答我，在你看来，灵魂借以使用身体的"感觉（sensus）"的是什么？因为，在这里感觉是最恰当的词了。

埃：我听说有五种感觉：视觉，听觉，嗅觉，味觉和触觉。再多的我就不知道了。

奥：这种区分已经很古老了，这也是通常流行的说法。感觉自身是什么，我希望你给我下个定义，使它们五个都包括在这定义里，而其他任何不是感觉的都不在这定义中。然而，如果你不可能做到，我也不会强迫你。你做到这样一点就足够了——你可以反驳或者赞同我的定义。

埃：就这一点来说，我是不会辜负你的，我会尽我所能。但是即便如此也并非容易。

奥：那么，仔细听着：我想感觉就是灵魂所觉察到的身体的感受。[①]

埃：这个定义令我很满意。

奥：那么，就把它当作你的观点，然后当我简单地反驳它的时候你要为之辩护。

埃：如果有你的帮助，我会好好为之辩护的；但如果没有，我就不同意了。显然，你已经想好了怎么去反驳它。

奥：不要过于依赖权威，尤其是我的，它什么都不是。贺拉斯说过："勇于求知（Sapere aude）"，[②] 不要让害怕而不是理性征服了你。

埃：我一点也不害怕，不管讨论进展到哪里，因为你不会让我犯错的。但是，如果你有什么想说的就开始吧，以免耽搁而不是你的反驳让我疲惫不堪。

更深入地探寻

23.42. 奥：那么告诉我，当你看到我的时候你的身体感受到（patior）什么？

埃：我确实感受到一些东西。因为，除非我错了，否则我的眼睛是我身体的一部分，如果它什么也没有感受到，那我怎么看到你呢？

---

① "Sensum puto esse non latere animan quod patitur corpus."这是一个试验性的设想，后文25.48 及 30.59 处的概括会更加精确。

② "Sapere aude"出自贺拉斯《书信集》1.2.40。这句著名的格言在这里并没有被不恰当地引用：在原文中诗人强调一个人只有靠自己的主动才能成为智者。

奥：但是，除非你告诉我它们是如何感受的，否则这还不足以证明你的眼睛感受到某物。

埃：除了视觉（visum）本身它还能是什么呢？因为它们就是用来看的。如果你问我，一个病人有什么感受，我会答曰疾病；一个贪婪的人感受到什么？贪婪。一个恐惧的人感受到什么？恐惧。一个快乐的人感受到什么？快乐。那么，当你要问我一个人看的时候他感受到什么时，为什么我不能正确地回答：就是视觉本身呢？

奥：一个快乐的人感觉到快乐。或者你会否认这一点？

埃：相反，我赞同。

奥：那我要说其他所有的感觉都一样。

埃：我也一样认为。

奥：然而，任何眼睛所感觉到的，都是它们看见的。

埃：我绝不这么想。因为，眼睛常常感到疼痛，但是谁能看到它呢？

奥：显然，这与眼睛有关。你非常清醒。同样，在你看来，是否与一个快乐的人因为处在快乐之中而感受到快乐一样，一个人能否通过看来看到视觉呢？

埃：难道还有其他可能么？

奥：然而，无论他是否在看的过程中感觉到看，他必须去看。

埃：并不一定。因为，当他看的时候感觉到爱，但他并没看到爱，不是么？

奥：非常谨慎和敏锐！我很高兴你不是那么容易好欺骗的。但是现在你要注意：因为我们已经达成共识——我们并不能看到我们的眼睛感觉到的一切，也不能看到我们在看的过程中所感觉到的一切。但你是否认为至少这样一点是真的：我们能感受到我们所看到的一切？

埃：的确，除非承认这一点，否则我们看的时候怎么可以称为感觉呢？

奥：难道我们不是也因为我们感觉到的一切而行动么？

埃：是的。

奥：那么，如果我们能感觉我们所看到的一切，并且我们会受到我们所感觉到的一切的影响，我们就是受到我们所看到的一切的影响了。

埃：我没有异议。

奥：所以，当我们看到彼此的时候，我对你有影响，反之，你也对我有影响。

埃：我也这么认为，而且是理性将我带到这里。

感受灵魂所觉察到的

23.43. 奥：你要承认下面这些：如果有人断言你受到别人身体的影响，然而你却感受不到那个身体，我相信你会认为这是无比荒谬和愚蠢的。

埃：这的确很荒谬，但我相信你刚才所说的。

奥：显然，难道不是我的身体在一处，而你的在另一处？

埃：显然是这样。

奥：你的眼睛感觉到我的身体，如果它们能感觉，它们肯定会受到影响；但若不能感觉，它们就不会受到影响。然而，你的眼睛不在我的身体所在之处；所以，它们会受到它们所不在之处（ubi non sunt）的影响。

埃：我赞同所有这些观点，虽然它们看起来有些荒谬而不能赞同。但是，最后你从其他几条得出的结论，过于荒谬，我宁愿因为赞同之前的观点而被认为鲁莽，也不愿赞成这一结论是正确的。即便是在睡梦中，我都不敢说我的眼睛能在其不在之处有感觉。

奥：那么，来看看你是什么时候开小差的（obdormire）：如果你还是像刚才一样非常清醒的话，那么你过于谨慎而错过的是什么呢？

埃：的确，那就是我要小心谨慎地回想和重新思考的。尽管如此，我还不清楚我错误地赞同了什么；除非，或许是这一点——在我们看的时候我们的眼睛能感觉，因为或许视线（visus）本身就能感觉。

奥：的确，就是这一点。视线能将自己向外延伸，再通过眼睛向更远的、任何可能的方向射过去，以照亮我们能看到的东西。从而可以在能看到物体的地方就能看得很清楚，而不用走上近前去才能看到。所以，当你看我的时候，难道不是你在看么？

埃：只有傻子才会这么说！是我在看，但我是通过眼睛射出的光来看。

奥：但是，倘若你看，你就能感受；你感受了，你就受到影响。你不能在你不在之处受到影响。但是你看到我在我所在之处，所以你受到我所在之处的影响。但是，如果我在我所在之处，你就不能在这个地方。我不知道，你如何敢说你看到我。

埃：我是说，通过视线射向你所在的地方，我看到你在你所在之处；我承认我并不在那里。但是，如果我用一根小棍子敲敲你，显然是我在敲你，也是我在感觉；然而，我不在棍子触碰到你的地方。同样，我说我通过视线来看，即便我不在那里，我也不会被强迫承认不是我在看。

眼睛能看到它们所不在的地方

23.44 奥：那么你就没有鲁莽地做出妥协。因为还可以用这样的方式来为你的眼睛辩护：就像你说的那样，它们的视觉如同小棍子；你的结论——你的眼睛能看到它们不在的地方——并不荒谬。或者，你有什么异议？

埃：显然，正如你所言。因为现在我认识到：如果眼睛能够看到它们所在的地方，那么它们就也能看到它们自己。

奥：你若这样说就更正确了：它们不是“也”能看到它们自己，而是它们“只能”看到它们自己。因为，它们在哪里，也就是它们所占据的地方，也只有它们占据的地方。鼻子不在它们所在之处，或者它们附近其他的什么东西也不在它们所在的地方。另外，你或许也在我所在之处，因为我们彼此离得很近。所以，如果眼睛只看到它们自身所在的地方，它们就只能看到它们自己。但是，因为它们看不到自身，我们就不得不承认它们不仅能看到它们不在的地方，而且除了它们所不在的地方之外，它们什么都看不到。

埃：没有什么可以令我怀疑这一点的了。

奥：那么你也不会怀疑眼睛会受到它们所不在的地方的影响了。因为，它们看到哪里，它们就能感觉哪里，因为看自身就是一种感觉；而感觉到什么，就会受它的影响。所以，感觉到哪里，就受到哪里的影响。但是它们所看到的不是它们所在之处，①所以，它们受到它们所不在的地方的影响。

埃：太神奇了，我认为这是正确的。

因此一种是看，一种是认知

24.45. 奥：或许你的判断是对的。但是请回答我，我们能否看到我们通过视觉而认识的一切事物？

埃：我想是的。

奥：你是否还认为，我们通过看而认识的一切，也可以凭借视觉而认识呢？

埃：是的，我相信是这样。

奥：那么，为什么，当我们只看到浓烟的时候，我们认为在其下隐藏着我们看不到的火？

埃：你说的对。现在，我不认为我们能看到我们通过视觉而认识的

---

① 这里给出了关于视觉的巧妙但相当令人不满意的解释——依据这一解释，视觉"从眼睛里射出来"，因此感觉发生在人体之外——源于奥古斯丁不愿意将身体视为灵魂的共同原则、感觉的行为。在后来的《论三位一体》中，奥古斯丁承认视觉对象对视觉奇观的某种作用；即便如此，他似乎仍然认为灵魂是唯一真正行使视觉能力的个体。

一切事物了。因为，如同你指出的那样，我们可以看到一物，但却能认识到在视觉之外的另一物。

奥：是否有可能我们看不到通过视觉而感受到的事物呢？

埃：这绝不可能。

奥：那么，感觉和认识是不同的。

埃：它们完全不同。我们看到浓烟，并感觉到它；由此，我们认识到在它下面有我们看不到的火。

奥：你的理解完全正确。但是，当这种情况发生时，显然你看到，我们的身体——也就是眼睛——并没有受到火的影响，而是受到它们唯一看到的火的影响。因为前面我们已经同意：看即感觉（sentire），感觉即受到影响（patior）。①

埃：我支持并且同意。

奥：那么，通过身体的感受（passio），灵魂觉察到（non latere）某物，但这不是马上就称其为前面我们提到的五种感觉中的一种，而是灵魂自身觉察到这感受。事实上，火并没有被我们看到、听到、闻到、尝到、触到，而是因为看到浓烟而被灵魂觉察到。并且，这种觉察不能称为感觉，因为身体并没有受到火的影响；尽管如此，它还是被称为通过感觉而认识，因为火是从身体的感受而推测和确认的，虽然经由身体所感受的和通过视觉所看到的并不相同。

埃：我理解，而且我很清楚地看到这支持你的定义——也就是你让我当作我自己的而为之辩护的定义，而且也与其相称。因为我想起来，你将感觉定义为"灵魂觉察到身体的感受"。② 然而，浓烟被看到，我们就称为感觉，因为通过看到浓烟眼睛感受到它，而眼睛是身体的一部分，也就是身体；对于火，虽然我们知道有火在，但是我们的身体却没

---

① 这一论断并不意味着感觉仅仅由接受某个外部物体对感觉器官的作用而构成，视觉是唯一的感觉比第一句更能说明这一点。作者所强调的是感官知识需要实际存在的外在实体的影响。

② 参考23.41。

有感受到它，我们就不能称之为感觉。

被感受到的

24.46. 奥：我不得不称赞你的记忆力和紧随其后的理解力。但是，你对那个定义的辩护摇摇欲坠啊。

埃：请你告诉我为什么呢？

奥：因为，我想你不会否认，当我们成长或者变老的时候身体肯定会受到影响。然而，显然我们不能通过任何感觉觉察到它，但它并不能躲过灵魂。所以，身体受到的影响灵魂能觉察到，然而这并不能称为感觉。看到我们以前看到的较小的事物现在变大了，以及看到曾经的青年或者小孩现在变成了老人，我们推断我们自己的身体也在经历这样的变化，甚至在现在我们谈话的时候。我确信在这一点上，我们没有犯错；因为，说"我看到现在我的头发在长长"比说"我认识到现在我的头发在长长"，或者说"我认识到我的身体在不断地变化"，更容易犯错。没有人会否认这变化对身体有影响，虽然现在它没有被我们感觉到，但灵魂仍然会觉察到它，因为我们会觉察到它；那么，正如我所说，灵魂能觉察到身体受到影响，然而这并不是感觉。所以，之前的定义显然有缺陷，因为它涵盖了不应该涵盖的非感觉的东西。

埃：我想剩下来我能做的只有请你——如果可以的话——给出另一个定义，或者修改之前的那个了。因为，你的推理完全说服了我，我不得不承认它有缺陷。

奥：修改它要容易些，我想要你来试一试。相信我，如果你很好地把握到哪里错了，你就可以做到。

埃：有没有可能，那个定义涵盖了不属于它的东西？

奥：那么，如何可能呢？

埃：因为，不可否认身体——即便它还年青的时候——在变老。当我们知道这一点，灵魂能觉察到身体所感受到的某些东西；然而它不可能觉察到每一个感觉，而且，我既没有看到，也没有通过听觉、嗅觉、味觉或者触觉感受到现在我正在变老。

奥：那你是怎么知道它的呢？

埃：我用理性推断出来的。

奥：你的推断所依赖的论据呢？

埃：事实上，我看到其他的老人，他们曾经像现在的我一样也年轻过。

奥：你是不是通过五种感觉中的任何一种而看到它们的呢？

埃：谁会否认呢？但是从我们看到的那些，我推断出我在变老，虽然我并没有看到它。

奥：说得对！那么，你认为是不是要在那个定义里加上什么，好使它完善呢？因为感觉的存在，只有通过身体的感受被灵魂觉察到，而不是通过其他的影响或者其他的途径而被灵魂意识到。

埃：还是请你把它说得更清楚点吧。

下定义的真正原则是什么

25.47. 奥：我就按照你的意愿，并且若你适时阻止我而不是催促我，我会更乐意。但是，你要聚精会神，因为我要说的将会在许多方面有所助益。

一个定义所涵盖的比其要解释的不能多也不能少，否则，完全就是个错误的定义。它能否摆脱这样的错误，就在于它能否主宾互换（conversione）；下面这个例子会让你更清楚。例如，如果你问我什么是人，我会这样来下定义："人是会死的动物"；你不应该，如果我所说的是对的就赞成这是一个定义。但是，只要加上一个词——那就是"每一个（omnis）"——然后转换命题，看看反命题是否正确：也即若"每个人都是会死的动物"这个命题正确，那么其反命题"每个会死的动物都是人"是否正确呢？你发现它并不正确，你就应该拒绝这个定义，因为它犯了涵盖了无关内容的错误。因为，不仅仅人，而且还有所有的兽类都是会死的动物。因此，通常可以通过在"会死的"前面加上"理性的"使这个定义更完善：人是理性的会死的动物。[①] 正如"每个人都是会死的理性动物"，所以"每个会死的理性动物都是人"。之前的那个定义错在涵盖的过多，它将野兽和人一起涵盖了；现在这个定义，涵盖了所有的人，又没有多出来的内容，所以是完美的。

此外，如果它涵盖的太少，例如，如果你加上"懂文法的（grammaticum）"同样也是错误的。虽然每个理性的会死的懂文法的动物是人，但是有很多不懂文法的人就没有涵盖在这个定义里。因此，第一个命题的描述是错误的，虽然它的反命题是正确的。"每个人都是理性的会死的和懂文法的动物"是错误的，但是"每个理性的会死的和懂文法的动物是人"是正确的。然而，若第一个命题及其反命题都不正确，其错误显然比只有一个命题不正确的错误更大。再来看看这两个命题："每个人都是白色动物"和"每个人都是四足动物"。无论你说"每个人都是白色的动物"，还是说"每个人都是四足动物"，命题都是错误的，它们的反命题也是错误的。但是，它们之间又有着不同。第一个命题适合于一些人，因为有许多人是白种人；第二个命题则不适合于任何人，因为没有哪个人长了四只脚。就目前来说，你学会了如何来检测各种定义，如何从命题和反命题来判断它们。人们教过许多这样的知识，既啰唆又含糊，接下来我会尽力在适当的时候慢慢教给你。

探寻感觉是什么

25.48. 现在，我们转向思考此前我们关于感觉的定义，然后通过更好的检查来修正它。我们已经发现，它是关于感觉的定义但它涵盖了

---

① 除了这里加入的形容词"会死的"，这一定义同样在《论秩序》2.11.31 中给出并解释，这是传统的亚里士多德式的定义。然而，在其他地方，奥古斯丁对人的定义反映了一种柏拉图式的概念，以及他自己无法令人满意的对身体与灵魂结合的设想。

一些感觉之外的内容，并且其反命题并不正确。或许，"所有的感觉都是被灵魂觉察到的身体的感受"① 是正确的，如同"每个人都是会死的动物"是正确的一样。但是，如同"每个会死的动物都是人"是错误的——因为野兽也是会死的动物——一样，"所有被灵魂觉察到的对身体的影响都是感觉"也是错误的。因为，［例如］现在我们的手指甲在长长，灵魂并没有觉察到，但我们却知道这一点；然而，我们不是通过感觉而是通过推论认识到这一点的。为了使关于人的定义更精确，我们加上了"理性的"，加上之后就排除了同样涵盖在其内的野兽；这样，我们认识到这个定义涵盖了所有人也只涵盖了人。难道你不认为我们的定义需要加上点什么，以便排除在其之外的内容，从而使它既涵盖所有感觉又只涵盖感觉么？

埃：我想是有必要，但是我不知道我们可以加上什么。

奥：显然，"每个感觉都是被灵魂觉察到的身体的感受"。但是这个命题不能转换，因为身体的感受，它或者增强或者减弱都能被我们知道，也即是说，被灵魂觉察到。

埃：是这样。

奥：那么，这感受（passio）是通过它自身还是通过其他因素让灵魂觉察到的呢？

埃：显然是通过其他因素。看到指甲在长长是一回事，认识到指甲在长长是另一回事。

奥：增长自身是一种感受，我们不能通过任何感觉而体验到，然而身高的增长则是我们可以感觉到的，它与前者是同一种感受的结果，但是它不是感受自身；显然，我们不是通过感受自身，而是通过其他因素知道这一感受。所以，如果不通过其他因素灵魂也能觉察到，这不就是通过感觉而不是通过推论知道它么？

埃：我明白。

---

① 这里与他最初的定义（23.41）略有不同。

奥：那么，为什么你还在为在感觉定义中应该加上什么而犹豫呢？

埃：现在，我想感觉可以这样来界定：身体的感受通过其自身①而被灵魂觉察到的就是感觉，因为所有的感觉都如此，而且我相信，所有如此的都是感觉。

修改定义

25.49. 奥：如果真是这样，我承认这个定义很完美。但是，如果你愿意，我们先拿它检测一下，看它是否如同人的定义加上了"懂文法的"一样，因为第二个错误而摇摇欲坠。你回想一下，那个定义是"人是有理性的懂文法的会死的动物"。而这个定义是错误的，是因为虽然其反命题是正确的，但原命题是错误的。因为，"每个人都是有理性的懂文法的会死的动物"是错误的，虽然"每个有理性的懂文法的会死的动物都是人"是正确的。因此，这个定义不正确，因为虽然它只涵盖了人，但它并没有涵盖所有的人。或许，我们吹嘘很完美的关于感觉的定义，跟这个一样。尽管所有通过其自身而被灵魂觉察到的身体感受都是感觉，但并非所有的感觉都如此。你可以这样来理解：显而易见，野兽能感受，它们都能使用五种感觉，这是自然赋予它们的。对此，你不会否认吧？

埃：当然不会。

26.49. 奥：此外，你难道不会承认，除非一些事实被确定的理性（firma ratio）所觉察和认识到，否则就没有"知识（scientia）"②？

埃：我承认是这样。

奥：但是野兽没有理性。

---

① 这里插入的"per seipsam"在24.46结尾处由奥古斯丁提出，但那时埃沃迪乌斯还不能理解。

② "Scientia"：从上下文可知，显然奥古斯丁用这个词来表示知识首先来自理智，而非来自感觉。但是更重要的是"firma（确定的）"，因为他在这里说，除非一些事实被确定的理性所觉察和认识到，否则没有知识。

埃：我也承认这一点。

奥：因此，知识并不适用于野兽。但是觉察到（non latere）什么，就是知道（scire）什么；① 所以，若所有感觉都是灵魂直接觉察到的身体的感受，那么野兽就没有感觉经验；虽然正如不久之前我们承认的那样，它们确实能感受。那么，对于拒绝那个定义——它并没有涵盖所有的感觉，因为野兽的感觉被排除了——我们为什么还犹豫不决呢？

知识即拥有被觉察到的东西

26. 50. 埃：我承认，当我向你承认知识就是被确定的理性觉察到时，我被欺骗了。因为，当你询问的时候，我只考虑到人类。事实上，我不能说野兽也有理性，也不能否认它们拥有知识。不用说其他的例子了，在我看来，一只狗知道它的主人——正如那故事说的那样——二十年之后它还能认出他。②

奥：那我请你告诉我，如果有两种东西摆在你的面前，一个是要达到的目标，另一个是能实现它的手段，这两种当中你更尊敬哪一个、更喜欢哪一个呢？

埃：谁会怀疑要达到的目标更值得尊敬呢？

奥：那么，现在将知识和理性看作两种东西，我们是通过知识达到理性呢，还是通过理性达到知识？

埃：依我看来，这两者之间彼此联系紧密，从而不能说通过一个达到另一个。因为，我们不能达到理性本身，除非我们知道要达到它。所以，知识在前，从而我们可以通过它而达到理性。

奥：什么？没有理性，我们能达到如你所说的在先的知识么？

埃：我不会这么说的，因为那绝对是鲁莽的。

---

① 奥古斯丁并没有把这句话当成真的，他后来（30. 58）明确把这句话界定为假的，然而，为了让埃沃迪乌斯有一个正确的理解，他会将其视为真的一样反复争辩。

② 参见荷马《奥德赛》17. 291–327。

奥：那么是通过理性了？

埃：不是。

奥：那么是通过鲁莽？

埃：谁会这么认为呢？

奥：那是通过什么呢？

埃：什么也不通过，因为知识是与我们与生俱来的。

确定的理性

26.51. 奥：在我看来，你似乎忘记了我们先前的共识，我曾问你是否认为，当一些事实被确定的理性觉察到时就是知识。你回答说，在你看来这就是人类知识。但是现在你又说，人不通过理性觉察到事实，人也可以拥有一些知识。谁看不出来没有比这两条——"只有被确定的理性所觉察到的事实才是知识"和"不通过理性也能认识到一些知识"——更矛盾的了呢？因此，我想要知道，你会选择哪一个？显然，不可能两个都正确。

埃：我选择我刚刚说的那个。我承认，我仓促地就同意了之前的命题。当我们两人在探讨通过理性而寻得真理时，我们是通过问答来探讨的；除非在这之前我们承认（concedere）一些东西，否则我们如何可能得出一个观点从而使它是出自理性的结论呢？而且，一个有根据的承认怎么可能由不知道的东西构成呢？所以，除非我事先知道一些可以被理性当作前提的知识，从而推论出不知道的知识，否则我凭借理性绝对什么都不能学到，也完全不会称之为理性。因此，我承认在使用理性之前，我们要拥有一些知识从而作为理性的出发点。你不赞同我的认可你就错了。

奥：我赞同，而且正如我建议的那样，每当你对你的认可后悔了，我会允许你修正你的观点。但是，我请你不要滥用这个许诺，而且在我问你问题的时候不要开小差；否则，你继续不恰当的认可，可能会令你甚至怀疑那些被正确地承认的事情。

埃：总之，让我们继续其他的问题吧。虽然，我将会尽我所能地提高警惕——因为，对于经常改变我的观点，我也很羞愧——但我不会被克服羞愧和纠正失误而阻止，尤其是你向我伸出援手的时候。当然，寻求共识的愿望不能让一个人固步不前。

如何推理

27.52. 奥：希望这共识能按你的方式尽快达成——我很喜欢你所表达的观点。但是，现在你要仔细听听我所想的。我想要知道，在你看来理性（ratio）和推理（ratiocinatio）之间有什么区别。

埃：我还分不清楚它们之间的区别。

奥：那么，看看这样行不行。你是否会认为，一个青少年，或者一个成人，或者——为了避免各种兜圈子——一位智者，只要他拥有一个健全的心灵（mens sana），就会拥有不中断的理性，如同他只要免于疾病和创伤，就会拥有健康的体魄一样？或者，这理性会不会一会儿在，一会儿不在，就像他一会儿散步，一会儿坐下，一会儿说话一样？

埃：我想一个健全的心灵，会一直拥有理性。

奥：这样怎么样？对于那些前提和证据，或者通过质疑前者，或者通过关联后者，我们得到一些特定的知识——你是否认为我们或者任何一个智者都会一直这样做？

埃：不，不会一直那样。因为在我看来，没有哪个人或者哪个智者，会"一直"通过与自己或者与他人讨论来寻求真理。因为，在寻求中的人仍然还没有发现，如果他一直在寻求，那他永远不会发现。但是，智者已经发现了，至少可以说智慧自身，更不要说其他的了；这就是在他尚无知的时候，他或者通过讨论、或者通过其他的方式所要寻求的。

奥：你说的对。就此，我想要你理解，当我们由承认和知道的事实被引导到一些不知道的知识，这不是理性。因为，如同我们已经同意的那样，健全的心灵并没有一直出现在这样的过程当中，但是理性却一直在。

知识不只是理性

27. 53. 埃：我理解。但是为什么会这样呢？

奥：因为，不久之前你说过，我必须同意在理性之前我们要先有知识，因为以一些已知的为基础，理性会引导我们到达未知的。但是现在我们发现，即便如此，也不能称其为理性；因为在这过程之中，并非一直都有一个健全的心灵，尽管它一直都有理性。因而，或许这一过程更应该称为"推理"。这样，"理性"就如同心灵的视线（aspectus），而"推理"则是理性的探寻，也就是这视线射向所见的对象的运动。因此，后者的功能在于探寻，前者则是为了看见。所以，当心灵的视线——我们称之为理性——射向一些对象并且看见它们时，就称为知识。但是，当心灵——尽管它投出了视线——不能看见时，就称不知道或者无知。因为，并非每个用其肉体的眼睛来看的人都能看见，在黑暗中我们很容易就能发现这一点。我想，这表明视（aspectus）是一回事，见（visio）是另一回事。将这两个应用于心灵，我们称它们为理性和知识（scientia）。或许你有什么可以反对的，或者你认为这区别不够明显。

埃：这区分在我看来已经很明显了，我完全同意。

奥：那么现在，你是否认为我们视（aspicere）是为了见，还是我们见（videre）是为了视？

埃：即便是一个瞎子也不会怀疑，视是为了见，反之则不行。

奥：那么必须承认，见要比视的价值更高。

埃：完全承认。

奥：那么，同样知识比理性更有价值。

埃：我知道会是这结论。

奥：你是否认为野兽要比人类更卓越或者更幸福呢？

埃：愿上帝阻止这可怕的错误。

奥：当然，你惊恐于这样的想法是对的。但是，你的观点向我们表达了这样一种结论。因为，你曾说野兽拥有知识，没有理性。然而人类拥有理性，通过它人们艰难地获得知识。但是，我认为我们可以轻松获得它：当我们知道野兽同样拥有知识，而且发现知识比理性更好时，理性如何能帮助我们，从而使我们认为我们比野兽更卓越呢？

野兽没有知识

28.54. 埃：我不得不要么否认野兽有知识，要么承认它们理所当然比我卓越。但是，请你解释一下，刚才我提到的奥德修斯的狗①这个故事的意义——因为我刚才徒劳地叫喊着我对它的钦佩。

奥：除了有一些感觉能力和没有知识之外，你认为它还有什么能力？事实上，许多动物拥有比我们更敏锐的感觉，但是现在不是我们探讨这一问题的时候。然而，上帝使我们在心灵（精神）上、理性上和知识上都比它们卓越。但是它们所拥有的感觉能力，与其习惯的强大力量密切相关，可以辨别出能给同它们一样的灵魂带来快乐的事物。此外，这对它们来说很容易，因为野兽的灵魂更依赖于它们的身体，而感觉属于后者，灵魂使用它得以生存和获得来自同一个身体的快乐。然而，人类的灵魂通过使用理性和知识——这正是我们现在要处理的——要远比感觉优越，这使得灵魂自身尽其所能独立于身体，它更喜欢享受内在的喜悦；它若越是陷入感觉，它就带给人与野兽更多的相似性。因此，甚至一个哭哭啼啼的婴儿，离理性越远，就越容易通过感觉来辨认护士的触摸和亲近，而不愿接受其他他们不熟悉的人的气味。

---

① 参见前文 26.50。

我们应该成为我们自身，成为上帝

28.55. 因此，尽管一件事情可以引向另一件事情，然而我仍然想停留在这讨论上，它告诫灵魂不要越过了必要的要求而倒退到感觉上；但是，它倒是应该从感觉回到它自身，再次成为上帝的孩子。这就是脱出旧人成为新人的意义所在。① 因为忽视了上帝的法律，这样做是绝对必要的：《圣经》没有比这更大、更深的真理了。我想就这一点多说一些，并且想要教你一条，我唯一关心的是使我自己成为我自己，特别是成为我应该成为的自己，② 那就是成为上帝（神），正如贺拉斯所说的："奴隶是其主人的朋友。"③ 要想这项成就——变成上帝——成为可能，我们只有将自己再造成祂的肖像。祂委托我们要把这肖像当作最宝贵和最昂贵的东西来关心，当祂将我们给予我们自己时，祂使我们除了祂没有什么能令我们更喜欢的了。④

但是，在我看来没有比这工作更费力的了，也没有比这工作更类似于静止的了，然而，除非灵魂听从上帝而获得祂的帮助，灵魂就不可能开始或者完成。因此，人类的革新（reformandus）是依赖祂的宽恕（clementia），祂的仁慈（bonitate）和祂的大能（potestate）而成就的。

再一次思考感觉是什么

28.56. 但是我们必须回到我们的主题。看看现在你是否确信野兽没有知识，而且它们所有令我们惊叹的知识的假象，都是感觉能力。

埃：我完全确信。而且，如果在这个问题上需要更仔细的探讨，我

---

① 这里显然是对圣保罗反复表达的思想的回忆，参见《以弗所书》四章 22、24 节，《歌罗西书》三章 9 节。

② 关于这一句，参见《订正录》1.8.3。

③ "Amicum mancipium Domino." 参见贺拉斯《讽刺诗集》2.7.2。

④ 不久前，奥古斯丁在《论灵魂不朽》13.22 中写道："正如所有人都同意的那样，比理性灵魂更优秀的是上帝。"奥古斯丁关于天使与人类灵魂的观点，参考注释87。

会抓住另一个机会的。现在，我急于想知道你由此得出了什么结论。

29.56. 奥：你认为会是怎样的结论呢？除了我们之前的感觉定义涵盖了许多我不知道的内容之外，现在又被相反的错误绊了一跤：因为它不能涵盖所有的感觉。因为野兽也有感觉，但它们没有知识。然而，被觉察到就是被知道；① 显然，所有已知的都属于知识。就所有这些观点来说，我已经和你达成了共识。因此，要么"感觉是被灵魂觉察到的身体的感受"是不对的，要么野兽没有感觉，因为它们缺乏知识。然而，我们承认野兽有感觉；因此，我们的定义是有缺陷的。

埃：我坦白，我找不到理由来反驳你了。

知识是通过理性而被觉察到

29.57. 奥：你要接受另一个更好的理由，使我们否认这个定义。我想你要回想一下，我们曾指出定义的第三个缺陷——也是最糟糕的缺陷，那就是定义的正反命题都是错误的，例如这样一种人的定义："人是四足的动物"。不管是"所有的人都是四足的动物"，还是"所有四足的动物都是人"，任何这样说或者这样断言的人，显然，他不是疯了就是在开玩笑。

埃：你说的对。

奥：好！如果我们的这个定义被诊断具有同样的缺陷，关于灵魂，你是否认为会有什么东西是我们更应该要拒绝和排除的呢？

埃：谁会拒绝呢？但是，如果可能，这一次我不想耽搁的太久，也不想被微不足道的问题所困扰。

奥：你无需害怕，我们的任务已经完成了。或者，从我们关于野兽与人的区别的讨论中，你还没有信服感觉和知识是不同的？

埃：彻底信服了。

----

① 这在 30.58 处得到进一步的修正。这里的断言和前面一样，是在激励埃沃迪乌斯考察感觉的定义。

奥：所以，感觉与知识不是一回事。

埃：是的。

奥：所以，我们不能通过理性来感受，但是可以凭借视觉、听觉、嗅觉、味觉，或者触觉感受？

埃：我同意。

奥：而且，我们所知道的一切，都是通过理性知道的。因此，感觉不是知识；然而，任何觉察到的都属于知识。因此，任何被觉察到的跟感觉都没有关系，就好像没有人会说人是四足的一样。所以，我们的这个定义——你承诺要为其辩护——不仅侵入了其他定义的界限，放弃了自己的权利，而且不拥有任何属于自己的，而是将其他定义整个地掠夺过来。

埃：那我们要怎么做？你是否容许它逃离对它的审判？我自己，则会尽我所能地来为它辩护，但是，是你制定了这套欺骗了我们的规则。而且，即便我不能赢得判决，至少我表现出了诚意，这对我来说就足够了。但是，你如果被人指控为推诿，你会怎么做？因为是你制定了这个定义并对它起诉，迫使它羞耻地离开。

奥：难道会有什么审判令这个定义或者我自己害怕的么？就像被聘请的律师一样，我私下里驳斥你是为了指导你，从而当审判真的发生时，你就能够去辩护。

29.58. 埃：那么关于这个定义——你将对它的辩护和保护委托给我，而完全无视我的无能为力——你还有什么其他要说的么？

奥：当然有了。

感觉即凭借［身体］自身而被觉察到

30.58. 埃：我求你告诉我，那又是什么呢？

奥：尽管感觉和知识是两回事，然而"能被觉察到"则是两者的共同之处；就好像人类和野兽，虽然他们之间有着巨大的差别，但都是动物是他们的共同之处。因为，不管是通过身体组织，还是通过纯粹的智慧向灵魂显示的无论是什么，都能被觉察到；在前一种情况下是感觉，在后一种情况中是知识。

埃：那么那个定义得到了保护和证明么？

奥：是的。

埃：那我是在哪里被误导了？

奥：在我问"是否所有被灵魂觉察到的都是知识"的时候，[①] 你匆忙地给出了肯定的回答。

埃：那你想让我说什么？

奥：不是觉察到什么就是知识，而是只有通过理性觉察到的才是知识。因此，如果身体自身而觉察到身体的感受，那么通过身体而觉察到就称为感觉。难道你不知道，一些哲人和有着敏锐洞察力的人认为，除非心灵牢牢把握了它所理解的，从而不会因任何争论从它那里剥夺走，否则心灵所掌握的就不能称为知识么？

身体所感受的灵魂能觉察到

30.59. 埃：我非常乐意接受你所说的。但是，在深入地解释了什么是感觉之后，我想就让我们回到那个我们承诺要解释清楚的问题吧。现在，我想要提供证据以证明——"灵魂拥有与其身体一样的大小"：从头到脚指头的任何部位，无论接触到你什么，都能产生感觉。从那里，我们被引导到耽搁我们很久的感觉的定义——虽然或许这是必要的。现在，如果你愿意，就让我展示一下这伟大工作的成果吧。

奥：那当然是硕果累累了；因为我们所要探求的一切都已经实现

---

① 参见 26.49 及 29.56。

了。如果感觉是通过其自身而被灵魂觉察到的身体感受①——一个我们已经讨论了比你所希望的更久的定义，以便你能彻底掌握它；你是不是还记得，最终我们发现眼睛能够感受到其所不在的地方，或者毋宁说它们能感受到没有它们的地方？②

埃：我记得。

奥：如果我没有弄错的话，你还认同了这一点——虽然直到现在你还在犹豫不决：灵魂要远远优越于身体，也比身体更强大。

埃：我想这样的犹豫不决是可恶的。

奥：好！如果因为身体与灵魂的恰当结合——我们发现在看的时候眼睛就是这样，身体能对其不在的地方产生影响，那么我们能否相信灵魂——通过它眼睛获得了强大的能力——会如此粗糙和迟钝，以致于如果它不在感受所发生的地方，就不能觉察到身体的感受呢？

眼睛能看到其所不在的地方

30. 60. 埃：这个结论确实狠狠地打击了我，如此强有力，以致我完全惊呆了。我不知道如何回答，我完全迷失了。是的，我应该说什么呢？当身体的感受通过其自身而被灵魂觉察到时，这不正是感觉么？如果不是感觉，那还能是什么呢？当我们看的时候，眼睛什么也没有感受到么？这是最荒谬不过的了。我应该说它们只在它们所在的地方有所感受么？它们看不到自身，它们所在的地方只有它们自己。既然灵魂即是眼睛的力量，我应该说灵魂不比眼睛更强大么？没有比这更愚蠢的了。或者，应该说，在有它的地方比没有它的地方有更强大的力量去感受？但是，如果这是真的，视觉就不比其他的几种感觉更卓越了。

---

① 这是对感觉定义的最后一个界定。奥古斯丁在23. 41 中提出了不完整的形式，接着在24. 46 和25. 48 中引入 "per seipsam" 这一短语而完成，他在这些章节中一直在讨论这一问题。在这个有趣而且著名，但又很难被接受的定义中，感觉被认为是灵魂单独的一种行为，由对身体的物理作用引起，由外部物质的东西的行动产生。

② 参考前文23. 43。

奥：我们可以设想一下，眼睛里有什么东西掉进去，或者受到液体的感染，它们就在眼睛里；灵魂能觉察到它们，但这感觉不是视觉，而是触觉。更有甚者，即便在一具尸体中没有灵魂来觉察眼睛的感受，眼睛还是会以这样的方式受到影响。然而，只有灵魂在，眼睛才能感受，这就是视觉感受，眼睛只能感受其所不在的地方。因此，谁看不出灵魂并没有限定在任何地方呢？因为眼睛，也就是身体，只能感受自己范围之外的影响，没有灵魂它们是不能感受的。①

因此灵魂不在空间内

30.61. 埃：那么，我问你，我应该做什么呢？难道这些论据不是证明我们的灵魂不在我们的身体里么？而且，如果真是这样，是不是我就不知道我在哪儿了？因为谁能从我身上夺走那正是我自身的我的灵魂呢？

奥：不要慌乱，要充满信心！像这样的一种想法和思考邀请我们进入我们自身，尽可能地从身体中脱离出来。倘若如你所想的那样，灵魂不在活生生的人的身体里——虽然这看起来有些荒谬，我想现在确实有一些人会认为如此，因为一些最博学的人也认为如此。然而，你自己也意识到这是个非常微妙的问题，为了解决这个问题我们需要充分净化心灵之眼（mentis acies）。现在，让我们看看你还有什么别的证据可以证明灵魂有长度、宽度或者类似的属性。因为，你提出的关于触觉的证据，你知道它并不符合真理：没有什么可以证明灵魂就像血液一样散布在整个身体里。或者，如果你不能提出进一步的证据，那就让我们看看剩下的问题吧。

---

① 这就是关于感觉的长篇讨论的意义所在：灵魂不需要在空间上延伸到身体的各个部位从而感知可感事物。这里给出的理由在于，眼睛看并采取行动的是在空间上眼睛所不在的地方，但是因为灵魂从而眼睛能看；因此，灵魂更不用说，它不是以空间的方式，而是通过"某种重要的关注"而在场。

灵魂能否被分割（31.62－32.69）

讲述关于幼虫的故事

31.62. 埃：或许没有更进一步的证据了，除非我回想起，当我们还是孩子的时候，我们常常惊叹蜥蜴的尾巴被我们从身体上切下来后仍然能蠕动。我要如何向自己证明没有灵魂尾巴还能动呢？我也不理解，若灵魂没有空间维度，它如何可能像身体一样被切成一段一段的？

奥：我会回答说：气和火两者借着灵魂的存在而保存在由土和湿气构成的身体里；从而，所有四个元素混合在一起，当它们同灵魂一样离开之后会向上逃逸，并且释放自己，它们促使这些小断片运动的越激烈，就能通过那些新鲜的伤口逃离的越快；随后，这运动会越来越微弱直至最终停止，而那些逃逸的东西则会越来越少，并最终完全消失。但是，这使我回忆起，眼睛所见的颠覆了所相信的，但必然不能颠覆我应该相信的。

最近，当我们在利古里亚（Liguria）乡村的时候，我们的那些青少年们①——那时候他们和我一起求学——躺在阴凉的地上，一只多脚的小虫子爬过——我想说的是一只长有很多脚的幼虫（vermiculus）。这虫子很普通。不过我将要说的，我自己并没有尝试过。这些青少年中的一个，就用恰好随身携带的笔尖从中间将小虫子切开，随后这虫子的两截身体从伤口处朝两个相反的方向爬去，它们用多只脚快速地爬行，而且那么有力就好像是两只同样的虫子一样。他们被这奇特的一幕惊呆了，并且渴望知道其原因，他们兴奋地拿着那两截活生生的虫子来到我和阿

---

① 青少年们很有可能指的是奥古斯丁的学生利坎提乌斯（Licentius）和特格提乌斯（Trygetius）；参考《论幸福生活》1.6。他们参与了对话录《驳学园派》、《论幸福生活》以及《论秩序》。

利皮乌斯（Alypius）① 所坐的地方。当我们观察到它们爬遍了写字板上能爬的地方，我们也吃惊不小。当其中的一个被笔尖触碰时，它就向疼痛的地方扭转，而另一个则毫无感觉，继续自己的爬行。此外，我们想要看看它到底能爬多久，我们将它切成更多截；它们都以相似的方式运动着，倘若我们没有这样对它并且看不到它们新鲜的伤口，我们会认为它们每一个是分别生出来的，而且每一个都是独立地活着。

理性所理解的不会被抛弃

31.63. 但是，当这些孩子聚精会神地看着我时我对他们所说的，现在我有点担心［要不要］告诉你。因为现在我们已经前进的很远，除非我告诉你另一个回答，一个更合理的被我的论据支持的回答，否则我们通过这么久的讨论来而辩护的所有努力，可能会因为一条小虫子而前功尽弃。我告诉他们，要保持像他们一开始那样继续研究，如果一个问题值得探讨，在恰当的时候他们要以这样的方法来探究和学习这一问题。但是，倘若我想要解释在孩子们离开之后我与阿利皮乌斯，我们两人尽我们所能而做出的回想、推测和探索，这会比我们从开始经过迂回婉转一直到现在的这个讨论，要说的更多更久。

当然，我会告诉你我的想法。除非到那时候我还不知道关于身体，关于身体内的样子，关于位置（loco）、时间、运动以及所有能引起最微妙和最抽象的争论的问题②——因为这些问题都牵涉到我们的讨论——那么，我就应该屈身将荣誉献给那些认为灵魂是物体

---

① 阿利皮乌斯是奥古斯丁一生的挚友，他比奥古斯丁年轻，是奥古斯丁在他们两人的家乡塔加斯特开始教学生涯时的第一批学生之一。

② 奥古斯丁可以公正地宣称他对那个时代流行的物理理论拥有超出一般知识的了解。这可以从本篇对话录中他对物理学力的讨论中（前文21.35–22.40）就可以很明显地看出来，而且根据他的证词，他在20岁之前就理解了亚里士多德对范畴的讨论，参见《忏悔录》4.16.28以下。在《论秩序》2.16.44中，奥古斯丁坚持认为，任何试图探究自己灵魂本性——更不要说探究上帝的本性了——的人，即使他的意图是最高的，如果不了解身体、位置、时间、运动等等性质，也必然会犯错误。

（corpus）的人。因此，为了尽我所能，我要提醒你——而且再次提醒你——不要太匆忙地扎进巧舌如簧的人的书籍或者讨论中去，这些人过于相信身体的感觉；你应该迈出正确而稳健的步伐，它们会引导灵魂到达上帝自身那里。否则，学习和努力比无知和懒惰，更容易令你从心灵最隐秘和最宁静的住所，转向现在灵魂像一个外邦人一样栖居的地方。

如果隐藏着某种原因

31. 64. 现在，考虑考虑与此相反的观点吧，我想你已经为此非常苦恼了。它不是诸多解释中最坚固的，但却是最简明的；对我来说，它也不是最令人信服的，但却是对你来说我能提供的最好选择了。

埃：那就请你尽快告诉我吧。

奥：首先，我要说明一点：为什么这样的现象会发生在一些被切割开来的躯体上，如果其原因非常隐蔽，那么我们不能困惑于这一个原因，而相信那些被我们证明是错误的观点——这在你看来已经如同白昼一样清晰了。我们之所以有可能不知道这一事件的原因，在于它被人的本性所隐藏了；或者，如果有其他人知道，我们也不能询问他；或者，即便我们能询问他，因为我们的天赋能力，他也不能给出令我们满意的回答。现在，无论我们获得的知识多么扎实，我们认可的观点多么真实，仅仅因为它是矛盾的，就应该放弃，就应该从我们身上夺走么？如果那些你给出明确的、毋庸置疑的回答的问题仍然令人信服，那么我们没有理由像小孩子一样害怕一条小虫子，即便我们还不能解释它能分成很多段又充满活力的原因。

如果，例如你有可靠的不可动摇的证据证明某人是一个好人，你发现他出现在一群你正在追捕的罪犯的晚宴上，而且你有机会在他临死之前审问他；即使事情还不明朗，你肯定会认为他与罪犯们住在一起一定有什么你不知道的原因，而不会认为他与罪犯们是共犯。前面阐述的且被你坚定地认同的那么多论据都向你证明，灵魂不会局限在某个地点，①也因此它没有如同我们从身体上看到的那种大小（quantitas）。为什么你不能设想一定是有什么原因——虽然这不是灵魂可以像身体一样被切割的原因——从而有一些动物被切割后，每一个部分都能继续活着呢？而且，如果我们不能发现那原因，继续探求正确的解释不是比接受错误的解释更好么？

声音与符号

32.65. 奥：接下来，让我来问问你，你是否认为我们所使用的词语其声音本身不同于声音表达的意义呢？②

埃：我想它们是一样的。

奥：那么你告诉我，当你说话的时候这声音来自哪里？

埃：谁会怀疑那是来自我呢？

奥：所以，当你说"太阳"的时候，太阳就来自于你？

埃：你问我的是声音，而不是事物本身。

奥：所以，声音是一回事，声音所表达的事物（res）是另一回事。但是，你刚说它们是一样的。

埃：好吧，现在我承认表达事物的声音和被表达的事物是不同的。

奥：那么告诉我，如果"太阳（sol）"的意义不在声音之先，即便你懂拉丁语言你能否在说话时提及太阳呢？

埃：那绝对不行。

奥：那么，在这个词语从你嘴里说出来之前，如果为了清晰地说出来你要将这个词语在心里默默地想一会儿，难道它不是停留在你的思想

---

① 在《论灵魂不朽》16.25 中，奥古斯丁写道："灵魂作为整体而同时存在，它不仅在整个身体当中，而且也在其每个单独的部分当中。"就此而言，他赞同普罗提诺，例如《九章集》4.9.1。

② 《论教师》中奥古斯丁关注的是词语的价值，对于所使用的词语本身和其所指事物的模糊性，奥古斯丁在这里用"sol"（太阳）一词来说明。

里，然后通过声音而让他人听见么？

埃：显然是这样。

奥：那么，像太阳这样如此巨大的事物，在你说出来之前你的思想里所拥有的关于它的观念，是否可以被认为拥有长度或者宽度或者任何这样属性呢？

埃：当然不能。

表明不可分割

32. 66. 奥：好！现在告诉我：当词语从你嘴里出来，一旦我听到它我就会想到太阳，也即是你在说出来之前和说的时候所想的事物，或许现在我们俩都在想着它；难道你不认为词语自身就好像从你那里获得了意义，而后将它通过我的耳朵传达给我吗？

埃：看起来确实是这样。

奥：那么，一个词语由声音和意义构成，声音进入耳朵，意义进入心灵；难道你不认为在一个词语中，如同在某个生命物中一样，声音是身体，而意义就如同是声音的灵魂么？

埃：在我看来没有比这更相似的了。

奥：现在你考虑一下，词语的声音是否可以分为字母，而其灵魂——也就是意义——则是不能分割的。事实上，如同你不久之前所说的那样，意义在我们的思想里似乎既没有长度也没有宽度。

埃：我完全同意。

奥：现在，当声音被分成它的几个字母，你认为它还会保持同样的意义么？

埃：这些单个的字母怎么可能表示由这些字母组合成的词语同样的意义呢？

奥：但是，当声音分割成字母就会失去其意义，你认为，灵魂从撕成粉碎的身体离开后，会有其他什么事情发生呢？难道不是会发生像词语的死亡（mors nominis）一样的事情么？

埃：我不但同意，而且非常高兴，在这场讨论中没有什么比这能带给我更多的快乐了。

如果复合词去掉一部分

32. 67. 奥：那么，如果这个例证非常清楚地让你看到，为何身体被分割时灵魂不会被分割；现在你知道，当灵魂没有被分割时，这些身体的断片是如何活下来的。现在，你已经承认，而且我想是正确地承认了，意义——词语说出来时的声音的准灵魂（quasi anima）——是不能分割的，尽管声音——其准身体——是可以分割的。但是，我们看到就"太阳"这个词语来说，声音的每个部分都不含有它的意义。而且，当声音的身体被分割之后，我们认为这些字母就如同没有生命的肢体一样没有意义。所以，如果我们发现有一些词语，它们被分割后其单个的部分仍然能表示某种意义，你就会认为并非所有的部分被分割后都完全死去，就好像，那些被分开的部分在你看来拥有某种意义和某种生命一样。

埃：我完全赞同，而且我请求你举一个像这样的声音的例子吧。

奥：这里就有一个：当我望向太阳——我们之前谈到这个词——的旁边时，我发现了金星（Lucifer）。这个词语在其第二个和第三个音节之间可以分开，第一个部分——发音为"Luci（光）"①——显然并非毫无意义；因此这个词语超过一半的身体是有生命的。而剩下的部分同样有灵魂：因为当你被告知"带上某物"时，你就会听到"ferre aliquid"。如果"Fer"毫无意义，当有人告诉你"Fer codicem（带上这本书）"，你怎么会听得懂呢？在［"fer"］前面加上"Luci"，就发音"Lucifer"，意思是金星；但如果将"luci"除掉，"fer"仍有意义，就

---

① "Lucifer"，金星，晨星，字面的意思"带来光者"，由"luci"——lux（光）的夺格——和"fer"——动词 ferre（带来）的命令式——构成。

好像它仍有生命一样。

还是意味着可分割

32. 68. 然而，因为空间和时间被一切能被感觉的事物所占据，或者更确切地说，空间和时间充满它们。那些被我们的眼睛所察觉到的，按空间来划分；那些被我们的耳朵所觉察到的，用时间来划分。例如，正如一整条虫子所占的空间要比每个部分所占的空间多，所以说"Lucifer"所花的时间要比只是说"Luci"所花的时间长。因此，如果"Luci"——通过分割"Lucifer"的声音而得来——在缩短的时间里仍然有意义，那么"Lucifer"的意义就并没有被分割，因为随着时间而延伸的并非意义而是声音。因此，要以同样的方式来判断被切成几截的多脚幼虫：虽然只是一小截——确实只是细小的部分——比完整的虫子占据的空间要小，然而灵魂根本不能被分割，在缩小的空间里它也不会跟着减小。尽管身体的各部分可以延伸到更大的空间里，然而灵魂仍然同时掌握着整个身体的所有部分。因为，灵魂并不占据空间，但是受它控制的身体则占据空间；就如同词语的意义不能在时间上延伸一样，词语的所有字母因为自身的停顿和延续，宛如赋有了生命而完善了。

我期望，这样的类比能使你满意，它也确实令你感到高兴。然而，关于这个问题更恰当的而且能令人满意的讨论，不能基于类比——它们通常不能证明谬误，而是要基于事实本身；不过，这应该不是你现在所期待的。另一方面，这个漫长的讨论必须结束了。何况，还有许多其他的问题需要讨论。你的心灵需要培养和修饰，以便你能够更清晰地理解为何那些博学的人所说的都是正确的：也即，灵魂自身绝不能被分割，但是身体可以被分割。①

———————————

① 这里提到的可能是普罗提诺，他认为有一个不可分割的"世界灵魂"，但是它在将生命注入身体的过程中，实际上它被繁殖成许多独立的灵魂，尽管它还保持着其根本的统一（参考《九章集》4.1）。然而，奥古斯丁在这里给出的说法实际上与一些经院哲学家的说法一样。

一个灵魂还是多个灵魂？

32.69. 现在，如果你愿意，让我来告诉你，或者通过我你能认识到灵魂有多伟大，这伟大不在于空间和时间上，而在于力量（vis）和能力（potentia）上。因为，如果你还记得，很早之前我们就做了这样的区分。① 不管怎样，对于灵魂的数量——鉴于你一直认为它与现在的问题相关——我不知道该如何回答你。② 然而，我更倾向于说：追问这个问题完全没有必要，或者你现在应该把这个问题推迟一下，而不是听我说数目的多少与大小（quantitas）没有关系，或者让我现在将你从这个兜圈子的问题中解脱出来。因为，倘若我告诉你只有一个灵魂，你将会一头雾水：因为它在一个人身上是幸福的，而在另一个人身上则是不幸的，而一个事物不可能同时即是幸福的又是不幸的。如果我说灵魂是一个但同时又是多个，你肯定会嘲笑（ridere）我；我又并不那么容易就能让你停止嘲笑。但是如果我只是简单地说灵魂有多个，我就会嘲笑我自己，相对于你的嘲笑我更难以接受对自己的嘲笑。所以，听我说，我保证这会值得你一听的，虽然这可能会超出了我们俩或者我们当中一个的能力范围，从而你或许希望不要承受这样的重担。

埃：我完全听从你，而且——关于灵魂有多大能力——我渴望你能给我一个你认为适合于我的解释。

---

① 参见前文 3.4。

② 在这里和后文所表达的相当令人惊讶的怀疑受到了普罗提诺的影响，他认为"世界灵魂"是所有人所共有的（《九章集》3.5.4），尽管他也承认不同的个体灵魂来自于世界灵魂（《九章集》4.9.1）。参考《论灵魂不朽》15.24，奥古斯丁在其中含糊地表达了同样的意思。在《订正录》1.11.4 中他写道，对于世界是一只拥有灵魂的"动物"这一柏拉图式观点，他既不能证实也不能证伪；但是他坚持认为，如果世界上真有所谓的"世界灵魂"的话，那不是上帝，而是由他创造的。

七个等级证明灵魂的伟大（33.70 – 36.81）

［第一等级］给予生命

33.70. 奥：哎，如果我们两人可以将这个问题去询问一个博学的人——不仅如此，而且还是一个最有口才、最智慧的人，就完美了！他会如何通过描述和证明来解释，灵魂对于身体来说意味着什么，对于它自身来说又是意味着什么，在上帝面前它又意味是什么——它离上帝越近也就越纯洁，在上帝之内它拥有至高无上的幸福。但是现在，由于没有人对我解释过，我会冒一把险使你不会错失机会。不管怎样，这将是我的奖励，未受教育的我会努力向你解释——灵魂有什么能力，以我可靠的经历看它在我身上有多大的能力。但是首先，让我清除你或许抱有的一些广泛而不着边际的期望吧。你不要以为我会谈论每一个灵魂，我只会谈论人的灵魂，如果我们还关心我们自己的话，这是我们唯一应该关心的。

首先，每个人都能轻易地发现，灵魂的存在给予这地上的、有死的身体以生命。[①] 它使身体成为一个统一体，维持它，不让它日渐消瘦。它将营养均衡地分配、传输给身体的每个部分。它维护着身体的和谐与协调，不仅是为了美丽，而且为了成长和繁衍。然而，显然这些能力是我们在人类和植物身上都能看到的共同点；因为我们看到并且我们说，植物同样也活着，它们每一个都维持在它们的种类之内，自我滋养、生长和繁衍。

［第二等级］感觉与欲望

33.71. 现在上到第二个等级（gradus），看看灵魂在感觉上有什么

---

① 普罗提诺与亚里士多德一样，也认为灵魂是生命的原则：“灵魂是我们赖以生存的基本原则，它使我们有感觉和理智。”（《论灵魂》414a）

能力，在其中能更明显、更清楚地理解生命。显然，不要以为那些完全粗鲁的不敬神者——他们比那些树木自身还要木讷——会保护自己。他们相信当葡萄被摘掉的时候，藤蔓会疼痛；当它被劈砍的时候，它们不仅有感觉，而且还能看和听。但关于不敬神的错误①，将会在别的地方讨论。现在，按照我提出来的计划，注意灵魂在感觉上的能力，以及它在那些动物运动上的能力，因为在这方面我们和那些被根茎固定的植物没有共同点。

灵魂能够运用于触觉，并通过它而感觉和区分热与冷、粗糙与光滑、坚硬与柔软、轻与重。然后，它还能通过尝、闻、听、看来辨别无数不同的味道、气味、声音和形状。在所有这些行为当中，灵魂寻找和挑选那些适合其身体本性的，它拒绝和避开那些不合适的。以一定的时间间隔，它将自己从感觉中撤回，就好像给予它们一定的时间休息来恢复感觉运动，它通过收集事实的影像（imago），将它们大量地、以不同的方式整合在一起，所有这些就构成了睡眠和做梦。

它常常通过简单的手势和运动而自娱自乐，它毫不费力就能控制身体各部分的协调。在性的结合上它也会尽其所能，通过沟通和爱它使两性结合为一。这不只是为了繁衍后代，更是为了养育他，保护他和培育他。灵魂借着习惯将自身与身体所做的事情和通过它们而维持身体的事情拴在一起，它如同身体的部分一样，不愿意被分开；而这种习惯的力量——既不会因为事实本身的分离也不会因为时间的流逝而被破坏——被称为记忆。但是，没有人会否认即便是野兽的灵魂也拥有所有这些能力。

[第三等级] 技艺与训练

33.72. 接着，更进一步，上到第三等级，它只有人类拥有。回顾

---

① 这里指的是奥古斯丁本人曾经信奉过的摩尼教。

一下记忆，第三等级并非在习惯中形成，而是通过观察与记号而获得和保存的：所有工匠的技艺、土地的耕耘、城市的建设、各种建筑物和成就的奇迹；大量在字母、词语、手势、各种声音、绘画和故事中发明的符号；那么多种民族的语言，众多的机构，大量新生的事物和再生的事物；大量的书籍和各种保持记忆的记录，对后代的无限关心；无论是在家庭生活中还是在——民事和军事的——公共生活上、无论是在世俗的还是在神圣的机构里的各种职责、特权、荣誉和尊严的等级；推理和反思的能力，流利的口才，各种各样的诗歌，出于娱乐和搞笑的上千种模仿，唱歌技巧，测量的精确，计算的方法，从现在到过去和将来的推测。这些事物都很伟大，① 而且它们都属于人类的特征。但是至此，这些能力是受过教育和没受过教育的人、好人和恶人都拥有的。

[第四等级] 净化与美德

33.73. 接下来，带着你的钦佩我们上到第四等级，善良从这里开始，所有的一切都值得真正的赞美。在这里，灵魂不仅优先于作为宇宙一部分的自己的身体，而且甚至优先于整个宇宙自身。它并不将宇宙的财产当作是它自己的，而是将它们与自己的能力和美丽相比较，远离它们、轻视它们。因此，灵魂越是以此为乐，就越远离肮脏的东西，也就越纯净、越美丽。它使自己变得更强，以反对一切试图让它放弃其计划和决心的阻碍。它为人类社会而付出大量心血，而且做到己所不欲不施于人。② 它遵从权威和智者的教导，并且相信通过他们它可以与上帝交流。在灵魂这些非凡的行为当中，仍然需要艰辛的努力来同这个世界的

---

① 普罗提诺也将同样的成就归功于灵魂，但他认为这是灵魂的软弱和不完美的表现，因为想象力的运用使人从纯粹的智性沉思中分心，使它接触多样性，而灵魂恰当的状态是与"太一"结合（参考《九章集》4.4.3）。然而奥古斯丁在这里热情地称它们为完美。

② 这里对"人类社会"的赞美与普罗提诺所说的完全的超脱和分离截然不同，"灵魂的洁净应该就是让它独立自存，不与他者同在"（《九章集》3.6.5）。这种观点上的差异是由于奥古斯丁拥有、而普罗提诺缺乏的基于上帝之爱的基督教仁爱概念。

烦恼和诱惑激烈地斗争。在这净化的过程中，存在着潜在的对死亡的恐惧，有时不那么严重，但又有时非常强烈。当一个人有着最坚定的信仰时——只有净化的灵魂才能看到这一真理——一切都由上帝伟大的旨意（providentia）和正义（iustitia）支配着，从而死亡不会不公正地降临每个人，即便可能邪恶的人会带来不公正。然而，在这一等级里人们对死亡有着强烈的恐惧：一方面，人们对上帝正义的信心越脆弱，就越焦急地寻求它；另一方面，在恐惧中越是缺乏宁静，就越有必要研究最神秘的事物。

此外，灵魂在其前进的过程中意识到的越来越多，意识到纯净的状态与污染的状态之间的巨大差别，摆脱了其身体之后它更恐惧的是，在它被玷污后上帝会比它自己更严厉。但是，没有什么比恐惧死亡，以及在与所涉及的危险相称的程度上，抵抗这世界的诱惑更难的了。然而，灵魂是如此伟大，即便这些它都能做到，当然要借助于真正而至高的上帝的正义的帮助——这正义维持和支配着这宇宙，借着这正义万物不仅得以存在，而且是以它们最好的方式存在。正是因为这正义，灵魂得以非常尽责和自信地致力于自我净化这一困难的工作，并获得帮助和成功。

［第五等级］ 和谐与宁静

33.74. 当这些都完成之后，也就是，当灵魂摆脱了所有污垢、净化了所有污渍之后，最后它自己完全沉浸在喜悦之中，不会或者因为自己的焦虑或者因为其他原因而有任何恐惧。这就是第五等级。因为，实现纯净是一回事，而保持纯净则是另一回事；从污染状态恢复纯净的行为是一回事，不再使自身受到污染是另一回事。在这个等级中，灵魂从各个方面去了解它有多伟大；了解之后，它怀着无限的且令人难以置信的信心向上帝前进，也就是，向沉思真理自身前进，为了获得最高和最神秘的奖赏，它需要付出艰辛的努力。

[第六等级] 进入沉思

33. 75. 但是这个活动，也就是渴望了解真理和完善，是灵魂最高的境界：它不会拥有比这更完善、更美好、更正当的了。因此这将是第六等级的活动。因为，擦亮灵魂自己的眼睛，从而它不会盲目、莽撞地去看，而且能看清什么是错的，这是一回事；保护和加强灵魂之眼的健康是另一回事；平静而正直（rectum）地凝视那你所见到的，则又是另一回事。那些希望在他们被净化和治愈之前就能做到沉思的人，因为那真理之光（luce veritatis）[1] 而退缩了，他们认为在那光里不仅没有好的东西，反而充满了邪恶；他们甚至拒绝真理之名，怀着令人同情的热情和快乐，他们忍受着病痛、咒骂着治疗措施，跑回到吞没他们的黑暗里去。因此，那位受到神圣启示的先知非常恰当地说："上主，求你给我再造一颗纯洁的心，求你使我心重获坚固（rectum）的精神。"[2]我相信，这精神是"正直的"，如果获得了它，那么灵魂就不会在追求真理的道路上迷失方向、误入歧途。除非首先心灵纯洁了，也就是说除非首先约束了思想自身，并且超越对所有易朽之物的欲求和沉迷，否则这精神是不会"重获"的。[3]

[第七等级] 在沉思中确信

33. 76. 现在，显然我们已经在真理的慧观（visio）和沉思里了，这就是灵魂的第七个也是最后一个等级；在这里不再有等级，而是一个居所（mansio），经过所有这些等级到达这里。我要如何解释，灵魂的

---

[1]　这可以说出自奥古斯丁的个人经历，他自己曾接近慧观和理解上帝，然后被拒绝了，因为他自己的精神状态准备不足，参见《忏悔录》7. 10. 16、7. 17. 23。

[2]　这里采用《圣经》思高本《圣咏集》51：12 的译文，与和合本（《诗篇》51：12）相比它更符合奥古斯丁引用的原文。——译按

[3]　在《〈诗篇〉阐释》41. 9 中奥古斯丁也表达了同样的思想："（灵魂）远离所有的血肉之声，抵达上帝之殿。"普罗提诺也着重强调了从我们的思想当中消除物质事物的需要，从而我们可以沉思真理，参见《九章集》5. 1. 2。

快乐是什么，它如何享受最高的、真正的善，是什么反映了它的宁静与永恒呢？①那些伟大而杰出的灵魂们——我们相信他们已经看到并且仍在看着这些事物——他们自身已经给出了答案。② 这正是我胆敢告诉你的；如果我们忠诚地循着这一上帝命令我们的路线，我们接受并且非常坚定地遵循这一路线，借着上帝的大德（Virtus）和智慧（Sapientia）我们抵达那万物的终极原因，或者最高的创造者，或者终极原则（summum principium），③ 或者任何其他能够更适合如此伟大的实体（res）的称谓。一旦我们理解了，我们将会真正看到"太阳之下，万物皆虚而又虚（vanitas vani*tantum*）"。④因为"虚（vanitas）"即是欺骗，而"虚而又虚（vani*tantum*）"可以理解为：或者被欺骗，或者欺骗，或者两者皆是。然而，人们要分辨这些欺骗的事物与真正存在的事物⑤之间的区别；可是，因为所有其他的事物都是被造的，上帝是他们的创造者，虽然在它们自己看来它们是美妙的和漂亮的，然而与真正的存在相比，它们就什么都不是。那么，我们是否知道我们被命令去相信的事物是多么真实，我们被教会母亲养育的多么优秀和健康，使徒保罗宣称给婴儿喝的奶是多么滋养！⑥ 当一个人被母亲喂养的时候，接受这食物对他大有裨益；当他长大了，再这样做就可耻了；在需要的时候拒绝

---

① 这些话令人想起普罗提诺（《九章集》1.6.7）。
② 这些能够得以慧观上帝的"伟大而杰出的灵魂们"可能包括圣保罗（参考《哥林多后书》12：2-5），并且也有可能包括普罗提诺。
③ 这些文字表达了灵魂对上帝是绝对存在这一至高无上的事实的欣赏，与作者本人在自己的神秘的出神中所经历的一致，参见《忏悔录》7.17.23 及 9.10.23-26。
④ 显然这里是对《传道书》1：2 的引用，这一句在奥古斯丁早期著作中多次引用。由于那时奥古斯丁阅读的是武加大（Vulgate）拉丁文版《圣经》，与他后来读到的七十士希腊文译本稍有出入，认为"vanitatum"比这里的"vani*tantium*"更恰当。
⑤ "真正存在的事物（ea quae vere sunt）"指不变的实体。这是奥古斯丁虽然不是唯一的但却是特别对上帝的表达。在《论灵魂不朽》10.17 中他用之表达人的灵魂，在《忏悔录》7.11.17 中则用于上帝。
⑥ 《哥林多前书》3：1-3："弟兄们，我从前对你们说话，不能把你们当作属灵的，只得把你们当作属肉体、在基督里为婴孩的。我用奶喂你们，没有用饭喂你们。那时你们不能吃，就是如今还是不能。你们仍是属肉体的。因为在你们中间有嫉妒纷争，这岂不是属乎肉体、照着世人的样子行么？"

它，这令人惋惜；在任何时候对它吹毛求疵或者讨厌它都是邪恶和不虔诚的；但是，恰当地讨论和交流，则满有赞赏和仁爱的。

我们也看到物理世界中如此巨大的变化和转变，也要遵循着神圣的法则，即便是身体的复活，一些人也很难接受，另一些人则根本不相信；我们能够确定的除了太阳落下还会升起之外，其他什么都不能确定。至于这样一些人，他们嘲笑成为我们救赎的典范和开始的全能、永恒和不变的上帝之子身上的人性，他们嘲笑祂由童贞女而生，以及历史记载中的其他诸多奇迹，我们应该蔑视他们。①我们应该蔑视他们，因为他们就像孩子一样，当他们看到画家能临摹桌子上的另一幅画时，他们不相信这画家给人画像时也需要凝视另一个肖像（pictura）。

此外，当一个人在沉思真理时，无论沉思到什么程度，都无比喜悦，无比纯净，无比纯真，对事物的确信也毋庸置疑，以致他会认为自己一无所知，虽然在此之前他以为自己知道些什么。而且，为了整个灵魂继续留居在这完整的真理中，在此之前令人恐惧的死亡——意味着完全从这身体中脱离和解放，现在被当作更大的恩惠而被渴望。

荣耀来自唯一的主

34. 77. 你已经听到灵魂的力量和能力有多伟大。简单扼要地重述一下：我们必须承认，人类的灵魂并非上帝所是的那样，由此可以推断，所有被造物没有一个能与上帝更接近的了。因此，基督教教会里神圣而独特的教诲说，"没有哪个被造物会受到灵魂的崇拜（我很乐意使用人们曾教导我时的这些话）"②，但是只有祂——万物的创造者——一个能受此崇拜；万物从祂而来，万物藉祂受造，万物在祂内得以存在；③ 祂是不变的本原（principium），不变的智慧，不变的爱，唯一的

---

① 参见《忏悔录》7. 19. 25，在其中奥古斯丁承认他年轻时接受道成肉身有哪些困难。
② 毫无疑问，这里奥古斯丁指的是在 387 年四旬斋期间他准备接受洗礼时所接受的关于信经的教导。
③ 参见《罗马书》11：36："因为万有都是本于他、倚靠他、归于他。"

神，真实而且完善；除了是祂现在所是，过去、将来祂都永远存在，过去、将来祂都不会变化；没有什么比祂更隐秘（secretius），没有什么比祂更显现（praesens）；要发现祂在哪里很困难，但要发现祂不在哪里更困难；并非万物都可以伴随祂，但没有祂无物可以存在；如果可以，我们人类要用更不可思议的、更恰当的、更合适的方式来谈论祂。

因此，只有这一个上帝受灵魂的崇拜，毫无保留，没有混乱。显然，无论灵魂怎样地崇拜上帝，它都必须认为祂比它自己要优秀。然而，无论是大地、大海，还是星辰、月亮和太阳，还是任何可以触摸或用我们的眼睛可以看到的事物，甚至是我们不能看见的苍穹，都被认为没有灵魂的本性更优秀。事实上，理性明确地证明，无论灵魂是什么，倘若爱真理的人能以坚定的毅力和忠诚的态度追随真理，即便要经过非比寻常和艰难的道路，所有这些事物都远远比不上灵魂。

帮助他人

34. 78. 但是，如果另有一些事物通过感觉而被知道，它们占据着空间——我们已经说过人类灵魂要比所有这些事物都优秀。如果上帝还创造了其他的受造物，其中有一些比灵魂次等，另一些与灵魂平等；次等的，例如野兽的灵魂；平等的，例如天使；[①] 但是没有什么比灵魂更好的了。并且，如果任何时候这些事物当中的任何一个比灵魂更好了，那不是因为灵魂的本性如此，而是因为灵魂犯了罪。然而，罪并不能使人类的灵魂降低，从而使野兽的灵魂比人类的优秀，或者甚至与之持平。只有上帝当受崇拜，只有祂是造物主。但是人，不管他可能会是什么，也不管他多么有智慧和多么完善，或者任何被赋予了理性和至福的灵魂，也只是值得被爱和被模仿；并且，给予他们符合他们优点和等级

---

① 作为"纯"精神，不是为了与身体结合而受造的天使，在存在的等级中，本质上要高于人甚至高于人的灵魂。奥古斯丁认为它们完全处在相同的等级中，本质上同精神性的人类灵魂相同。

的尊重，因为，"你要朝拜上主，你的天主，惟独侍奉他。"①

我们要知道，只要允许并且被命令，我们必须帮助在错误中挣扎的与我们相似的灵魂，而且我们认识到，能恰当地做好这些，乃是上帝通过我们而做的。我们不可宣称任何我们的东西是属于我们自己的，不要被对空虚的荣耀的渴望所欺骗，因为这一罪恶，我们从高处跌入了深渊。我们要厌恶的，不是那些被罪恶压迫的人，而是罪恶本身；不是罪人，而只是罪。我们应该乐于帮助所有人，甚至那些伤害过我们，或者想要伤害我们，或者甚至希望我们受伤害的人。这才是真正的宗教（religio），才是完美的宗教，也只有这一个宗教，正是通过它我们与上帝和解（reconcilio），使得我们现在所探究的灵魂变得伟大，而且使它值得拥有自由。因为，上帝从万物中释放了我们，而为祂服务是万物最大的用处，乐意为祂服务就是完美而唯一的自由。

但是，我发现我几乎逾越了计划的限制，没有停下来让你询问，而是一口气讲了这么多，然而我并不后悔。因为，虽然这些真理散布在所有教会的著作中，虽然似乎我们已经对它们作了很好的概述，但是在达到这七个等级的第四等级之前，人们并不能清楚地理解它们，而是还需要保持虔诚，要获得理解它们所需要的健康和力量，非常仔细而且敏锐地一个一个细查所有这些真理。因为，所有这些等级都有着自己截然不同的优点，我们最好称这些等级为"行为（actus）"。

用不同的术语解释这些事情

35. 79. 事实上，我们询问关于灵魂的力量，而灵魂可以同时执行所有这些等级中的行为，但是似乎在灵魂自己看来它只是在困难的时候，或者至少在害怕的时候，才去行动。因为，事实上，在这两种情况下它会比其他情况下更加小心。为了便于教导，我们循着上升的次序：

---

① 这里采用思高本《圣经》译文，参见《马太福音》（玛窦福音）4：10。——译按

第一个行为，被称为赋予灵魂（animatio）；第二个，感觉；第三个，技艺；第四个，美德；第五个，宁静；第六个，进入主内（ingressio）；第七个，沉思。

它们还可以按这样的方式来命名："关于身体（de corpore）""借助身体（per corpus）""围绕身体（circa corpus）""朝向［灵魂］自身（ad seipsam）""在［灵魂］自身内（in seipsa）""朝向上帝（ad Deum）""在上帝内（apud Deum）"。也可以这样来称呼："关于他物之美（pulchre de alio）""借助他物之美（pulchre pre aliud）""围绕他物之美（pulchre circa aliud）""接近美物之美（pulchre ad pulchrum）""美物中之美（pulchre in pulchro）""接近美之美（pulchre ad pulchritudinem）""美中之美（pulchre apud pulchritudinem）"。①

关于这些称谓，如果需要进一步的解释，随后你可以询问任何问题。现在，我想要使用这些称谓就不会令你困扰了，从而当你知道如何称呼它们或者如何区分它们时，你就不会拒绝这一个或者那一个了。事实上，同样的一些事物，用无数种方法都可以正确而且准确地来分类和区分，在这么多的选择当中，每个人会使用他认为最合适的那种。

什么是真正的自由和宗教

36. 80. 因此，至高、真正的上帝，通过神圣不可侵犯的、不变的律法统治着一切祂所创造的事物，祂使身体受灵魂的统治，灵魂则受祂自己统治，因而万物都受祂自己统治。祂从来没有遗弃任何行为给灵魂自己，而是或通过惩罚或通过奖赏参与其中。因为祂决定使灵魂成为最优秀的，从而一切都能如其所是；这样自然的秩序得以安排，从而当我们思考整个宇宙时，没有任何形式的缺陷会违背我们的感觉；②灵魂的

---

① 这是对34. 78结尾所述内容的补充和阐述。

② 这里奥古斯丁通过宇宙的秩序在局限性及物质上的恶和整个宇宙的相对完美之间进行调和，这一方法后来被托马斯·阿奎纳采纳。

每一个惩罚和奖赏应该经常为衡量适合于万物的美和秩序做出贡献。的确，灵魂被赋予了自由意志（liberum arbitrium），那些试图通过毫无根据的推理来摇撼它的人是如此的盲目，以致他们甚至没有意识到正是通过他们自己的自由意志他们才会说出如此愚蠢和亵渎的话。然而，自由意志是灵魂这样的一种礼物，无论灵魂从事什么，都不会扰乱神圣的秩序和法律的任何部分。因为它是来自最智慧和最不可征服的一切被造物之主的礼物。

但是，只有少数人能够看到这些应该看到的真理，而且唯有通过真正的宗教才能做到。真正的宗教乃是，在灵魂因为罪与上帝分离之后，经过它灵魂通过与上帝和解而与上帝结合在一起。

于是，在第三个行为中，宗教抓住灵魂并开始引导它；在第四个中，宗教净化灵魂；在第五个中，它改善灵魂；在第六个中，它领入灵魂；在第七个中，它养育灵魂。依据每个灵魂的爱和优点不同，它对一些灵魂的影响很快，对另一些则很慢。但是，无论祂所创造的事物想要做出怎样的回应，上帝都会以最理想的正义、最完美的智慧和最完善的美来创造万物。①

此外，至于小孩甚至婴儿的祝圣（consecratio）有什么益处，这是一个非常晦涩的问题；然而，要相信它肯定有益处。在必须探讨这一问题时，理性将会解答它。然而，现在最好让你询问我其他更多的问题，而不是进一步探讨它。只要你以虔诚为你的向导，这将是最有用的。

对于将来的读者

36.81. 事情就是这样，既然这是在宇宙神圣而伟大的秩序当中建立联系的最好方式，谁还有理由抱怨灵魂被赐给身体并且主宰和指导身

---

① 这一思想在《论为受教育者的教理问答》（*De Catechizandis Rudibus*）18.23 中得到了更明确的阐述。

体呢？或者，有人会问，在这样一个终有一死和脆弱的身体里，① 当身体因为罪而被公正地判了死刑，② 灵魂还能在这同一个身体中完善美德吗？或者，若罪还在，死亡的惩罚也必然在，当身体死亡之后灵魂将会怎样呢，而且上帝自己，也就是真理自身，将会是美德和虔诚的奖赏吗？

现在，如果你愿意，最后让我们结束这漫长的讨论，我们要怀着极大的热诚和宗教关怀努力投入到实现上帝的教诲之中。③否则，你无法逃脱那么大的罪恶。但是，如果我所说的在某些方面没有你希望的那么清楚，记住它然后在其他恰当的时候再来询问我。只要我们寻求的是祂自己，那在我们之上的万物的老师，祂是不会让我们错过的。

埃：这场谈话对令我印象深刻，我为自己打断它而深感愧疚。但是，如果你认为现在是做出结论的适当时候，如果剩下的其他三个问题你已经简要地思考过了，我会遵循你的决定。况且，对于研究如此重要的问题，我不仅会选择一个适合你的时间，而且我也要使自己能更配得上这样重要的问题。

---

① 关于人类灵魂与肉体的结合的本质和目的问题，奥古斯丁从未给出恰当的回答。在当前的文本中，他满足于坚持认为这一结合必须有一个目的，因为它符合上帝在宇宙中建立的秩序。

② 奥古斯丁可能想到的是原罪的结果：灵魂向天堂的死亡。

③ 奥古斯丁简单地处理了埃沃迪乌斯提出的问题（1.1），他非常独特地强调了一种实用而苦行的结论：无论思索的问题的解决方案是什么，也无论上帝将人的灵魂与肉体结合、将两者分离而死亡的目的是什么，我们实现这一目的的唯一途径就是我们人类的行为符合上帝的意志。

后记

本译著包括奥古斯丁三篇早期重要作品：《驳学园派》（386 年）、《论灵魂不朽》（387 年）以及《论灵魂的伟大》（387－388 年）。《驳学园派》以西塞罗的《学园派》为基础文本，详尽解释了怀疑论及其在学园派内部的发展，他反驳新学园派（New Academy）的怀疑主义，捍卫真知识的可能性。中译本《驳学园派》使用了 Peter King 的 Augustine：Against the Academinians and The Teacher 的英译本，该英译本收辑了奥古斯丁的两篇作品：《驳学园派》和《论教师》。《论教师》的中译本已收入本人所译的《论秩序》一书，由中国社会科学出版社 2017 年 8 月出版。考虑到英译者的导论是篇整体之作，故涉及《论教师》的相关内容也一并译出，并未删减，读者可以在阅读《论教师》时作参考之用。中译本《驳学园派》以米涅（Jacques Paul Migne）的《拉丁教父全集》（PL）为拉丁文底本：S. AurliiAugustini Opera Omnia。本译著收入的《论灵魂不朽》和《论灵魂的伟大》由汪聂才博士所译。聂才在两篇译著前撰写了专门的导论，对作品的主要内容和译本有详尽介绍，这里不再赘述。全书由本人统稿，文字由本人负责。

本译著是国家社科重点项目"新柏拉图主义哲学基本经验集成及研究"（批准号 17AZX009）的中期成果。

鉴于本人在语言训练上的不足，译著中难免会有诸多瑕疵甚至讹误，诚请读者批评指正，不胜感激！

石敏敏

浙江工商大学

2019 年 12 月